歎異抄講話

増補新版

小野清一郎著

大 法 輪 閣

国宝　親鸞聖人像（鏡の御影）　西本願寺蔵

まえがき

この書の旧版は、昭和三一年、『現代聖典講話』(河出書房刊)の一冊として公刊したものであるが、ここ十数年絶版の形になっていた。ところが、最近になって、熱心にその再刊を勧められる方があり、また、その後歎異抄又は親鸞聖人に関係する文献も集積しているので、それらにもできるだけ眼をとおした上、あらためて新版を大法輪閣から刊行して貰うことになったのである。(河出書房の承諾を得ている。)

この新版を出すにあたって、私はまず旧版を読み直し、そこここに加筆した。ことに序説、第三章、第十章などにかなりの追補をしたが、全体としては、旧版に実質的な改訂を加える必要はないことを再確認した。なお巻末に、私がその後歎異抄について書いた二、三の小品を増補したが、これらは意味的に『講話』の本文と重複するところが多いけれど、本文と対照することによって私の言おうとしていることが一層明らかになるとおもったからである。特に『増補』の一と二とは、放送の原稿として書いたものなので、初めて歎異抄を読もうとする方などには、まずこの巻末の小品から読んでみることをおすすめしたい。

この書の旧版を読んだ二、三の方から「どうも、むずかしい。」という批評を受けたことがある。この新版では、そうした批評に答えて、できるだけ文章を平易にしたつもりであるが、必ずしも成功しているとはいえないことを、私自身気づいている。それは、一つには歎異抄の本文はまったく原文のままにして、一々その逐語的な解釈又は現代語訳をしていないからであろう。その点読者にお詫びしなければならない。しかし、古典は、古典そのままを読まなくては、ほんとうの味はわからない。どうしてもわからないとおもわれる方は、今日現代語訳や解説書が幾種類も出ているのであるから、それらを参考して頂きたい。だが、その上で、ぜひ原典に帰ってその本文を味読して貰いたい。それだけの努力はどうしても必要である。

いずれにしても、歎異抄は決してやさしい本ではない。その宗教的核心に触れたい人は、他の解説書なども読みくらべ、またもしよき師に接する機会を恵まれる機会があったら、その師について聴きただし、窮極的なところまで了解し、体得するように努力して頂きたいものである。

私がはじめて歎異抄を読んで深い感銘をうけたのは、私が盛岡中学校（旧制）の三年か四年生で、十五、六歳の頃であった。そのときから、八十二歳の今日に至るまで、歎異抄を身辺から離したことはない。外国に留学し、又は旅行したときでも、ただ一冊の日本語の書として真宗の聖典を携え、机上に置いていた。朝夕簡単な勤行（ごんぎょう）に用いるほか、主として歎異抄を読むためであった。私が本願力による信を決定（けつじょう）するに至ったのは、初めて歎異抄を読んでから四、五年の後、東京大学に入学して三年のときで、胸を病んで休学を余儀なくされていたときのことである。或る日、貧しいわが家の一隅に聖典をひもといていた際であった。それまでに私は久しくよき師、島地大等師の指導をうけることができ、また多田鼎師、近角常観師などからも直接聴聞の機会に恵まれたが、病苦と貧困のなかで、その日ひとり涙にぬれて聖典を押し頂いた。その感激をいまも忘れることはできない。

だが、せっかく他力の信へと廻心（えしん）した後も、あれこれの迷いと煩悩とから脱することができたわけではない。或る意味でさらに新らしい苦悩を負うことになって、今日に至った。人間の宿業（しゅくごう）というものをしみじみと感ぜしめられる。とはいえ、ひとたび如来より賜わった他力の信は、人の一生をみちびいてくれる。如来は、遁れようとする私を捉えて離さない。人生は真実の証（さとり）に至る必然の道である。だが、そこにはなお宿業の悩みがあるとともに、それを超える自由がある。「念仏者は、無碍の一道なり。」光明は闇を透して来る。

もはやいくばくもない私の生命であるが、永遠の生命のなかに生きているという自覚をもつ。その生命に感謝しながら、その日、その日を人間的ないとなみのなかに明かし、暮している。きょうの一日は、永遠の生命につながる一日である。

昭和四十八年七月三日

小野清一郎

目　次

増補

歎異抄講話

序説

一

歎異抄は、その分量からいうと一つのささやかな書物であるが、その一章一章に人間の偽わらない生活経験とその深い反省から来る信仰の体験とが記録されている。そこには、のがれることのできない煩悩の束縛を悲しみ歎きながら、しかも如来の悲願による永遠の救いに安住して、現実生活そのままを力強く生きている親鸞の姿が点描されている。それは、あらゆる思想と倫理と学問とを超えて、私どもに人生そのものを教えてくれる書である。

歎異抄に記された親鸞聖人のことばには、人を衝撃するものがある。「善人なをもて往生をとぐ、いはんや悪人をや。」というごとき、その最も著しいものである（第三章）。常識でいうなら、「悪人なを往生す、いかにいはんや善人をや」である。しかし親鸞はそういわなかった。「善人なをもて往生をとぐ、いはんや悪人をや」という逆説的なことばで、その他力の信を表現した。悪人こそ救われるのだ、というのである。「親鸞は、父母の孝養のためとて、一返にても念仏まうしたること、いまださふらはず。」というごときも（第五章）、仏教を常識的に理解している人を驚かすであろう。しかもこれは、今から七百年前に言い放たれた念仏者のことばなのである。その思いきった信仰の告白と自由奔放な思想とに、まったく驚歎するほかないのである。

それだけに、この歎異抄は、人に誤解をひきおこさせるおそれがある。それは倫理、道徳を否定するものであるかのごとく誤解され易い。この誤解は、昔も今も存在する。親鸞がその他力の信の立場における超倫理的な心境を語ったことばを、何か非倫理的又は反倫理的なことを主張しているかのように誤解するのである。（長井真琴博士のいわゆる『歎異抄の厳正批判』なるものも、その博識と熱烈な仏教への傾倒にもかかわらず、この種の誤解を含んでいる、と私にはおもわれる。）これは親鸞のことばの深い意味をよく理解しないところから来る誤解であるけれども、かような誤解をひきおこすことは、やはり恐るべきことである。そこでこの歎異抄は明治になるまで真宗教団の中でも一般にはあまり読まされなかった。歎異抄の著者はみずから用心深く最後に「外見あるべからず。」とことわっている。さらに蓮如上人は

「右この聖教は、当流大事の聖教なり。無宿善の機においては、左右なくこれを許すべからざ

るものなり。」(原漢文)

と奥書きした。蓮如はこの歎異抄が真宗における「大事の聖教」であることを十分認識していた。そればかりでなく、実は蓮如の思想はこの歎異抄に負うところが大であるとおもう。けれども、蓮如はこの歎異抄の鋭い逆説的なことばを一般の人に読ませることに躊躇したのであろう。「無宿善の機」というのは、この書に記された本願他力の信をほんとうに領解することのできない人という意味である。そういう人にはこの書物を簡単に見せたり、写させたりしてはならない、というのである。この蓮如の奥書にもかかわらず、歎異抄は、徳川時代においてすでに宗門の刊本に載せられてはいる。だが、それは、宗門の学者によってもあまり講ぜられなかったようである。徳川末期になって香月院、三河の了祥師など二、三の学僧がこれを講じているが、それも一般には余り注意されなかったようである。(了祥の講録は明治四十年になってはじめて活字本として出版された。)

歎異抄が一般に知られるようになったのは、明治三十年代以後のことである。それまで真宗の信者の間にも殆ど知られていなかった。最初にこの歎異抄を講説した人は、南条文雄師である。私は明治三十七、八年の頃、――私が当時の盛岡中学校初年級のときであった。――南条師の講演を聴いたことがある。その内容は忘れてしまったが、歎異抄を主題とする講演であったことは確かであり、おそらく第九章を講説されたのではなかったかとおもう。南条師の『歎異鈔講話』を開いて見ると、その初版は明治四十年に出たことになっている。

その後歎異抄は、清沢満之（まんし）、近角常観（ちかずみじょうかん）、多田鼎（かなえ）、島地大等、梅原真隆、金子大栄などの諸師、その他多くの人によって講ぜられ、宗門の内外においてその内容が認識され、また高く評価されるようになった。ことに、大正以後、親鸞がいろいろの形において文芸作品などでも取り扱われるようになる。なかんづく倉田百三の『出家とその弟子』など、歎異抄を素材としたものであることは明らかで、たしか歎異抄の文句そのままを口語訳にしたような箇所もあったとおもう。

なぜ明治以後急にこの歎異抄が認識され、評価されるようになったのであろうか。それは歎異抄そのものの内部的価値によることは勿論であるが、外部からキリスト教、なかんづくプロテスタンチズムの刺戟があったことを認めなければならない。仏教は長い歴史をもっており、その発展過程においていろいろの形態を生じたのであるが、そのうち浄土門、なかんづく浄土真宗は、宗教形態として最もキリスト教に近いものであることは誰でも気のつくことである。しかし、歎異抄は、キリスト教と全くその伝統を異にするばかりでなく、そのなかにはキリスト教を遙かに超える純粋な宗教的境地が表現されているとおもわれるのである（特に第一章、第三章、第四章、第七章、第十章など参照）。

南条文雄師は、明治十年代にイギリスに留学してマックス・ミュラーに梵語を学んだ人であり、新しい仏教学の開拓者であり、すぐれた真宗学者でもあった。その人が特に歎異抄を好んで講説したということは、決して偶然ではないとおもう。また、近角常観師は、その一生を歎異抄の信仰に捧げた人である。その『歎異鈔講義』（初版明治四二年）は、歎異抄を講じたものとして教学的に劃期的なものであった。そして、師の歎異抄を中心とする講説は一つの新らしい宗教運動を捲きおこし、真宗の再醒を促したものであったが、師もまた欧州大陸に遊んで、キリスト教の事情に通じた人であったのである。

歎異抄は、前にも述べたように、蓮如の教学に影響を及ぼしている。ことに信心をもって本とし、念仏は報恩謝徳であるという思想は歎異抄から来ているし、たとい罪業は深重でも必ず救われるというがごときも主として歎異抄から来た思想ではないかとおもう。そして、蓮如の御文章こそは後世の真宗教団の思想的基準となったものであるから、歎異抄は真宗教団の伝統的信仰と教学とを支配してきたといえるかも知れない。それにもかかわらず、歎異抄そのものは信者によって殆ど読まれず、教学もこれを顧みなかったということは、不思議なことのようであるが、事実である。しかも蓮如以後の真宗教団は、歎異抄のごとき直接親鸞聖人を伝える文献から遠ざかって、専ら蓮如教学に指導されたために、信仰が概念的に固定し、形式化したものになり、積極的な実践の態度を失い、消極的なアキラメの宗教となってしまったのである。――蓮如その人は、すばらしい積極的な実践の人であったにかかわらず。

明治になって、一般西洋文化の刺戟、ことに直接にはキリスト教の刺戟によって仏教もまた新たな自覚を促されることになったのであるが、真宗における歎異抄の再認識もその一つの現われである。もともと浄土門における阿弥陀仏の信仰は類型的に一神教的な風格をもっているのであるが、――しかし、仏教である浄土真宗はキリスト教神学の意味における一神教では断じてない。十方三世の諸仏のなかに唯一の阿弥陀仏を仰ぐのである。――とくに親鸞聖人は、一切の煩瑣な宗教的修行や観念や儀礼を排斥して、「ただ信心を要とすとしるべし。」(第一章)と宣言した。それはキリスト教、ことにプロテスタンチズムの教義に通ずるものがある。しかも一切の迷信と不合理とから自由である点で、キリスト教を超え、仏教本来の現実的・合理的な特色を発揮している。その親鸞の思想を最も明白に、端的に表現しているのは歎異抄である。親鸞はみずから筆をとって『教行信証(きょうぎょうしんしょう)』をはじめ多くの書物を著わしているが、それは多かれ少なかれ教学的な著作である。しかるに歎異抄は親鸞が弟子たちにむかって語ったことばを記録したものである。そこには親鸞の日常における面目の躍如(やくじょ)たるものがある。それが歎異抄の再認識されるに至った根本原因でなければならない。

歎異抄に現われた親鸞のことばはいずれも短いものであるが、意味的には実によくまとまっている。親鸞その人はおそらく弟子たちを前にもっと詳しく語ったであろうが、その要旨が録取されたのである。歎異抄の作者は、――それが誰であるかは問題とされているが、――すばらしい直観力と領解力とをもっており、しかも並々ならぬ修辞力をそなえていた人とおもわれる。師のことばをいかにも生き生きと写しとっているのである。歎異抄の或る箇所に現われているとおなじことばが口伝鈔（覚如上人著）などにも現われているが、後者は前者に比してどうも生彩を欠いている。一つには修辞力の関係もあるであろうが、根本は直接親鸞聖人のことばを聴いた人と間接に聴いた人とによる理解、領解の深さのちがいであろう。親鸞聖人その人の宗教が、古今独歩の地位を有するものであることはいうまでもないが、その生きたことばを伝えてくれた歎異抄の作者に対しても、深く感謝しなければならない。

この頃歎異抄のうち特に著者みずからの見解を述べた後半八章（全十八章のうち）に対して厳しい批判をし、「親鸞をけがす歎異抄」などという人もある。私は或る程度その批判に理由があるともおもうのであるが、しかしそういう林田茂雄氏なども、親鸞を「再発見」したのは主に歎異抄に記された親鸞のことばによるらしい。ところが歎異抄に記されたことばというものは、やはり抄者によって受けとられ、その「耳の底に留まるところ」（前序）をしるした文なのである。同じ講義を聴いた学生たちのノートをしらべて見ると、一人一人ちがっているようなもので、どれがよくほんとうの意味を伝えているかが問題なのである。私はやはり歎異抄の伝えてくれた親鸞のことばに真実性を認め、その抄者に感謝するのである。

二

つぎに歎異抄の性質とその構造とについて述べる。そして歎異抄の作者についても、触れておかなければならないであろう。

『歎異抄』とは、「異ることを歎くノート」といったような意味であるが、その「異ること」とは親鸞の教えとちがったことをいう「異義」のことである。古写本に「鈔」と書いたものと「抄」と書いたものとあるようである。いずれでもよいが、私はしばらく「抄」をとる。「抄」は抄出の意味に、「鈔」は摘要の意味に用いられる。「抄」をとるのは前半十章を抄と見、そしてそれをこの書物の主要部分だとおもうからである。それはともかく、『歎異抄』の書名は著者がみずから名づけたものである。後序の最後に

「かなしきかなや、さひはひに念仏しながら、直に報土にむまれずして辺地にやどをとらんこと。一室の行者のなかに信心ことなることなからんために、なくなくふでをそめてこれをしる

す。なづけて歎異抄といふべし。外見あるべからず。」

とあるのがそれである。歎異抄の作者が親鸞聖人の面授、すなわち直接親鸞聖人の教えに接した人であることは前序に「耳の底に留まるところ聊かこれを註す」とあるばかりでなく、中序、後序の文によっても一点の疑いを容れる余地がない。その抄者がこの書をつくった動機は、中序に

「そもそもかの御在生のむかし、おなじこころざしにして、あゆみを遼遠の洛陽にはげまし、信をひとつにして、心を当来の報土にかけしともがらは、同時に御意趣をうけたまはりしかども、そのひとびとにともなひて念仏まうさるる老若そのかずをしらずおはしますなかに、上人のおほせにあらざる異義どもを、近来はおほくおほせられあふてさふらふよし、つたへうけたまはる、いはれなき条々の子細のこと。」

とあるように、親鸞の滅後、その弟子たちの間に「上人のおほせにあらざる異義ども」をいう人が多くなってきた。それを歎いて、師のことばはこうであったということをあかし、親鸞聖人の精神がまちがいなく伝えられることを目的としてこの書を編んだのである。だから、「歎異」とは異義の行なわれることを歎く、親鸞聖人の教えの趣旨に異るもののあることを歎くという意味である。そして、抄者があくまで親鸞の真精神を伝えようという熱意に燃えていたことは明らかである。そのとき聖人の滅後おそらく二、三十年を過ぎており、抄者もすでに老衰していたよう

である。後序に

「いづれもいづれも、くりごとにてさふらへども、かきつけさふらふなり。露命わづかに枯草の身にかかりてさふらふほどにこそ、あひともなはしめたまふひとびとの御不審をもうけたまはり、聖人のおほせのさふらひしおもむきをも、まうしきかせまいらせさふらへども、閉眼ののちは、さこそしどけなきことどもにてさふらはんずらめと、なげき存じさふらひて、」云々。

と抄者は余命いくばくもないみずからをかえりみつつ、悲愴な心もちでこの書をつづったのである。

かような動機と心境とでつづられた歎異抄であるが、それは構造上はっきり二つの部から成り立っている。第一部は前半十章、すなわち第一章から第十章まで、第二部は後半八章、すなわち第十一章から第十八章までである。その前半十章は、親鸞聖人の語ったことばを記録したもの、すなわち親鸞の語録である。それは著者の「耳の底に留まるところ」、すなわち著者の感銘して忘れがたいことばを記録したものである。それは、著者の主観によって着色されているかも知れないし、また著者の修辞力も加わっているであろう。というのは第一部と第二部とを一貫していかにも雄勁で、律動的な、すばらしい文章であるからである。しかし、少なくとも前半十章はその要旨において親鸞のことばそのものであるとおもう。同じようなことばが、如信上人の伝えによるものとして、口伝鈔の中にも現われている。親鸞の口から出たことばを記録したものとしては、歎異抄が一ばんまとまったものであり、あと口伝鈔、執持鈔、改邪鈔などにその断片が記されているにすぎない。

この第一部の冒頭には漢文で書かれた序文がついている。かりにこれを前序と呼ぼう。これは歎異抄全体の序文というよりは、その第一部の序文である。どうしてここだけ漢文で書いたかわからないが、「竊かに愚案をめぐらして」という書き出しは、教行信証の前序の「竊かにおもんみれば」という書き出しに似ている。或いは教行信証を見ならったものかも知れない。第一部は、第十章の「念仏には無義をもて義とす。不可称・不可説・不可思議のゆへにと、おほせさふらひき。」というところで終っているのである。そのつぎの「そもそもかの御在生のむかし」からあとは、全く別のもので、これは第十一章以下に対する序文である。かりにこれを中序と呼んでおく。古写本にはこの「そもそも」を「おほせさふらひき」に続けて書いてあるようであるが、これは、伝写の際、意味がよくわからず、くっつけて書いてしまったものであろう。意味の上からはここで行を改めなければならないのである。（この頃の刊本ではみな行を改めている。）行を改めるどころか、頁を改めてもよい。ここで歎異抄がま二つに分れるからである。

第二部は、中序から始まって第十八章の「世間の欲心もあるゆへに、同朋をいひをどさるるにや。」というところまでである。そのつぎに行を改めて「右条々は、みなもて信心のことなるより、をこりさふらふか」以下は抄者の感懐を述べたあとがき、後序である。第十八章に属するものではない。それはともかく、第二部は第一部とは全くちがった性質のもので、歎異抄の作者の思想を叙した文章である。それは中序によって明らかであるように、「上人のおほせにあらざる異義ども」の行なわれていることを歎き、それに対して一々批判を加えたものである。その後序の中に

「大切の証文ども、少々ぬきいでまいらせさふらふて、目やすにして、この書にそへまいらせさふらふなり。」

という一節があるが、この「大切の証文ども」とは何を意味するかが、この関係で問題なのである。古くから行なわれた解釈によると、これは何かこの歎異抄に「故聖人の御こころ」を証明するような書きものが添えてあったのであるが、それは散佚してしまったというのである。ところが、前半十章の語録こそはその「大切の証文」なのだという解釈がある。これは夙に近角常観師の主張されたところで、今日では多くの学者がこの説に従っている。そこからこの第二部こそはまさに『歎異抄』そのものなのであって、第一部の語録は歎異抄に添えられた「大切の証文」にすぎないという見解も出てくるわけである。

私は、この書の構造の上から、やはりその全体が一部の『歎異抄』であるとおもう。一部の歎異抄が、語録（第一部）と異義批判（第二部）とに分れているのである。しかし、その語録は、異義批判の「目やす」とされていることは否定できない。ことに第一章と第十一章、第二章と第十二章、第三章と第十三章とは相照応しているようである。（それからあとは必ずしもそうはっきりしない。）その意味で、前半の語録が「大切の証文ども」であると推定されるのである。もっとも、この推定をするには、第十一章以下を書くときに、第一章―第十章が「証文」すなわち文書としてすでに存在していた、ということを前提としなければならない。そして、抄者が第十一章以下の本文を書いた後、それに前から保存してあった語録――いわば一種のノート――を添えて一部の書としたということになる。

　これは確かにあり得ることで、私は一応そのように考えている。もっともこのような見解にも疑問はある。全体を通読してみると、どうも一貫して書き下したもののようにもおもわれる。中序が「そもそもかの御在生のむかし」と書きつづけてあることがその一つの証拠である。後序の「目やすにして、この書にそへまいらせさふらふなり」というのも、語録を包括してこの一部の書としたという意味に読めないこともないが、「この書にそへまいらせ」という表現は幾分不自然のようである。そのような疑問はあるが、私は、前半十章の語録は抄者がかねて書きとめておいた多くの語録のうちから、この書をつくるについて「少々ぬきいで」て、「大切の証文ども」としてこれを歎異抄一部に編み込んだものであると推定するのである。

さて、そこで、この歎異抄の作者は誰であるかということである。これも容易に決しがたい問題である。古来の伝説では、如信上人又は覚如上人の作といわれてきた。けれども、親鸞聖人の面授でなければならないこの抄の作者としては、覚如上人は年代的に問題にならない。そこで如信上人という説が明治、大正までかなり行なわれたのであるが、この抄の中に二度までその名が出てくる唯円房こそはこの抄の作者であるという説が夙に了祥師によって唱えられ、近角常観師がこの説を力説されて以来これが有力な説となり、今日では殆ど異論なく唯円房が作者とされている。（近角師も、はじめは如信説であった。）しかし、それもけっきょく推定であって、確証があるわけではない。

如信の作であるという伝えは、口伝鈔の中に歎異抄に記された親鸞のことばとおなじ意味のことばが見えていること、そして口伝鈔は覚如の作であるが、「本願寺の鸞聖人、如信上人に対しましましてをりをりの御物語の条々」を録したものであるとされていることを根拠としたものとおもわれる。しかし、同じことばを如信と唯円とが聞くということも可能であるから、これだけで歎異抄が如信の作であると断定することはできない。他方、唯円房が作者であるという説の根拠は、歎異抄の文中に二度まで唯円房の名が出ていること(第九章、第十三章)、しかもその前後の関係を読んでみると、その唯円房が第一人称で書いていることである。(異本中には第三人称的な言葉づかいになっているものもあるが、これは後世伝写の際誤ったものであろう。)それで、私も一応唯円房とする推定に従うのである。

もっとも、この点についても若干の疑いがないではない。唯円房というのは常陸国河和田の唯円で、覚如の伝記である慕帰絵詞三巻に「かの唯円大徳は鸞聖人の面授なり、鴻才弁説の名誉ありしかば」云々とある唯円であろう。(他に鳥喰の唯円という門弟があるが、これは別人である。)覚如のときまで生きていた人である。しかし、唯円は関東における一人の門弟にすぎない。しかも、関東には善鸞の子である如信が住んでおり、弟子としても、もっと上足の弟子があるのである。しかるに歎異抄の後序には前に引用したように、「閉眼ののちは、さこそしどけなきことどもにてさふらはんずらめと、なげき存じさふらひて、」云々という一節があって、いかにも教団を背負って立っているといったような自信と、護教的自負心さえも見られるのである。これは、河和田に住んでいた一門弟の語として、どうも受けとりにくい点があるようにもおもわれるが、しばらく私の疑問を叙しておくに止める。

いずれにしても、歎異抄の著者はただ一筋に親鸞聖人の教えを正しく伝持しようとする熱意に燃えてこの書を作ったものであることは疑いを容れない。ことに著者は単に面授であるというにとどまらず、聖人の許に留まって教えを受けた者でなければならない。それは前半十章のみならず、後半八章にもところどころに聖人のことばを引用し、ことに「聖人のつねのおほせには、弥陀の五劫思惟の願をよくよく案ずれば、ひとへに親鸞一人がためなりけり。」というようなことばが引用されている。たまに上洛して親鸞の教えを受けたというのではなく、長い間聖人の身近かに侍した人であろうとおもわれる。

以上のように、私はこの歎異抄の作者を唯円房とする今日の通説に従いながら、しかしその唯円房とは一体どんな人であったのか、まだ明らかになっていないことを疑問とした。ところが、その後この私の文章（本書旧版）を読まれた坂東環城師は、私の疑問とするところについて一つの新しい見解を展開されている（雑誌『中道』五二号、昭和四二年）。それによると、唯円は、小野宮禅念――後に親鸞の末娘覚信尼と結婚し、親鸞の滅後自己所有の土地を寄進して大谷の廟堂を建てた人――の真弟で、覚信尼の生んだ唯善の異母兄であり、十九歳のときから聖人の教えを受けた人である。親鸞聖人は、帰洛後関東の宗団内に生じた動揺を静めるために実子善鸞をつかわしたが、それは失敗に帰した。その後聖人の命によって東国に赴き、河和田に住したのが唯円房であったというのである。そうした関係によって唯円房の高い教養と護教的態度もよくわかる。

このような坂東師の見解は、江戸時代の宗史学者了雅師の『大谷遺跡録』、『諸寺異説弾妄』（真宗全書所収）を根拠とするものである。どうして明治以来今日までこの点が宗史学者によって検討されないでいたのか、私にはわからないが、本書は書誌学的考証を目的とするものではないので、坂東師の見解を一つの有力な学説として紹介するに止めておく。

なお、最近歎異抄の作者は河和田の唯円ではなく、鳥喰（とりばみ）の唯円であるという学者もいるが、これは、河和田の唯円には「大徳」という特別の尊称が与えられている点、その他の状況から、たやすく受けいれられない。

三

歎異抄は私どもに宗教的な絶対の生き方を教えてくれる。それは親鸞その人をも超える人生の真実を内容としているからである。しかし、それは親鸞聖人によって開顕（かいけん）された真実である。親鸞その人を離れて歎異抄を領解することはできないであろう。

歎異抄が私どもにとって貴重なのは、その中に記録された親鸞のことばの故である。第一部、前半十章は全部それであるが、第二部、後半八章の歎異、異義批判の間にも、作者が親鸞から聞いたことばを引用している。その親鸞のことばを「目やす」として当時の「異義ども」を批判した作者自身の文章にも、親鸞の精神を伝えようとする熱意だけでなく、親鸞に対する深い理解、その精神の領解が見られるが、作者のことばは、やはり親鸞その人のことばとはちがう。この頃梅原真隆師は特に歎異抄の後半の意義を力説されているが（現代仏教講座第五巻）、私は何といっても後半は前半に比して調子がおちているとおもう。それでこの講話では主として前半をとりあげるのである。（後半の中に見えている親鸞のことばは、できるだけ、前半との関連においてとり上げるつもりである。）

歎異抄の作者の詮議よりも重要なのは親鸞その人のことなのであるが、親鸞の生涯とか著作とかについては他に多くの書物があるから、ここであらためて説く必要はないとおもう。ただ、従来教団としての真宗のなかにおいては、親鸞聖人を伝説化し、ことにいろいろの奇蹟的な行為があったような説なども行なわれているのであるが、それは親鸞聖人を鑽仰する心から生じたものとして一応理解することはできるにしても、あれほど強く迷信を排斥し、現世祈禱を否定した親鸞の本意に背くものである。私どもは、できるだけ、歴史的に実存した人間としての親鸞を認識しなければならない。そのことによってかえって親鸞の真の偉大さを知ることができるのである。奇蹟によって親鸞を飾ろうとする浅はかな伝説は、今日では自然に廃れて行きつつある。

問題は、むしろ、大正以後親鸞について書かれた多くの戯曲や小説にあるであろう。それらは決して親鸞のほんとうの姿を描いてはいない、ということを注意しなければならない。それらの戯曲、小説は「人間」親鸞を描こうとしてはいるが、戯曲、小説の性質上歴史的な資料にないことを想像して描いていることはもちろん、親鸞の思想、精神に十分の了解がなく、明らかにそれと矛盾するようなことをさえも書いてある場合が少なくない。これらは文学的作品として鑑賞する限りにおいては許されるであろうが、それによって親鸞の宗教を知ることはできないことは勿論であり、親鸞の宗教について誤った観念をもつようになることは極力これを警戒しなければならないのである。

親鸞の生涯については、確実な根本史料は乏しい。しかし、その乏しい史料にもとづく学者の考証は昭和年代になってからかなり進んできた。中沢見明著『史上の親鸞』(昭和八年)、山田文昭著『親鸞とその教団』(昭和二三年)、赤松俊秀著『親鸞』(昭和三六年)などその重要な文献であり、家永三郎著『中世仏教思想史研究』(増補版昭和三〇年)に収められた親鸞に関するいくつかの論文にも注意すべきものがある。その後親鸞に関する著述は数えきれないほどある。これらは従来の教学が専ら親鸞の著作によってその教義内容を研究していたのに対して、歴史上の人物としての親鸞を捉えることによって、その性格なり、生活環境なりを明らかにすることに力を用いているのであって、親鸞の思想、信仰の理解にも貢献するところが大である。このことについて私どもは史学者に感謝しなければならない。ただ、史学は、ややもすれば外部的生活を詮索することに重きをおいて、その内部的消息に対する真実の了解を欠くおそれがある。それは、親鸞の著作や語録――とくにこの歎異抄のごとき――を通して直ちに親鸞の思想・信仰に参することによって補うほかない。そうすることによって親鸞その人の歴史的真実が明らかにされると同時に、それがやがて私どもの宗教的求道の導きとなるのである。

たとえば、親鸞聖人は痛切な末法の意識をもっていた。そしてそれがあの本願力廻向の信の決定的な契機となったとおもわれる。

「釈迦如来かくれましまして、二千余年になりたまふ、正・像の二時はおはりにき、如来の遺弟悲泣せよ。」

「末法第五の五百年、この世の一切有情の、如来の悲願を信ぜずば、出離その期はなかるべし。」(正像末和讃)

この末法の思想は、決して親鸞独自のものではない。その根拠は経典の中にあるのであるが、平安朝において一般的な思想となっていた。しかも、平安朝末期における戦乱と文化の崩壊、鎌倉初期における血で血を洗う政治的な殺戮・陰謀・残虐、関東において見た庶民のしいたげられた生活などは、親鸞における末法の思想をいよいよ動かないものにしたであろう。当時の歴史的環境から十分理解できることである。これまでの教学がそういった面を殆ど考えずに、ただ末法という思想の経典上の根拠だけを追及していたことは、親鸞その人の思想・信仰を了解するという意味においても決して十分なものではなかったのである。最近の史学は、この点で、従来の教学が教学としても不十分であった点を補おうとしている。

しかし、「如来の遺弟悲泣せよ」といい、「出離その期はなかるべし」というような痛切な叫びは、親鸞その人の内部における宗教的な苦悶と解脱への要求から出たものとしてこれを直接に領解し、信受するほかないのである。私どもはこれらのことばを通して直ちに親鸞聖人に参ずることができる。親鸞聖人の心をそのままに受け入れるのである。そのことなしには、親鸞の外部的な史的詮索におわって、その内部的な消息に触れることはできないであろう。それは史学としても不十分だとおもうが、史学そのものとしては、或いはその程度に止まることもやむを得ないかも知れない。親鸞聖人を通して道を求める、宗教的信の、或いは証（さとり）の絶対的境地を追及するには、そのような史的詮索を超えなければならない。親鸞その人の心に迫らなければならないのである。

これは、末法の意識だけのことではない。この歎異抄に現われた悪人正機、悪人こそ救われるのだという意識もおなじことである。いな、末法の意識と悪人正機の思想とは親鸞聖人においてつながったもの、むしろ一つのものである。末法という時代観は当時多くの求道者を反省させ、或いは悲観させ、或いは奮起させたのである。しかし、親鸞にとってそれは単なる時代観ではなかった。末法の意識がそのまま自己罪業の意識であったのである。末法ということは、単なる時代観、歴史的状況の問題ではなく、そのまま自己内面の問題であった。末法の時代観は、やがて「煩悩具足の凡夫、火宅無常の世界は、よろづのこと、みなもてそらごと、たはごと、まことあることなきに、ただ念仏のみぞまことにておはします」という絶望から、「弥陀の五劫思惟の願をよくよく案ずれば、ひとへに親鸞一人がためなりけり」と、本願による救いを信ずる廻心となるのである（第十八章）。

歎異抄に現われた親鸞のことばは、すべてその晩年、おそらく八十歳を過ぎた後のことばであり、世間並みにいうならその円熟した宗教的信の境地を語るものといえるであろう。しかし、親鸞の場合、「円熟した」という形容詞は必ずしもあてはまらない。そのことばはすべて溌剌としている。精神的に壮年の意気を失っていない。一語一語、人の心に訴える或るものがある。これは親鸞その人の思想・信仰が晩年に至ってもなお固定化することなく、絶えず生き生きとしていたことを意味する。もとよりその根柢は動かない本願の信によって一貫している。しかし、それは決して概念化されたものではなかった。それからそれへと日常の経験に触れて動いてゆく生きた思想であり、発展する信であった。齢八十を超えてなおこの生命を失わなかったということは、まことに驚嘆すべき事実である。

たとえば、念仏を申しても踊躍歓喜のこころがおこらないという唯円房の訴えに対して「親鸞もこの不審ありつるに、唯円房おなじこころにてありけり。」と答えているごとき、何という率直さであろうか（第九章）。親鸞みずからも「不審」すなわち迷いがあり、疑いがあることを告白しているのである。しかもその不審がそのまま「いよいよ往生は一定」という信に転じて行く。何という自由な思惟過程であろうか。いやそれは単なる思惟過程ではなく、生きた人間の体験過程なのである。思惟と体験とが微妙に交錯して動いている。固定した概念的教義ではない。そこに親鸞の宗教の生命がある。歎異抄の魅力はそこから来るのである。歎異抄が「生命の書」といわれる所以であろう。

有名な「三願転入」、つまり、あらゆる善を修する立場から、専ら念仏する立場へ、その念仏も、自力のこころをまじえた念仏から、すべてを本願力の廻向にまかせる念仏へという宗教的遍歴の過程も、親鸞においては幾たびか繰りかえされた思惟・体験の過程であったろうとおもう。それを宗学者や史学者が親鸞の生涯のどの時代かにあてはめて一度きりのものと考えようとしているのである。これはまったく親鸞の精神を理解しないものである。関東の漂泊においても「自力の心」になやまされていたことは、恵信尼文書によって明らかである。親鸞は京洛に帰った後においてさえも、自力聖道門へのあこがれをもっていた。

「自力聖道の菩提心、こころもことばもおよばれず、常没流転の凡愚は、いかでか発起せしむべき。」（正像末和讃）

というように、親鸞はあくまで自力聖道の菩提心を重んじ、「こころもことばもおよばれず」とこれを歎じた。それであればこそ、常没流転の凡愚として如来の悲願に救われることを信ぜざるを得なかったのである。はじめから自力聖道の菩提心を問題にしないようなら、本願他力の信も成り立たない。他力の信は、自力の菩提心をその前提としているのである。それどころか親鸞は、本願他力の信に落ちつきながらも、なおそれが真実に本願にかなう信であるかどうかについて反省に反省を重ねた。そして自己に真実の心なきことを悲しんでいるのである。

「浄土真宗に帰すれども、真実の心はありがたし、虚仮不実のわが身にて、清浄の心もさらになし。」（愚禿悲歎述懐）

これが、八十歳を超えた老親鸞の悲歎述懐なのである。何という驚くべきことばであろうか。「真実の心」とは「真実の信」というのとおなじである。親鸞は、八十歳を超えてもなお「真実の信に至らない」と歎いているのである。けれども、私は、そこにこそ親鸞の溌剌たる宗教的生命があるのだとおもう。この絶望的な自己批判があって初めて如来の真心に触れることができたのではないだろうか。このことばによって、親鸞はついに最後まで真実の信がなかったという人があるなら、それは親鸞を知らず、凡そ人間の心を知らざるものである。信心とか信仰とかいうものは、固定した教理的概念を無理にこうだときめ込むことではない。もっと自然に体験されるものでなければならない。親鸞聖人が晩年に屢々「自然法爾」ということを言ったのは、そのことだとおもう。

四

前にいったように、本書では歎異抄のうち親鸞の語録と見るべき第一章から第十章までについて、私の領解し得たところを述べるのである。ところで、この十章は、かつて親鸞聖人から聞いたことばを書きとっておいた書きつけ、メモ又はノートのようなものを「大切の証文ども」として編集したものであろうということは、前に論じたところであるが、歎異抄の作者はそうしたメモをここに無造作にかきあつめたものではない。深い思慮をもってそれを選択し、整理してこの十章に排列したものとおもわれる。この十章には、歎異抄の著者によって捉えられた親鸞聖人の教えの肝要が尽されているのみならず、それは或る体系的な意図の下に排列されている、と私は見るのである。

では、その体系的な意図とはもんなものであろうか。大づかみにいえば、第一章は概説的又は総論的なもので、全十章の要綱をかかげたものである。それは、まさに、親鸞の宗教のエッセンスを示したものである。だが、それだけにやや抽象的であるともいえよう。第二章から第九章まではそれを具体化している。なかんづく第二章から第五章までは念仏を中心とする、というよりも念仏が一切であるということを、具体的に、あらゆる疑問を破斥しながら、「これでもか、これでもか」というように力をこめて力説したものである。そして、第六章から第九章までは、そのように徹底して念仏を行ずる者、念仏者の信心と心境とについて語っている。晩年における親鸞の境地はこの四章に最もよく現われているとおもう。最後に第十章は結語であって、前九章の趣旨も、けっきょく「無義をもて義とす。」はからいなきはからいである、自然法爾である、ということに帰着することを明らかにしているのである。

かように歎異抄における語録排列の意図を推測することには、もちろん異論もあり得るとおもうが、私としては久しくこの十章を拝読して、その中に信仰の体験とともに思想のあることを看取しないわけには行かない。そしてその思想にはおのずから論理のあることも確かである。繰り返し拝読しているうちに唯円房の語録編集の意図、さらにそれを通して親鸞その人の思想体系が何となくわかってくるようにおもわれる。

さらに第一章から第十章までを総括して見ると、そこに説かれていることは、けっきょく念仏の教であり、行であり、信であり、そして証であるということになる。親鸞の宗教の特色は念仏よりも、信心を本とすることにあるという人がある。いなそれがむしろ従来一般に行なわれてきた教学上の通説である。蓮如の御文章に「聖人一流の御勧化のおもむきは信心をもって本とせられ候」とあるのがその根拠となっている。明治以後においては、キリスト教、とくにプロテスタンチズムの影響もあって、「信仰」ということが格別重要視されてきた。さらに、最近の合理主義的な風潮の下に「人間の社会的実践→罪障の自覚→信の決定という構造の中に、称名念仏などの位置する余地はない。」ということを主張する学者もある(家永三郎博士)。これは、親鸞の教説を理知的に理解して、その信決定における念仏の実践的意義を解しないものである。念仏と信心(信仰)とを分別して、信心を本とする考え方も、実は歎異抄、ことにその作者唯円房の思想にその源があるとおもうが、――第十一章、第十四章など参照。――親鸞その人においては、念仏と信心とは相即不離のものであった。歎異抄の第一章から第十章まで、「念仏」という語の出て来ない章はたった一つ第三章だけ、あとは章ごとに「念仏」又は「念仏者」という語が見えているくらいである。

親鸞みずから筆をとった教行信証にも「謹んで往相の廻向を按ずるに、大行あり、大信あり。大行といふは、すなはち無碍光如来の名を称するなり。」とあるように、親鸞にとって念仏は「大行」、すなわち至上の宗教的実践であった。このことについてはなお後に詳しく述べたいとおもうが、親鸞はやはり専修念仏の行者であったのである。ただその念仏は、いたずらに数多く口に唱えるだけの念仏ではなく、信心、しかも本願力廻向の信によって裏づけられた念仏であった。念仏と信心、行と信とは親鸞において相即不離のものであったことは、書簡の中に「信の一念、行の一念、ふたつなれども、信をはなれたる行もなし。行の一念をはなれたる信の一念もなし。」(末燈鈔一一)とあることによっても明らかである。つまり念仏という大行と本願力廻向の信、大信と二にして一であった。歎異抄第二章から第九章までは、この意味、すなわち行即信の意味を明らかにしているのである。

しかし、しばらく行(念仏)と信(信心)とを分別して考えるならば、第二章から第五章までは行、すなわち念仏について親鸞の語ったことばであり、第六章から第九章までは念仏を行ずる者の心、すなわち念仏者の信について親鸞の語ったことばである、と解することができないであろうか。これは私が最後に辿りついた考えで、一つの臆測である。第二章から第五章までが念仏は至上の宗教的実践であり、その限りにおいて他に学問する必要はなく、またあらゆる道徳的な善、聖道門的な慈悲を行ずることさえも必要ではない、ということを力説していることは明らかである。ところが第六章以下になると念仏者の心が問題とされている。第六章の「親鸞は弟子一人ももたずさふらふ」は、念仏者の深い孤独感を表白するとともに、「如来（にょらい）よりたまはりたる信心」を語っている。第七章以下が念仏者の信の境地を語っていることは一読して明らかである。なおそれぞれの章において講ずるであろう。

このように見てくると、さらに一つの臆測が成り立つ。第一章は概説又は総論である、といったが、それは親鸞の「教」ではないだろうか。それはまさに親鸞の宗教におけるエッセンスである。つぎに第二章から第五章までは、親鸞の教える「行」である。親鸞みずから行じ、またその弟子たちにも行ぜしめた真実の宗教的行としての念仏の意義を明らかにしている。さらに第六章から第九章まではその念仏を行ずる者の精神的態度、心境を語っている。それは真実の「信」を明らかにしているのである。そして最後に第十章の「念仏には、無義をもて義とす」ということばは、すでに単なる信の境地を超えて「証」すなわちさとりの境地を意味することばではないであろうか。つまり歎異抄の第一部、親鸞の語録は教・行・信・証という構造をもっている、という一つの臆測が成り立つのである。

私はこれを一つの「臆測」というのである。歎異抄の作者がそのような意図をもっていたという証拠はない。或いは全然そういうことを考えなかったかも知れない。しかし、前序の文が親鸞の書いた教行信証の前序とその書き出しが似ていることは前に指摘した通りである。少なくとも抄者は教行信証を読んでいたにちがいない。そうだとすると、私のような臆測をすることも可能であるとおもう。よしこの臆測が当っていないとしても、歎異抄解釈の方法として一応かような考えをしてみることも許されるのではないだろうか。これは今まで誰もいっていないことなので、一般の人に読んで貰うための『歎異抄講話』にこんなことを書くことはどうかとも考えたが、歎異抄はかなり広く読まれている本なのであるから、ちょっと私の臆測をいってみたのである。

第一章　ただ信心を要とするとしるべし

一、弥陀(みだ)の誓願不思議(せいがんふしぎ)にたすけられまいらせて、往生(おうじょう)をばとぐるなりと信じて、念仏まうさんとおもひたつこころのおこるとき、すなはち摂取不捨(せっしゅふしゃ)の利益(りやく)にあづけしめたまふなり。弥陀の本願には、老少善悪のひとをえらばれず、ただ信心を要とすとしるべし。そのゆへは、罪悪深重(ざいあくじんじゅう)、煩悩熾盛(ぼんのうしじょう)の衆生(しゅじょう)をたすけんがための願(がん)にてまします。しかれば本願を信ぜんには、他の善も要にあらず、念仏にまさるべき善なきゆへに。悪をもおそるべからず、弥陀の本願をさまたぐるほどの悪なきがゆへにと、云々。

一

歎異抄の前半、第一章から第十章前段までは、序説において述べたように、親鸞の語録である。

この抄の作者と推定される唯円房が師親鸞から直接に聞いたことばを書きつけておいたメモ又はノートのうちから、作者の歎異、すなわち「聖人のおほせにあらざる異義ども」(中序)の行なわれていることを歎くこころから、それらの異義をただすために「大切の証文ども」(後序)を抄出したものである。それであるから、その一章、一章は時を異にし、場合を異にして語られたことばの記録であり、親鸞聖人の人格と思想とによって一貫されていることは勿論であるが、本来それぞれ独立したものなのである。

けれども、これら十章を熟読してみると、それは決して断片的なノートを無造作に寄せ集めたようなものではない。抄者はもろもろの異義に対して親鸞聖人の教えのほんとうのところを明らかにしておく意図のもとに、それを取捨選択して編集したものとおもわれる。すなわちこれら十章の法語は、そのどれをとって見ても、みな親鸞の宗教における肝要な点、特徴的な点に触れるものばかりであるし、第一章から第十章までが意味的に連続し、それがおのずから一つの思想体系をなしているとすら考えられる。抄者のすぐれた叡智と敬虔(けいけん)な信順の態度とは、師のことばからその核心を捉えた。だから語録といっても、決して速記や録音テープのごときものではなく、唯円房のすぐれた領解(りょうげ)と構成力とがはたらいていること、それに修辞力が寄与していることも認めなければならない。その第一章から第十章までの排列に至っては、抄者唯円房が意識的に師の

思想体系を浮き上らせるように排列したものではないかとさえおもわれる。これは序説において
いったことであるが、この第一章を読むにあたって、も一度いっておきたいとおもう。

この第一章は、前半十章の総論又は概論とでもいうべきものである。ここには歎異抄の前半十章の意味が総括して示されている。そして、第二章以下はこの第一章に示された原理から展開されているということができる。親鸞の宗教、浄土真宗の極意がこの一章に示されているといってもよい。親鸞がその生涯を傾けて明らかにしようとした真実の教がこの十行にもみたぬ簡潔な文章によって総括されているのである。それだけに、この一章だけを読んだのでは抽象的な理解におわり、その意味を捉えることはむずかしいであろう。文章を一応概念的に理解することはできても、その宗教的な意味に徹到することはとてもむずかしいとおもう。ここでは一応の解説を試みることしかできないが、第二章以下と照らしあわせて、その具体的な意味を領解されるよう読者にお願いするほかない。

では、この第一章はどういうことをいおうとしているか。これから本文について述べるのであるが、その前にこの抄に現われた親鸞の思想と親鸞みずから筆をとった著作、ことに教行信証、三帖和讃（さんちょうわさん）、かずかずの消息（書簡）などに現われたそれとどういう関係にあるかについて一言しておきたい。

教行信証（きょうぎょうしんしょう）は、親鸞の教学的な体系の書で、真実の教、真実の行、真実の信、そして真実の証（さとり）が何であるかを論考したものである。その詳しいことはここに述べられないが、要するに親鸞の求めた真実の道を語っているのである。その大部分はあまたの典籍を縦横に引用したものであるが、しかしその基底をなすものは親鸞みずからの宗教的体験であり、信仰である。そのゆるぎなき信の立場において当時の一般文化、ことに当時の仏教の現状に対する批判を行なう意図をもって書かれたものである。だから、経典・論書・注釈書によって自己の立場を論証しているのである。これに反して、歎異抄に現われた親鸞のことばは、晩年の親鸞が少数の弟子たちに自己のいつわらない信の心境を告白したものである。そこには老いた親鸞がむきだしに現われている。教行信証の思想と歎異抄のそれとは結局おなじものであるが、その表現の目的と機会とがちがうだけに、その現われ方にも違いがある。教行信証は何としても教学の書であり、それ故に「しばらく疑問を至して、つひに明証（みょうしょう）を出（いだ）す」（信巻序）というような論証の態度であるが、歎異抄では、「他力真実のむねをあかせるもろもろの聖教は、本願を信じ念仏をまうさば仏になる。そのほか、なにの学問かは往生の要なるべきや」（第十二章）とあるように、端的に本願・念仏による救いを強調しているのである。

和讃は日本語の宗教詩である。（教行信証は全部漢文で書かれている。）浄土和讃、高僧和讃、正像末和讃の三帖に編成されているが、その間にいくつかの小詩篇が挿まれている。或いは浄土の荘厳をたたえ、或いは浄土門の伝統を形成した高僧の思想や行跡をしのび、或いは末法の悲しみを超えて如来大悲の恩徳をおもう、といったようなわけで、いずれも親鸞がその他力の信を芸術的に表現したものである。これは親鸞が七十歳をすぎる頃からその法悦を表現しようとして制作し、推敲したもののようである。純芸術として見る人は、その中にある生硬な表現や、教訓的なものの言い方の故に、この和讃をけなすのであるが、宗教詩として他の追随を許さない高い格調をもっている。ただこれは歎異抄と直接に関係するところは少ないとおもう。歎異抄は芸術的であるよりも倫理的・実践的であり、学問を否定しながらもなお学問への強い傾きを示しているる。もっともその雄勁で、律動的な文章は、日本の文学史においても重要な地位を占むべきものであろう。

親鸞の書簡は、末燈鈔、御消息集その他に編集されてかなり遺されている。これらは、特定の弟子にあてられたものでも、同時に他の弟子たちに示す意図をもって書かれたものが多く、親鸞の晩年における教化的実践の現われと見るべきものである。その内容は区々であるが、けっきょく親鸞の他力の信を語っている点で、歎異抄とおなじことである。ただ書簡の中には一そう具体的な生活実践の問題について指導しているものがある。歎異抄は専ら宗教的真諦を顕わそうとしている点で純宗教的であり、見方によっては抽象的・観念的であり、高踏的であるともいえるであろう。これには抄者唯円房の性格も与かっているのではないかとおもうが、歎異抄に対する誤解もここから生ずる。歎異抄の純宗教的・超倫理的立場を非倫理的ないし反倫理的でないかとする誤解は、親鸞のかずかずの書簡によって除かれるであろう。

いずれにしても、歎異抄は親鸞の生きた姿を示すものとして、その著作に劣らない重要性をもつものであるが、同時にその内容を領解するには、親鸞の筆をとったもろもろの著作と照らしあわせてみなければならないことを忘れてはならない。

二

これから第一章の内容について語るのであるが、第一章はおよそ三段に分けることができる。冒頭の一段は、「弥陀の誓願不思議にたすけられまいらせて、往生をばとぐるなりと信じて、念仏まうさんとおもひたつこころのおこるとき、すなはち摂取不捨の利益にあづけしめたまふなり。」というのである。

この一つのセンテスの中にすでに親鸞の宗教、浄土真宗の原理が完全に表現されているのであるが、それだけにこれは私どもにとって一つの大きな未知数α（アルファ）を含んでいる。いまいかにこれを註釈してみても、それだけで、初めて歎異抄を読む人に納得して貰うことはむずかしいであろう。他方、これまで浄土真宗について読んだり、聞いたりしている読者は、この文章の深い意味を領解することなしに、伝統的な教義の概念でこれを素通りしてしまうおそれがある。いずれにしても私にはこの一段について十分その意味を明らかにする自信がない。といって、この一段をあとまわしにするのもどうかとおもうから、ここで一と通りの解説をする。どうかこの一段で投げ出したり、つまづいたりすることのないように、少なくとも歎異抄前半十章を読みとおした上で、も一度ゆっくりこの第一章の意味について考えて頂きたいとおもう。

「弥陀」は、「阿弥陀仏」を省略した語である。阿弥陀となづけられる仏（仏陀）である。如来ともいう。阿弥陀 Amitā という語は、無量の、無限の、永遠の、といったような意味をもっている。これはサンスクリットの経典から来ているのであるが、現代のインド語でも用いられ、崇高な、神々しいといったような意味をもっているというように聞いている。教学の上では、阿弥陀仏は無量寿（Amitāyus）、無量光（Amitābha）の仏であるといわれている。つまり永遠の生命、限りなき光明の仏ということである。親鸞の書いたものに無碍光仏、不可思議光如来などという語も用いられている。この場合の生命は、もちろん肉体的生命を超える生命である。そして、光明といっても物理的な光明ではない。精神の輝き、心の明るさを意味するのである。

仏、仏陀の原語は Buddha で、覚者、さとれる者を意味する。この頃英語では仏陀のことを "the Enlightend One" などともいっている。明るくされた者という意味である。明るくされた者とは、さとりによって心の明るくなった者ということである。仏をまた「如来」という。これは tathāgata 如より来るもの、世界の如(如実、実相)、ありのままのすがたをさとり、それを体現する者という意味である。仏は日本語で「ほとけ」ともいう。これは、シナ語「浮図」とおなじく、原語の音をなまったものとおもわれる。だから「ぶつ」というも「ほとけ」というも同じことである。ところが通俗の用語では死んだ人を「ほとけ」という習慣がある。これはまちがった用語である。人は死んだからといってすべて「ほとけ」になるわけではない。生ける覚者、さとりに生きる者こそは仏なのである。しかし、覚者は肉体の死を超えて生きるという形而上的意味と、「一切衆生はみな仏性を有す」、すべての人間存在は仏陀たるべき性質をもっている、いな本質的に仏であるのだ、という大乗の教学思想——やはり形而上的な——とが、日本古来の死者祭祀の習俗とむすびついて、このような用語を生じたのであろうから、これも一つの用語として認めてよいかも知れない。

こんな説明をしてみたところで、「さとり」の内容がわからない限り、仏、仏陀の意味が明らかになるわけではないが、一応はこのような説明もしておかないと、思想のすじ道がわからないで、キリスト教の抽象的な「神」概念——唯一絶対・全智全能といったような——と混同し、仏教本来の特色である現実性・具体性が看過されるおそれがあるであろう。単に「無限者」などという形而上学的概念をもって置き換えるのもどうかとおもう。

　さて仏、仏陀とはもと今から二千五百年前インドに出現した釈迦族の聖者、ゴータマ（Gautama）に名づけられた名詞である。すなわち釈迦牟尼仏を指して仏陀といったのに始まっている。釈迦族という種族に生まれたから釈迦牟尼 Śākya-muni すなわち釈迦族の聖者というのである。しかし、仏陀とはさとれる者という意味であってみれば、それは必ずしも釈迦牟尼仏に限ったことではないわけである。歴史的人物としての仏陀は釈迦牟尼一人であったとしても、観念上他にも仏陀は存在し得るであろう。原始仏教では、そのお弟子たちは阿羅漢（arhat）になることを目的とし、仏陀になるということまでは考えなかったようにいわれているが、阿含部の経典をよく読んで見ると、ゴータマはすべての者に自己とおなじ「さとり」に到ることができることを認めている。大乗仏教になると正面からこれを認めるのである。そしてそれは、理論的な可能性に止まらず、十方三世にわたって諸仏が存在するという観念に発展し、さらにそれが宗教的なあこがれの情緒によって感覚的に表象されるに至ったのである。

　そのような観念、表象は、釈迦牟尼仏の滅後においてその教えを信ずる人たち、ことに出家ではない在家の信者たちが、ありし日の仏陀を思慕しつつ、しかもかのごとき仏陀に近づきたいという切なる願いを背景として歴史的に発展したものである。だからその本質は宗教的・倫理的な理念である。ここでわかりやすいように現代語で「理念」といっておく。本来の仏教語でいうなら、それは「法」(dharma)である。理念というと単にあるべきものを意味し、観念的なもの、したがって非存在的なもののように考えられるおそれがある。(これは新カント哲学影響でのある。)だが、理念は本来現実的な存在そのものの理、事理であるべきである。仏教の「法」はまさにそういう意味の理念である。法という語は、あるべきもの、観念的なものを意味するだけでなく、存在そのものを意味する場合もある。すべての存在は、法によって存在するからである。一切の存在が法であり、一切の存在、ことに人間存在の実践的にこころざし、求めるものが法なのである。

阿弥陀仏は、そういう意味で、大乗仏教において宗教的・倫理的に観念され、表象されてきた法としての仏である。地上の歴史的人物でないことは勿論である。生身仏(しょうしんぶつ)ではなく、法身仏(ほっしんぶつ)である。法身とは理念を具象化したもの、ことに人格化したものをいう。インド出現の生身仏である釈迦牟尼仏をさらに理想化して、全人類的、全世界的、いな全宇宙的なさとりの理念を高くかかげたものである。大無量寿経に描かれた阿弥陀仏の生成を一つの神話だという人がある。神話というならまさに人類最大の神話であろう。しかし、それはいわゆる「神話」——たとえば旧約聖書の神話や古事記、日本書紀の神話——とは、はっきり区別されなければならない。これらは、いずれも、祭祀のイデオロギーであり、そして政治的支配を権威づけるための宗教観念であった。これに反して阿弥陀仏は国王の政治的地位を捨てたインドの聖者釈迦牟尼仏の姿を無限に拡大したものであり、この聖者の滅後その人格を思慕し、その仏心を学ぼうとする求道者の宗教的な意思を反映する人間像である。

さて法身仏としての阿弥陀仏とその浄土にも、その観念に変化がある。最も素朴な観念は、念仏者が死後に赴くべき西方極楽世界の仏として、その感覚的存在を信じ、死後そこへの往生を祈願するものである。阿弥陀経(あみだきょう)がそれを教えている。つぎにその見えざる仏身と仏土とを主観的な精神の統一によって観想することが行なわれる。観無量寿経(かんむりょうじゅきょう)はそういう観想の方法による宗教的・倫理的な修行を教えているのである。(しかし、けっきょく念仏往生を認めることになる。)さらに大無量寿経(だいむりょうじゅきょう)となれば、阿弥陀仏は明らかに釈迦牟尼仏を理想化した人間像である。その利他救済の誓願は、人間存在の倫理的理念が時間的・歴史的に実現されてゆくすがたを示唆している。一切の衆生は、その法に摂取されることによって、その最も深い志願がみたされる。それが浄土往生、さとりの世界において永遠に生きることなのである。

浄土教の歴史は、この三つの経に表現された阿弥陀仏の法（理念）をどのように宗教的思想・行動において実現し、展開したかの歴史である。親鸞はすばらしい批判の眼をもってその精神史的展開を捉えた。インド、シナ、日本の仏教において、親鸞ほど精神史的な観察にもとづいて教学を構成した人はないとおもう。それは文献を渉猟しただけでできることではない。自己の深い内面的反省によって人間性の真実を洞見し、そこから仏教の歴史的意義を批判し、その批判によってさらに独自の思想・信仰を形成したのである。親鸞がいかに歴史批判的・自己形成的であったかは、正信偈において最もよく現われている。実に驚くべき識見といわなければならない。

親鸞は、経典そのものをも批判的に取捨した。阿弥陀仏の根本観念についてさえも、大胆な批判選択をしているのである。親鸞が「弥陀」といったときに、どういう仏を観念したのであるか。それは教行信証・真仏土の巻によって知るべきであろう。

「謹んで真仏土を按ずれば、仏はすなはちこれ不可思議光如来なり。土はまたこれ無量光明土なり。しかればすなはち、大悲の誓願に酬報す。かるがゆゑに真の報仏土といふ。すでにして願います。すなはち光明・寿命の願これなり。」

親鸞の観念した仏は、大無量寿経の阿弥陀仏、光明無量・寿命無量の仏であった。そして阿弥陀経や観無量寿経の感覚的又は観想的な阿弥陀仏は「方便化身土」であって真実の仏身・仏土ではないとしているのである（教行信証・化身土巻）。親鸞の意味における他力の信は、感覚的又は観想的な仏身・仏土を信ずることではない。それは自力の念仏者のための方便化身土であるというのである。方便には方便としての真実性はあるが、それはやがてより高次の真実に譲らなければならない。真実の仏身・仏土はただ不可思議光如来、無量光明土というほかなきものである。（親鸞は、いわゆる指方立相の仏を認めていない。）阿弥陀仏はあくまで法身仏である。ただし親鸞は法身仏においてさらに法性法身・方便法身の二つを区別している。

「しかれば仏について二種の法身まします。ひとつには法性法身とまうす。ふたつには方便法身とまうす。法性法身とまうすは、いろもなし、かたちもましまさず。しかればこころもおよばず、ことばもたえたり。この一如よりかたちをあらはして方便法身とまうす。……この如来すなはち誓願の業因にむくひたまひて報身如来とまうすなり。……すなはち法性法身におなじくして無明のやみをはらひ、悪業にさへられず、このゆへに無碍光とまうすなり。」（唯信鈔文意）

法性法身は法そのもの、純粋な理念であるが、方便法身はその時間的展開を意味するようである。けれどもそれは一如の法性の現われであるから、けっきょくおなじものである。これは親鸞の形而上学であるが、思弁的な形而上学ではなく、真実を直観する実践的な存在論である。歎異抄における実際的な宗教も明らかにこれを背景としている。それは方便法身を中心としつつ、けっきょく法性法身に合一するようになっている。第十章の結論がそれである。

さて、「弥陀の誓願不思議にたすけられまいらせて、往生をばとぐるなりと信じて、念仏まうさんとおもひたつこころのおこるとき、」これは真実信の一念を要約したものである。阿弥陀仏はかつて法蔵菩薩であったとき、生死の苦海に沈淪する私ども衆生をかなしみ、あわれみたもうあまり、その救済を誓われ、かずかずの願をおこして久しく私どものために思惟をこらし、また修行を重ね、ついにその願を成就されたのである、と大無量寿経に説かれている。その阿弥陀仏の誓願（本願）の不思議な力によって、私どもは浄土に往生することができるということ、これも大無量寿経に説かれているところである。この経を信じて、念仏を申そう、阿弥陀仏の名をたたえようという心がおこったとき、その一念に「摂取不捨の利益にあづけしめたまふなり。」弥陀の光明の裡に摂め取られ、もはや決して捨てられるおそれはない、というのが大体の意味である。

ここで「不思議」ということが問題となるであろう。不思議といえば、何か奇怪なこと、神秘的なこと、或いは奇蹟的なことを想像する人が少なくないとおもうが、仏教、正しい意味の仏教はそうしたものを一切認めないのである。古来「仏法に不思議なし」といわれるのがそれである。仏教はあくまで人間の理性による思惟を重んずる。ただ、しかし、如実の法は普通の理性による思惟を超えるものである。「こころもおよばず、ことばもたえたり」というのが、さとりのすがたである。思想や言語によって規定することのできないもの、それが「不思議」、思議すべからざるものである。それは思議、すなわち思想・論議を否定するのでなく、思想・論議を尽して、しかもその及ばないところのものをいうのである。親鸞はあらゆる合理的思惟を尽して、しかも弥陀の誓願を「不思議」として信ぜざるを得なかった人である。それは「非合理なるが故に信ずる」のではない。合理的な思惟を通して、それを超える、その意味で不可思議な救済を信ずるのである。

「信ずる」ということ（信心、信仰）と念仏との関係について一言しておこう。この文章でも見られるように、親鸞において信心と念仏とは切りはなすことのできないものであった。信心と念仏、信と行とを分別して、念仏が先であるとか信心が本であるとかいうのは、親鸞の本意ではない。（この抄の作者唯円房は第十一章において誓願の信と名号の信とを分離させる誤を指摘している。）信じて念仏するのである。信なくして単に称名念仏するだけでは、およそ意味のないことである。さればといって、信仰があれば念仏は無用であると考えるのも誤りである。「おもひうちにあれば、いろほかにあらはるる」（御一代聞書）というように、信ずる心がおのずから仏の名をほめたたえる念仏となるのである。信心と念仏とは表裏一体のものである。それが現実生活の実践を指導してゆくところに浄土真宗のほんとうの意味があるのである。

三

第二段は、「弥陀の本願には、老少善悪のひとをえらばれず、ただ信心を要とすとしるべし。そのゆへは、罪悪深重、煩悩熾盛の衆生をたすけんがための願にてまします。」と、冒頭の一段において示された本願↓信↓念仏↓摂取不捨という救済の過程が、老少・善悪――そして男女・貧富・学無学――すべての者に恵まれていることを明らかにしている。

阿弥陀仏の誓願は、一切の衆生を救おうという誓いであった。大無量寿経は四十八の願を挙げているが、そのすべてが一切衆生に向けられた誓願である。なかんづく第十八、十九、二十の願は「十方の衆生」に呼びかけられている。そのうち第十八の願は「たとひわれ仏を得たらんに、十方の衆生、至心に信楽して、わが国に生れんと欲し、乃至十念せん、もし生れずば、正覚を取らじ。ただ五逆と正法を誹謗せん者とをば除かん。」＝もし私が仏となることができたら、十方の衆生が至心に信楽して浄土に生れようとおもい、そして念仏するだけで生れるようにしてやりたい。もしそれができなかったら、私もまた正覚の仏とはなるまい、というのである。これがまさに「本願」とされるものである。すなわち弥陀の本願は、一切の衆生（人類）を、心をこめて私を信じそして念仏するだけで浄土に摂取しよう、という普遍的な救済の誓願であるのである。

一切の衆生に対する救済である以上、老少・善悪、そしてまた男女・貧富・善悪・学無学、そのすべてが摂取されることは当然である、といわばいうことができよう。しかし、単にそうした概念的な論理では私どもの心は落ちつかない。というのは、私どもはこれら現実の差別のなかに生きているのであり、生きている限りこれら現実の差別を離れることはできないからである。なかんづく善・悪という人倫における行為の倫理的評価は、私どもが生きている限りどうしてもこれを否定することはできない。同時にそれこそは私どもを宗教的世界にみちびく大切な契機でもあるのである。私どもの生きる悩みは、人倫、人と人との間柄、人間社会における私どものあり方、行動のし方、つまり倫理、道徳ないし法における矛盾葛藤(かっとう)にあるのである。仏教は生・老・病・死の人間苦を問題とし、その苦を救おうとするのであるが、生の苦、生きる苦悩の源はその人倫的な矛盾葛藤にあるのである。

大無量寿経に示された第十八願にも「ただ五逆と正法を誹謗せん者とをば除かん」とある。これは道徳的に極悪の者と、正しい教法を誹謗するような者とを除外するというのであるから、これらの者は救われないことになるであろう。この一句が後世の仏教者を悩ましたことは当然である。曇鸞(どんらん)や善導(ぜんどう)はその解釈に苦心している。そしてけっきょく、これは未だつくらない悪行を抑止するためであって、一旦罪を犯した者を救わないという意味ではない。罪を犯した者も廻心によって救われるのだ、ということに落ちついたのであった。

けれども、親鸞の悩みはさらに根本的であった。五逆や正法を誹謗せん者とは誰であるか。それは私どもではないか。かりにそれが未造業、まだつくらない業（行為）を抑止するためのものであるとしても、遠い過去からの宿業（行為の痕跡）は、私どもの内心に深く刻み込まれている。「とても地獄は一定すみかぞかし」（第二章）という絶望的なことばは、この親鸞の深い倫理的反省の表現である。それはいかに懺悔し、廻心しても乗り超えることのできない業の悩みである。それなら、せめて第十八願の本文にあるように至心に信楽してかの国に生れようと願うことができるかどうか。至心・信楽・欲生と言うことはやさしいが、実際に至心・信楽・欲生することはむずかしい。「久遠劫よりいままで流転せる苦悩の旧里はすてがたく、いまだむまれざる安養の浄土はこひしからずさふらふこと」（第九章）という疑いは、絶望的な悩みとして最後まで親鸞の心に残っていたのである。

歎異抄は人を倫理的放逸に陥れるおそれがあるなどというのは、ほんとうに歎異抄を読んだことのない人のいうことである。親鸞こそは終生善・悪の倫理に苦しんだ人であり、その悩みは歎異抄において最もよく表現されているのである。しかし、歎異抄はまたその倫理的な悩みを超える一条の活路を開いている。それは、弥陀の本願は「罪悪深重、煩悩熾盛の衆生をたすけんがための願にてまします」と、本願の大悲心に気づくことであった。そのことによって「ただ信心を要とすとしるべし。」信心一つが肝要である。信の一念によって救われる。しかも、その信心は他力、すなわち本願力によって廻向される、恵み与えられるものである、というのが親鸞の決定的な所信であった。

この思想は教行信証・信の巻に展開されている。それは大無量寿経下巻に願成就の文として「あらゆる衆生、その名号を聞きて、信心歓喜し、乃至一念せん、至心に廻向したまへり、かの国に生れんと願ずれば、すなはち往生を得、不退転に住す。ただ五逆と正法を誹謗せん者とをば除かん」とあるのを根拠としたものである。これはもと漢文で、「至心に廻向して、かの国に生れんと願ずれば」と読むのが順当なのであるが、親鸞は自己の思想的な体験（已証）によって「至心に廻向したまへり」と読みかえたのである。私どもはみずから至心・信楽・欲生の心をおこすことはできない。それは私どものものでなく、阿弥陀仏のものである。私どもはそれを如来から廻向される、それが真実の信心である。至心・信楽・欲生といっても、けっきょく一つの信楽であり、信心である。仏はそれを私どもに廻向される。それが本願力廻向の信心である、というのである。この抄で「如来よりたまはりたる信心」（第六章）といわれている。「他力」というのは、かように信心そのものが本願力によって恵まれることをいうのである。「ただ信心を要とすとしるべし」ということばは、まさにこの一章の頂点をなすことばである。「聖人一流の御勧化のおもむきは信心をもつて本とせられ候」（蓮如、御文章）という真宗教学の中心思想も、けっきょくこの歎異抄を源とするものであるとおもうが、このことばがまたいろいろの意味で信仰上の躓きとなっている。何よりもそれは信心と念仏、信と行とを分離して、信心が本であり、念仏は第二次的なものであるというような思想に陥るおそれがある。それは祖聖を誤解するものである。ここで信心とは念仏と一体の信である。「念仏まうさんとおもひたつ」信でなければならない。

つぎに注意しなければならないのは、ただ信心を「要とす」ということとの意味である。これは、信心一つが肝要であるという意味であるが、信心を必要とする、要件とする、というようにも解される。信心なくして救われるということはないのである。しかし、若し信心をこちらから如来にささげる（廻向する）もの、如来の救済にあずかるために必要な交換条件であるというようにおもうなら、それはとんでもない誤解である。キリスト教には神と人との契約という考え方がある。これはユダヤの伝統的な宗教思想からきているが、――「旧約」とか「新約」とかいうのもこの思想を表現している。――仏教にはそういう思想はない。パウロなどにおいて信仰というものが契約的な条件思想から解放される方向にあるが、十分に解放されていないとおもう。やはり「自力作善」があり、「わがはからひ」があるのではなかろうか。神はあくまで超越的であり、キリスト教において神と人とはどこまでも対立する。真宗においてはそうでない。仏は超越すると同時に私どもを摂取し、抱擁するのである、私どもは如来と対立しつつ、しかも如来の内にあるのである。

「信ずる」ということは、私のいまだ実証しないことを真実として承認し、それを疑わないということである。それは科学的な認識でもないし、哲学的な思惟でもない。それは未だ確実ならざるものを確実なるものとして肯定することである。それは経験的認識を超え、合理的思惟を超える業識、つまり意思的なものである。近代の哲学者が或いは「信ずる意思」（ジェームズ）といい、或いは「決断」（ヤスペルス）というのはその意味であろう。しかし、真宗の場合、それはあれかこれかを「選択」するのでもなく、また一つの「冒険」というようなものでもない。かの仏の本願力によって信ぜしめられるのである。それが他力の信である、それは選択する意思ではなくして、廻向された（恵まれた）意思であり、冒険ではなくして、そのほかに生きる道がないということである。しかも、その必然の道に赴くことにおいて真の自由があるのである。他力の信ということこそは親鸞独自の宗教である。

ところで、「ただ信心を要とすとしるべし。」ということばからさらに第三の躓きが生ずる。それは、もし阿弥陀仏の本願が一切の衆生を救済するというにあるのなら、信心を要とするのはどういうわけであろうか。信心さえも必要としないで救われる筈ではないであろうか、という疑いである。これは、まじめに宗教的な道を求める心、菩提心をおこしたことのない人が真宗の教義をきいて、第三者的傍観的な立場で批判する理くつであって、まじめに道を求める人にはおこり得ないともおもわれるが、実際にはやはりこの疑いに躓くことがあるのである。私もまた屢々この疑いになやまされたことであった。よく「無条件の」救済という人があるが、これは誤解をおこしやすいことばである。それは契約的な交換条件の思想を否定する意味ではよいのであるが、信心を必要としない救済というのでは全くの誤りである。

だいたい、仏陀の教えたものは縁起の法である。いかなるもの、いかなることも、みな複雑な因縁によって生起するというのが仏教の根本思想である。阿弥陀仏の救済もまた、時間的に因縁によって成就されるのである。阿弥陀仏は全智全能の神というようなものではない。そういう魔術師的な「工作人」(homo faber) ではない。仏そのものが報身、すなわち時間的な因果酬報の仏なのである、私どもが救われるとは、私ども一人一人の往生、すなわち浄土におけるさとりの完成が決定されることである。それは如来の力によって決定されるのであるが、如来はまず名号と光明の精神的な因縁によって私どもに信心をおこさせる。私どもは「真実信の業識」を内因として浄土に到ることができる。「涅槃の真因は、ただ信心をもってす」というのが親鸞聖人の教えである（教行信証の行巻、信巻）。如来は私どもに信心を与えたもう。私どもは、その信心によって浄土に往生する、すなわち無上涅槃のさとりをひらく、という順序である。信ずることなくして直ちにさとりの世界に入るということはあり得ないのである。

だが、親鸞聖人において、信ずるということは「わがはからひ」によるのではない。それは本願力によって廻向され、私どもの心に恵み与えられるものである。「如来よりたまはりたる信心」（第六章）である。しかし、それはあくまで私どもの心における信である。私どもが主体的に本願を聞いて信ずるのである。「信心は、如来の御ちかひをききて、うたがふこころのなきなり。」（一念多念文意）疑いなく本願を受けいれることによって救済が決定的となるのである。

四

弥陀の本願によって老少・善悪の差別なく、一切の衆生が救われる。いかなる悪人も捨てられることはない。もともと弥陀の本願は、罪悪の深く重い、煩悩の火を燃やしつづけている私ども衆生をたすけてやろうという悲願であるからである。聖者は他の道によってもさとりを開くことができるであろう。罪悪煩悩の私どもはその本願を信ずるほかに道はないのである、というのが前段の要旨であった。それは人類の普遍的救済を告げているのであるが、単に普遍的救済を告げるだけのものではない。罪悪深重、煩悩熾盛とは、私ども一人一人のことである。「ただ信心を要とする」のも私ども一人一人の問題なのである。

親鸞聖人は日常「弥陀の五劫思惟の願をよくよく案ずれば、ひとへに親鸞一人がためなりけり。さればそくばくの業をもちける身にてありけるを、たすけんとおぼしめしたちける本願のかたじけなさよ」と述懐しておられたということである（後序）。これは聖人がその深い内観によって自己の罪悪深重、煩悩熾盛を見つめつつ、仏の悲願を仰信されたことばであるであろう。宗教は、そのような自己内面の実践的危機を意識する者にとってのみほんとうの意味があるのである。罪悪一般をでなく、自己の罪悪を意識する者、煩悩というものを概念するのでなく、どうにもしようのない自己の煩悩になやむ者だけが、弥陀の本願をほんとうに信ずることができるのであり、その人こそは真に他力の救いにあずかることができるのである。（ということは、それが普遍的な救いであることを否定するものでないこともちろんである。）

親鸞は罪悪深重、煩悩熾盛の自覚とともに弥陀の本願による救いの内面的実証（体験・己証）をもっていた。そこから出てくるのが、第三段の「しかれば本願を信ぜんには、他の善も要にあらず、念仏にまさるべき善なきゆへに。悪をもおそるべからず、弥陀の本願をさまたぐるほどの悪なきがゆへにと、云々」という思いきった断言である。

親鸞にとって罪悪煩悩の自覚はほとんど絶望的なものであったとおもわれるが、しかしそれは決して絶望にはおわらなかった。それは「死にいたる病い」（キェルケゴール）ではなかったのである。逆に罪悪深重、煩悩熾盛なるが故に弥陀の本願はいよいよ決定的なものとして信受されたのである。すでに弥陀の本願を信受してみれば、信ずることそのこと、信じて念仏もうすそのことが私どもを自然にかの浄土に往生させるのである。往生とはさとりの世界において永遠に生かされるということである。私どもは罪悪煩悩のかたまりである。しかし私どもは如来の光明に包まれている。信ずるとは闇室のごときわが心に一つの小さな窓が開けて、外からあまねき光明がさし込むようなものである。その窓は小さい。室にはなお闇が残っている。しかしもう夜があけているのである。

「本願を信ぜんには他の善も要にあらず、念仏にまさるべき善なきゆへに。」本願を信ずるということは私どもの心における一つの出来事（業識（ごうしき））である。しかし、それは単なる主観的意識ではない。客観的な根拠をもっている。それは阿弥陀仏の本願によって廻向されたもの、他力の信である。そして阿弥陀仏は、「宇宙の声」（高楠博士）として私どもによびかけているのである。本願は世界史的な意思である。世界史的な意思といっても西洋中心の、いわゆる「世界史」的な意思ではない。いわゆる「世界史」的以上の、宇宙的な意思である。人類の最も深い、最も切なる願いでありながら、それ故に秘められた願いである。浄土の法門は人類の心に秘められた真実の願いを開き示すものである。それに示された本願を信じ、それに随順する念仏は、いわば至上の善である。一切の善は自然にそこから流れてくるであろう。他にあれこれの善をさがし求める必要はない、というのである。

また「悪をもおそるべからず、弥陀の本願をさまたぐるほどの悪なきがゆへに。」私どもは悪に怖れおののく存在である。しかも、私どもは悪を行なうことなくして生きることのできない存在である。弥陀の本願はまさにこの悪を怖れつつ、しかも悪を行なわずには生きておれない私どもの心に救いの手をさしのべ、その心を癒そうとしている。しかもそれは、気休めの方法でごまかすのではない。あくまで悪を悪として否定しながら、永遠の光りの下に、日常の現実生活を正しい方向に導いてゆくのである。浄土真宗は、最も高い倫理的理想をかかげるとともに、現実のけわしい生活を正しく、しかも大胆に押しすすめるものである。私どもはもはや神経症的な怖れをいだく必要はない。「弥陀の本願をさまたぐるほどの悪なきがゆへに」である。

だが、本願に甘えて、というよりも本願を口実として、ことさらに悪をつくることも許されると考えるなら、それは「造悪無碍」の邪見におちいるものである。このことについては、なお後に述べるところを参照ありたい（第三章、増補『歎異抄の世界』）。

第二章　親鸞にをきては、ただ念仏して弥陀にたすけられまひらすべしと、よきひとのおほせをかふりて信ずるほかに別の子細なきなり

一、おのおの十余ケ国のさかひをこえて、身命をかへりみずしてたづねきたらしめたまふ御こころざし、ひとへに往生極楽のみちをとひきかんがためなり。しかるに、念仏よりほかに往生のみちをも存知し、また法文等をもしりたるらんと、こころにくくおぼしめしておはしましてはんべらんは、おほきなるあやまりなり。もししからば、南都北嶺にも、ゆゆしき学生たち、おほく座せられてさふらふなれば、かのひとびとにもあひたてまつりて、往生の要よくよくきかるべきなり。親鸞にをきては、ただ念仏して弥陀にたすけられまひらすべしと、よきひとのおほせをかふりて信ずるほかに別の子細なきなり。念仏は、まことに浄土にむまるるたねにてやはんべるらん、また地獄におつべき業

にてやはんべるらん、総じてもて存知せざるなり。たとひ法然聖人にすかされまひらせて、念仏して地獄におちたりとも、さらに後悔すべからずさふらふ。そのゆへは、自余の行をはげみて仏になるべかりける身が、念仏をまうして地獄にもおちてさふらはばこそ、すかされたてまつりてといふ後悔もさふらはめ。いづれの行もおよびがたき身なれば、とても地獄は一定すみかぞかし。弥陀の本願まことにおはしまさば、釈尊の説教、虚言なるべからず。仏説まことにおはしまさば、善導の御釈、虚言したまふべからず。善導の御釈まことならば、法然のおほせそらごとならんや。法然のおほせまことならば、親鸞がまうすむね、またもてむなしかるべからずさふらふ歟。詮ずるところ、愚身の信心にをきては、かくのごとし。このうへは、念仏をとりて信じたてまつらんとも、またすてんとも、面々の御はからひなりと、云々。

一

第一章は、弥陀の本願を信ずることによってすべての者が救われるという信心の要旨を挙げ示している。この第二章は、その信心について疑いをただすために、はるばる東国から上洛して親鸞の許をたずねた幾人かの弟子たちに対して、親鸞がその心境をさらけだして見せた或る日の教誡を記したものである。第一章が概論的であり、従って抽象的といわば抽象的であるのに対して、これは全く具体的な問答の記録である。生きた親鸞の面影がここにまざまざと現われている。故島地大等師は歎異抄を講ぜられるにあたって、聴衆にわかり易いようにといってこの第二章から始められたのであったが、まことに行き届いた配慮であったとおもわれる。

親鸞は六十歳をすぎてから漂然と京に帰った。その動機についてはいろいろの推測がなされているが、資料的には何の手がかりもない。けっきょく臆測の域を出でないのである。私には私なりに臆測することを許されてもよいであろう。私は親鸞の書いたものを読み、また歎異抄をはじめ親鸞のことを伝えるかずかずの文書を読みつつ漠然と想像するのであるが、親鸞が二十年住み馴れた関東を去って京に帰ったということは、やはり親鸞の根本的な性格と志向とから理解されなければならない。それは、あくまで宗教者として、法然上人から伝えられた専修念仏の教えについて、その意味をさらに深く掘り下げて行くということ、そして真実の仏教としての浄土真宗を確立しようという望みであった。

親鸞は二十九歳の春、真実の道を求めて叡山を下り、吉水の法然上人の門に投じた。そしてその専修念仏の法門によってはじめて安心を得たのである。それまで叡山の上にあって天台の教学を修め、常行三昧堂の堂僧として念仏行に親しんだ親鸞であったが、天台の観念的な教学やその実修の一方法としての常行三昧は、親鸞を満足させなかった。親鸞の当面したものは、もっと切実な人間の危機、つまり生死の問題であったようである。彼は「生死いづべき道」(恵信尼文書)を求めてやまなかったのである。そこから観念的な天台教学や、儀式化した常行三昧の修行に見きりをつけて山を下りたのであろう。そして吉水の禅房において法然の教えを受け、精神のこもった、生き生きとした念仏によって、凡夫さながらに救われるという安心に到達したのである。「あくまで凡夫直入の真心を決定しましましけり。」(御伝鈔)とは、このときの親鸞の救われた心境を伝えたものにほかならないであろう。

この法然の教えにめぐりあった感激は、親鸞の一生を貫いている。しかし、親鸞のあくまでも真実を求めてやまない心は、その後においても決して一本調子に法然の専修念仏をそのまま墨守して行くことはできなかった。法然の教えを受けた二十九歳から三十五歳まで五年の間に法然上人の精神に触れて、その念仏の信を深めて行ったであろうが、三十五歳越後に配流されてから後は、もはや直接の教化に接することはできなかった。他方法然門下において師法然の教えの受けとり方がいろいろ異っていた。法然の在世においてすでにそうであったとおもわれるが、法然の滅後において専修念仏の道もいろいろに分れて行った。親鸞には、法然滅後の浄土宗、ことにその主流派が法然の真意にかなうものとはおもえなかったのである。そして、自ら師法然の真意を明らかにしようという意欲にもえつつ、関東に二十年をおくったのである。

関東二十年の親鸞について御伝鈔は「幽栖を占むと雖も道俗跡をたづね、蓬戸を閉づと雖も貴賤街に溢る」と記している。そこには或る誇張があるとおもうが、親鸞は関東においても単なる一個の伝道者ではなかったことがこれによっても察せられる。越後流謫の五年は全く沈思黙考の五年であったが、関東に来てからも幽栖を占め、蓬戸を閉じて自らの内面に沈潜しつつ念仏往生の真意義につき思索を重ねるのが日課であった。そこへ訪ねて行って教えを求める者が日々に多くなったものとおもわれる。つまり、関東においても、親鸞は伝道者であるよりは求道者であり、説教者であるよりもむしろ思索者であったのである。ただその思索がすすむにつれて、道を求める者があればこれに教える、というよりも寧ろともに語り、ともに念仏を行ずるという態度をとったものであろう。それがおのずから教化伝道になったのである。(同時にそれは親鸞一家の物質生活を支えたであろう。)「親鸞は弟子一人ももたずさふらふ。」(第六章)というのは親鸞の謙虚な気持ちばかりでなく、実際に弟子をつくったり、教団を組織するような考えはなかったのであるが、その教化によって自然に弟子ができ、教団ができたというのが事実であったものとおもう。

元仁元年、親鸞が五十二歳のとき関東において教行信証の筆をとっていたことは疑うことができない（化身土巻）。教行信証が関東において完成されたか、帰洛の後に完成されたかについては学者の間に説が分れており、近頃は帰洛の後に完成されたという説の方が有力なようであるが、それにしても関東において大体の骨ぐみができていたにちがいないとおもう。しかし、親鸞はおそらく関東において誰にもその未定稿を示さなかった。また関東では、真仏、性信のごとき上足の弟子たちでも、教行信証のような教学体系を読んで正当に理解するほどの学力をもっていなかったとおもわれる。況んや一般の信者たちにはこれを示される筈がない。もっとやさしい仮名書きの唯信抄（聖覚著）、後世物語、自力他力の文（隆寛著）などを読むようにすすめられていたことは、後年の書簡の中にも現われているし（御消息集六）、この抄に「故聖人の御こころにあひかなひて、御もちゐさふらふ御聖教ども」（第十八章）とはこれらを指したものであろう。

この伝道者でもなく、なおさら教団組織者でもない親鸞の性格と、師法然の真意を明らかにし、浄土真宗を確立しようという志願とこそは、親鸞が東国を去って再び京に帰ったことの根本動機でなければならない。東国に妻子をのこして帰洛することは確かに心残りであったに相違ないが、しかし、もともと出家であった親鸞としては、たとえ「愚禿」となって妻子をもっても、「非僧非俗」といったような、全くの在家とはちがった漂泊者の気分があったとおもう。何よりもその宗教的な真実追及の衝動がつよく親鸞を動かしたであろう。そのためには一度京に赴いて十分に文献を渉猟し、また同門の仏者とも語り合わなければならない。それには単身帰洛するほかない。東国においてこそ妻子と生活する経済的根拠があったものの、妻子を携えて帰洛したのでは、生活そのものが不可能であった。京において親鸞は洛中をあちらこちらと移り住み、おもに東国の弟子たちから折にふれて贈られる「こころざしのもの」で生活をしていた。このことは、書簡の中に「銭二百文御こころざしのものたまはりてさふらふ」というような文句のあることからも察せられる。

帰洛してすでに二十年あまりになっても、東国には親鸞の教えをまもって、その道を伝える弟子たちがあり、信者たちがあった。いいかえると、東国には教団が成り立っていたのである。そしてその東国の弟子たちは親鸞に「こころざしのもの」を届けるばかりでなく、不審があれば書面でこれを質した。それに答えた親鸞の書簡が末燈抄や御消息集の主な部分である。また東国から京洛に来て親鸞の教えを受ける者もあった。この抄の作者が、そのような京における面授の弟子の一人であったことは、前序および後序の文によって疑いを容れない。この第二章はそうした京洛における親鸞と東国の弟子たちとの関係を考えて読まなければならない。

二

前に述べたように、この章に記された親鸞のことばは、東国からはるばる京に上ってきた幾人かの弟子たちに対する親鸞の教誡である。弟子たちの質問は省略されているので、どういう質問をしたのか、文章の上ではわからない。記されているのは、始めから終りまで親鸞のことばである。けれどもこれは親鸞の独語でないことは余りにも明らかである。これは明らかに対話である。しかも何時間にもわたる質疑応答の末に親鸞が結末をつけたことばであることが想像される。抄者はその最後の最も印象の深かった部分をここに書きしるしたのであろう。この文章をずっと読んでゆくと、親鸞のやや興奮しつつ語りつづけたものであることがはっきりわかる。興奮という以上に或る憤り(いきどお)さえも感ぜられる。弟子たちは叱りつけられている、と私は感ずるのである。何か禅門の語録をよむような気もする。禅門ではよく叱りつけたり、どやしつけたりする。浄土門にはそういうことはない、と一般には考えられているが、少なくとも親鸞に関する限り、そうとは限らない。この一章は或る日の問答のきびしさをおもわせるのである。

しからば、この日の親鸞と弟子たちとの問答はどういう機会に行なわれ、どういうことが問題であったのか。この文章のほかに直接これを推測する資料とてないのであるが、ともかくこれは単に東国の弟子たち又は信者たちがまのあたり聖人の教えを受けたい、というような漠然たる気持ちで上洛したのではない。親鸞の教えを信じ、も一度親鸞にあいたい弟子たち、又は親鸞が東国を去った後弟子たちからその教えを伝えられて、まだ見ぬ親鸞にあこがれをもった信者たちもあったであろう。唯円房などは、その年輩からいって後者であるか、或いはたまたまその座にあって親鸞のことばを聴いた帰洛後の弟子の一人であったかも知れない（序説参照）。しかし、この章に記された親鸞のことばは、そうした弟子、信者に対する日常の教誡ではない。それにしては余りにはげしい語調である。「このうへは、念仏をとりて信じたてまつらんとも、またすてんとも、面々の御はからひなり」と、はき出すようなことばをもって終っている。ものすごいものの言い方である。何としてもこれは現実的な問題をめぐって真剣にとりかわされた会話としかおもえないのである。

そこで、他の資料と照らしあわせて推測するのであるが、この会話はおそらく親鸞が八十三、四歳の頃善鸞の異義によって東国の教団に動揺を来たしたのみならず、鎌倉において念仏者が訴えを受け、性信房などがそのことに奔走していた前後のことではないかとおもわれる。この章が善鸞の異義と関係があるらしいということはすでに多くの人によって指摘されている。なお日蓮上人の「念仏無間、禅天魔、真言亡国、律国賊」という四箇格言による伝道もその背景となっているかも知れない。

善鸞の異義によって教団に動揺を来たしたことは、東国の弟子たち、すなわち親鸞が東国を去った後そこここに信者たちをもって伝道していた弟子たちにとっては、精神的にも物質的にも生きるか死ぬかという切実な現実の問題であったにちがいない。鎌倉での訴えも、それがどういうものであったかよくわからないが、おそらく善鸞の異義と関係がありそうであるし、或いは善鸞に従う人々によって起された訴えであったかも知れない。鎌倉における訴えのことについては、御消息集の中に収められた性信あて数通の書簡に見えているが、いまここに述べない。それは性信の努力によって解決されたようである。それよりも重大なのは、善鸞の異義であった。それはひとり東国の弟子たちにとって死活の問題であったばかりでなく、親鸞にとっても、わが子によって裏切られることは、何としても忍びがたいことであったに相違ない。

しからば善鸞はどのような人であり、その異義はどのようなものであったか。資料が乏しいのでどうにもわからないが、後年あやしげな神子(みこ)・巫女(ふじょ)の群に投じ、まじないなどをしていたことは慕帰絵詞(ぼきえし)(覚如の伝記)によって窺われる。しかし、初めからそのような低俗なことをした人ともおもわれないのである。京洛において父親鸞の教えを受けていたことは確かであり、仏教者として相当の教養を身につけた人であったとおもう。ただ、善鸞には父親鸞が苦難の裡にきたえ上げた本願力廻向の信というようなものを領解するだけの経験も学問的素養もなかったことはいうまでもないであろう。それがたまたま親鸞の子であるところから、親鸞に親しく教えられたことをひけらかして東国の弟子たちをしりぞけ、自ら東国教団の統率者となろうという野心をもったところに、父親鸞を苦しめ、自らも父から義絶されるという悲劇を生んだ原因があったと考えられる。

善鸞は東国において、自分は夜ひそかに父から法門を伝えられてきた、今までお前たちが父から教えられてきたことは、みな真実のことではないのだ、といって弟子たちから信者を奪い取ろうとしたらしい。それが関東のそこここの教団に大きな動揺をきたした。親鸞の慈信房（善鸞）あて書簡に

「慈信坊のくだりてわがききたる法文こそまことにてはあれ、ひごろの念仏はみないたづらごとなりとさふらへばとて、おほぶの中太郎のかたのひとは、九十なん人とかや、みな慈信坊のかたへとて、中太郎入道をすてたるとかききてさふらふ。いかなるやうにてさやうにはさふらふぞ。詮ずるところ、信心のさだまらざりけるとききさふらふ。いかやうなることにて、さほどにおほくのひとびとのたぢろぎさふらふらん。不便のやうとききさふらふ。」（御消息集六）

という一節がある。慈信坊とは善鸞のことである。善鸞がおほぶの中太郎という弟子から九十何

人の弟子をさそい出したというので、親鸞は関東の信者たちの信心の決定していないことを歎いているのである。

親鸞は善鸞が東国でどういうことをいっているか、始めはよくのみ込めなかった。できるだけ善意に解釈しようとしたようである。しかし、善鸞のいっていることが自己の真意に反するのみならず、全くの迷信的な邪義に陥っているのであることを知るに及んで、ついに善鸞を義絶した。正しい信のあり方を示すために必要であったからであろう。善鸞にあてた義絶状の写本が高田専修寺に遺っている。その中に、

「又、慈信房のほふもんのやう、みやうもくをだにもきかず、しらぬことを、慈信一人に、よる親鸞がおしえたるなりと、人に慈信房まふされてさふらうとて、これにも常陸・下野の人々はみなしむらむがそらごとをまふしたるよしをまふしあはれてさふらえば、今は父子のぎはあるべからずさふらう。」

とある。これは建長八年五月二十九日、親鸞八十四歳のときの書簡である。同日附性信房あての書簡(血脈文集)にも「まづ慈信がまうし候法門のやう名目をもきかず、いはんやならひたることも候はねば、慈信にひそかにをしふべきやうも候はず。……自今已後は慈信にをいては、親鸞が子の義おもひきりて候なり」といっているので、善鸞が夜ひそかに父から伝えられたといいふら

した法門は全く親鸞の与り知らぬものであったことがわかる。父としての愛情から、まことに忍びがたいものがあったにちがいないが、親鸞としては本願念仏の一道をすてるということは許すことができなかったのである。それに東国における弟子たち信者たちの迷いや、それからくる教団の動揺をすてておくことはできなかったであろう。それが父子の義絶という悲劇をもたらしたのであるが、そこには親鸞聖人の強い、意思的な性格、その真実への信をまげることのできない純真で、毅然たる宗教者としての態度を汲みとらなければならない。

親鸞は、明治以後の小説や戯曲に取り扱われているような感傷的な人物ではなく、むしろ理知的、そして意思的な性格の人であった、その上にゆたかな宗教的・芸術的な情緒を点じている。教行信証はその教学的な思索の面を現わしているし、その流謫から関東へ漂泊して二十年、さらに関東を去って再び帰洛し、生活苦と闘いながら宗教的著作に精進した三十年、全九十年の生涯は宗教的真実追求への強烈な意思をもって一貫されている。百パーセント自力的な性格であるともいえる。それが本願他力を信じ、しかも徹底的に自力を否定し、絶対他力へとおもむいたのは、その自力の精神によって自力の及ばないことを思い知らされたからであろう。

「自力聖道の菩提心、こころもことばもおよばれず、常没流転の凡愚は、いかでか発起せしむべき。」（正像末和讃）

善鸞の義絶を単に教団への気がねのためであったと解したり、甚だしきは義絶は表面上のことで、実は義絶したのではなかったなどと推測する人もあるが、それは親鸞の意思的性格と宗教的純真性とを認識しないもので、父子の情を強調することによって、かえって親鸞の精神を傷つけるものである。

三

右のような事実的状況を念頭において、第二章の本文を読むと「おのおの十余ヶ国のさかひをこえて、身命をかへりみずしてたづねきたらしめたまふ御こころざし、ひとへに往生極楽のみちをとひきかんがためなり。」という最初からして、すでに雲行きのただならぬものがある。というよりも、ぴしゃりと叩きつけていることがわかる。

「おのおの」とよばれた人たちが東国の弟子たちであることは疑いない。しかも有力な数人の弟子たちであったであろう。性信などがその先達であったであろうかと想像される。慈信房善鸞によって夜ひそかに父親鸞から伝えられたと称する法門が東国にもたらされて、弟子たちに疑惑と動揺とをおこさせた。何しろ親鸞の実子であり、長く親鸞の下に学んだ善鸞のことであるから、田舎（いなか）の人たちとしては、或いはそういうこともあるかも知れない、という素朴な疑いもあったであろう。そればかりではない。いったい、本願の念仏ばかりで救われるのだという親鸞の教えは、やさしいようで、それを信じきることはむずかしいのである。何か秘密の方法によってその信が確かめられるものではなかろうか、これは宗教を求める者にとって一つの誘惑である。それに、聖人は関東にいる間から何かむずかしい経文の書き抜きをしておられるようであったが、上足の弟子たちにもついぞそれを見せられなかった。あれを京に持ち帰られ、さらに手を入れて立派な書物にされたということであるが、——教行信証——それに、何か今までとちがったことが記されてあるのではなかろうか、などといろいろの疑いが重なってきた。そんなことから慈信房のいうことで信者たちも動揺し、今まで親鸞の教えを伝えていた弟子たちから離れて慈信房の方につこうとするけはいがある。これは弟子たちとして堪えられない不安であった。何とでもして京に上り、聖人にお目にかかって御自身からはっきりしたことを聞かなければならない。といったようなわけで、指導的な弟子たちが申しあわせて上洛することになったものとおもわれる。

その頃常陸・下野あたりから京に上るのには二十日近い道をあるかなければならなかった。道路もさびしいところが多かった。江戸時代でさえもなお庶民の旅には危険があった。いわんや鎌倉初期のことである。その旅はたしかに生命（いのち）がけのことであったにちがいない。しかし、親鸞の書簡などを見ると、案外たびたび東国の弟子たちが親鸞の許をたずねて行ったようである。しかるにこの場合とくに「身命をかへりみずしてたづねきたらしめたまふ御こころざし」などというものの言い方をしているのはどういうわけであろうか。この日の弟子たちの問いただすことが親鸞の意にかなわなかったからであろう。かねてから自分の力をこめて教えてきた浄土真宗の核心に触れないで、善鸞の関東における行動や、それによる教団の動揺、そして果して親鸞は夜ひそかに善鸞に何か特別の法門を伝えたのであるか、などということが問いただされたのであろうとおもう。親鸞はそれを真向から叩きつけた。十余ケ国のさかいを越えて生命がけでやってきたのは何のためなのか。それは往生極楽の道を問いきかんがためである、と高飛車に、断定的なことばで相手のいうことを抑えてしまったのである。「ためであろう」とも「ためにちがひない」ともいわない。「ためである」というのである。(この頃の多くの口語訳はこのところの調子を全くはずしている。)それなら私が東国において二十年の間教え、その後も繰り返して教えているとおり、念仏以外に道はないのだ。今頃何をぐずぐずしているのか。というのが、言外の意味である。

「しかるに、念仏よりほかに往生のみちをも存知し、また法文等をもしりたるらんと、こころにくくおぼしめしておはしましてはんべらんは、おほきなるあやまりなり。」念仏とは、口にナム・アミダブツと唱えることである。しかし、第一章ですでに説いたように、親鸞の念仏は単に口に唱える念仏ではない。「弥陀の誓願」によって往生することを「信じて」唱える念仏である。往生とは彼岸の浄土、絶対のさとりの世界において生きることである。浄土はまた極楽ともいう。あらゆる苦悩を超える世界、真の幸福の世界であるからである。しかし、親鸞はその著作の中ではめったに極楽という語を用いていない。それは官能的な快楽の世界と誤解される惧れがあるからであろう。浄土、すくなくとも親鸞の意味した浄土は、官能的快楽の世界ではない。曇鸞の浄土論註を引いて「かの土の受楽ひまなきを聞きて生ぜんと願ずるものは、亦まさに往生を得ざるべきなり」と、浄土がさとりの世界であることを明らかにしている（教行信証・真仏土の巻）。親鸞の教えるところは、本願を信じて念仏する者が救われる、すなわち、浄土に往生するということに極まるのだ。その意味で念仏がすべてである。ほかに往生の道のあることを知らない。またそれ以外のことを教える法文などは知らない。何か念仏以外に往生の道があり、またそれについて法文を知っていながら、それを一般の弟子たちには秘密にしているのではないか、などと心にくくおもわれるなら、それはとんでもない誤りだ。ときめつけるのである。

どうもこの日親鸞を訪ねた弟子たちは、善鸞から夜ひそかに伝えられた往生の道があると聞かされたばかりでなく、親鸞が日常むずかしい経典を読み、またそれを抄していることを聞いて、何か自分たちには教えられない法文のあることを心にくく（羨しく、うらめしく）おもっていたので、そのことについてもたずねたものらしい。これは或る程度無理ならぬことかも知れない。

東国の信者たちはもちろん（それはおおむね貧しい農民や漁民たちであった）、指導的な弟子たちでも（下級の武士や多少富裕な農民もあったであろう）、あの教行信証を読みこなすほどの学問をもった者はいなかった。あれは親鸞が自己のために、そしておそらくは仏教学者に示して浄土真宗の意義を明らかにするために書かれたもので、一般教化のために書かれたものではない。一般教化のためには帰洛後は仮名書きの書簡――その或るものは明らかに多くの人に読ませるために書かれたものである。――によったほか、仮名まじり文で書かれた『唯信鈔』、『後世物語』、『自力他力の文（ふみ）』などを読むようにすすめたのである。東国の弟子たちにしてみれば、そこに多少の心にくさがあったことは、もっともなことといわなければならない。しかし、親鸞にしてみれば、念仏以外に往生のみちはない。いかに多くの法文を見ても、けっきょく念仏往生以外に往生のみちはないのであった。

親鸞は弟子たちにそのことを強調した。「もししからば、南都・北嶺にも、ゆゆしき学生（がくしょう）たち、おほく座せられてさふらふなれば、かのひとびとにもあひたてまつりて、往生の要よくよくきかるべきなり。」南都（奈良）なり、北嶺（比叡山）に行って聞くがよい。「親鸞にをきては、ただ念仏して弥陀にたすけられまひらすべしと、よき人のおほせをかふりて信ずるほかに別の子細なきなり。」親鸞としては、ただ念仏によって阿弥陀仏に救われ、浄土に往生することができるという、よき人（法然上人）の仰せをそのままに信じているだけで、そのほかに何もないのだ、というのである。「よき人」とは善知識であり、それは親鸞にとっては法然上人であった。信ずるということは、けっきょく人のいうことを聞いてそれを受けいれるということである。人間の心が人間の心をうごかすのである。禅門の語を借りるなら感応道交である。信は聞くことによって生ずる。聞くことがなければ信ずることもあり得ない。しかし、聞いても信ぜられなければそれまでである。聞いてそれを信ずるところに聞即信の関係が成り立つ。それが宗教の機微な消息である。

だが、親鸞の法然による聞即信は単なる感応道交というよりも以上のものであった。「念仏はまことに浄土にむまるるたねにてやはんべるらん、また地獄におつべき業にてやはんべるらん、総じてもて存知せざるなり。」念仏は浄土にうまれるたねであるのか、反対に地獄におちなければならない業（行為）であるのか、そんなことは凡そ問題でないのだ。「たとい法然聖人にすかされまいらせて、念仏して地獄におちたりとも、さらに後悔すべからずさふらふ。」これは何というおどろくべき宣言であろうか。親鸞は念仏することによって浄土に生まれると教えられ、それを信じ、それを人に教えているのである。しかるに今やその念仏が浄土の因ではなく、地獄の業であってもかまわないといい、法然上人にだまされて地獄におちたとしても、後悔はないといいきるのである。これは自からの信をも否定するかのごとくである。往生浄土の望みをさえも断つのである。けれども、このデスペレートないい方の中に絶対の信があるのである。自からの信にも囚われない。往生をもあてにしない。だまされても後悔はない。まさに絶対の信である。道元禅師が只管打坐（しかんたざ）、ただ坐禅せよと教え、「作仏（さぶつ）をはかることなかれ」と戒めたのに似ている。さとりを得よう、仏になろう、などという願いをすてることである。「ただ念仏して弥陀にたすけられまひらすべし」ときいて信ずるときに、往生浄土の望みをも断つ。端的な一念の信、南無阿弥陀仏、そのほかに何ものもないのである。

この一念の信には、しかし、深い論理が内在している。単なる非合理性のものではない。「そのゆへは、自余の行をはげみて仏になるべかりける身が、念仏をまうして地獄にもおちてさふらはばこそ、すかされたてまつりてといふ後悔もさふらはめ。いづれの行もおよびがたき身なれば、とても地獄は一定すみかぞかし。」ほかの修行をはげんだら仏になることのできたものを、念仏をしたばかりに地獄におちてしまったとでもいうのなら、「だまされて」という後悔もあるであろう。ところがどんな修行もこの身には及びもないことなのだから、いずれにしても地獄は到底のがれることのできないすみかなのだ、という絶望的な自己認識がその前提になっている。親鸞は二十九歳の春まで叡山の上で天台の修行をしたが、その空虚にやぶれて山を下り、法然の

門に入った。しかしその後においても飽くことなき内省・批判を重ね、八十歳を超えてもなお

「浄土真宗に帰すれども、真実の心はありがたし、虚仮不実のわが身にて、清浄の心もさらになし。」(正像末和讃)

と悲歎した親鸞である。このやるせない、絶望的な悲歎こそは、親鸞をして弥陀の本願によみがえらせ、摂取の光明に歓喜させた根拠であったのである。

それなら「とても地獄は一定すみかぞかし」という絶望から弥陀の本願への飛躍は、どうして可能であったのか。それは聞即信の宗教的経験である。山を下りて吉水の禅房に法然上人の教えをきき、「たちどころに他力摂生の旨趣を受得し、飽くまで凡夫直入の真心を決定しましましけり。」(御伝鈔)というのである。この宗教的経験はその後親鸞の生涯を通じて忘れることのできない感銘であった。「よきひとのおほせをかぶりて信ずる」というのがそれである。だがその信の内容を反省してみると、それは決して偶然の経験に止まるものではなく、その背後に深い因縁がある。それは法然を越え、善導を越え、釈尊をも越える因縁である。それは阿弥陀仏の本願から出ている。阿弥陀仏とは無量寿仏、すなわち永遠の仏であり、無碍光仏、すなわち無碍の光りをかかげる仏である。釈迦牟尼仏が生身の仏であるのに対して、阿弥陀仏は法身仏である。法身仏というものにもさらに二つの意味があることは前章に述べた。その一は法性法身であり、その二は

方便法身である。法性法身とは法性、すなわち法そのもの、存在の本質をいい、方便法身とは、その時間的な人格における現われである。阿弥陀仏は方便法身、すなわち一如の法を時間的に体現する仏身、如来である（方便法身を「報身仏」ともいう）。

阿弥陀仏は、地上の歴史的人物ではない。その意味で超感覚的・超歴史的な仏である。しかし、単に観念的なものではないし、殊に単なる主観的観念ではない。観念的（イデア的）であるが、同時に実在的（レアール）である。阿弥陀仏の本願とは、ほかならぬこの現実世界の根源的意思であり、人類の最も深い願いを象徴するものである。私どもは、阿弥陀仏を主観的に憶念する。しかし、憶念するからあるのではない。真理は主観を超える。親鸞は、如来を単に主観的に私どもの心の内にあるものとして捉えようとする考え方を「自性唯心に沈んで、浄土の真証を貶する」ものとして厳しく批判している（信巻序）。如来の本願は一人一人の主観を超える。その意味で客観的な願であるのである。

弥陀の本願を信ずる者にとっては、弥陀の本願こそは根源的な実在であり、無上の法であり、絶対の理念である。そこから「弥陀の本願まことにおはしまさば、釈尊の説教、虚言なるべからず。仏説まことにおはしまさば、善導の御釈、虚言したまふべからず。善導の御釈まことならば、法然のおほせそらごとならんや。」という論理が展開されてくる。これは、私は法然によって念仏門に入った。法然は「ひとへに善導による」といった。そしてけっきょくは釈尊の仏説を根拠とするのだ、という常識的な推論とは全く逆である。この常識的推論は入信の手引きとしては一応役立つであろう。しかし、真実信の論理は常識的推論を逆転させる。弥陀の本願こそは最も確実なもの、真実なものである。釈尊の説法でさえもそれを根拠とするもの、その表現にすぎない。弥陀の本願が真実であればこそ、釈尊の説教も真実を告げるのである。……善導の釈義が真実であればこそ法然の仰せはそらごとではないのだ、ということになる。

　ここまでは親鸞の自内証、自己内面の信を告白するものであるが、それからさらに論理は展開する。「法然のおほせまことならば、親鸞がまうすむね、またもてむなしかるべからずさふらふ歟。」親鸞はその信の権威をもって語っている。「歟」というのは疑問の接尾詞であるが、ここではかえって断言の意味を与えるのである。親鸞のことばは確信的である。もはや少しのためらいもない。真に弥陀の本願を信ずる者のみが発することのできることばである。「歟」を謙虚な意味にとる人もあるようであるが、ここではもはや相対的な謙虚などは問題ではない。「とても地獄は一定すみかぞかし。」という自覚において弥陀の本願を信じた親鸞は、その絶対的な信においてまさに金剛心ともいうべき強さを示すのである。

　最後に親鸞は、とどめを刺した、「詮ずるところ、愚身の信心にをきては、かくのごとし。このうへは、念仏をとりて信じたてまつらんとも、またすてんとも、面々の御はからひなりと、云々」。何という強いことばであろう。私の信心は、けっきょく、これだけのことだ、これ以上もういうべきことはない。この上は、念仏をとって信ずるとも、またすててしまおうとも、それはおのおの一人一人の決断にまかせるほかはない。という思いきったものの言い方である。親鸞の確信にみちた、ほとんど情熱的な面影が眼に見えるようである。弟子たちは師匠から叩きつけられたのである。

けれども、このことばをもって単に弟子たちを叩きつけたことばとばかり解してはならない。親鸞は、はきだすようなものの言い方をしながらも、実ははるばる東国から上ってきた弟子たちの迷いに心から同情しているのである。善鸞からいろいろ教学的なことなどを聞いて、学問のない弟子たちはさぞまごついていることであろう。外には日蓮上人一派の闘争的な伝道が始まっている。信者たちの心は、確かに動揺している。その動揺を抑えようとして、善鸞が何やら新らしいことを言い出しているらしい。それが弟子たちの立場を困難なものにし、教団は崩壊しようとしている。弟子たちの不安はもっともである。気の毒な弟子たちだ、と弟子たちが退いたあと親鸞はひとりもの思いに沈んだであろう。この世の何物もあてにはならない。「よろづのこと、みなもてそらごと、たはごと、まことあることなきに、ただ念仏のみぞまことにておはします。」

（第十八章）ということばは、こういうときにもらされたことばではないであろうか。しかし、その念仏の源である弥陀の本願について親鸞の信はすこしもたじろがなかった。親鸞は再び机にむかって正像末和讃の草稿に手を入れていたでもあろう。

さて、弟子たちは親鸞聖人につきはなされて、その室を出るほかはなかったであろうが、かれらは一体どんな気持ちで退いたであろうか。はっと聖人の真実に触れた者も一人や二人はあったであろう。しかし、他の者は、これほどの力づよい説教にも釈然としなかったにちがいない。人間の迷いは深い。親鸞聖人の純一無雑な信がそうたやすくわかるものではない。けれども、この力づよい説教は決してむなしく終りはしなかったであろう。日を経て、或いは年を経て、弟子たちの心に真実信の一念をよびおこしたとおもう。それが本願の不思議というものなのである。今日歎異抄のこの一条をよんで、本願の不思議に眼ざめる人があるとするなら、それも聖人のこの日の説教のおかげである。その日の弟子たちは今のわれらであるともいえるであろう。

なお、この一章を読んで、親鸞は学問を否定したとおもうならば、それは甚しい誤解である。親鸞はただ、その弟子たちが学問的教養の乏しいにかかわらず、いなそれ故に、あれこれと学問的な「はからひ」をしているのを弾呵したのである。徹底的に学問をしたら、親鸞のような信の一念に到達するであろう。唯円房がつぎのようにいっているのは正しい領解である。

「経釈をよみ学せざるともがら、往生不定（ふじょう）のよしのこと、この条すこぶる不足言（ふそくごん）の義といひつべし。他力真実のむねをあかせるもろもろの聖教は、本願を信じ、念仏をまうさば仏になる、そのほか、なにの学問かは往生の要なるべきや。まことにこのことはりにまよへらんひとは、いかにもいかにも学問して、本願のむねをしるべきなり。」（第十二章）

第三章　善人なをもて往生をとぐ、いはんや悪人をや

一、善人なをもて往生をとぐ、いはんや悪人をや。しかるを世のひとつねにいはく、悪人なを往生す、いかにいはんや善人をやと。この条、一旦そのいはれあるににたれども、本願他力の意趣にそむけり。そのゆへは、自力作善のひとは、ひとへに他力をたのむこころかけたるあひだ、弥陀の本願にあらず。しかれども、自力のこころをひるがへして、他力をたのみたてまつれば、真実報土の往生をとぐるなり。煩悩具足のわれらは、いづれの行にても生死をはなるることあるべからざるをあはれみたまひて、願をおこしたまふ本意、悪人成仏のためなれば、他力をたのみたてまつる悪人、もとも往生の正因なり。よて善人だにこそ往生すれ、まして悪人はと、おほせさふらひき。

一

第二章は念仏者における学問的・思想的な迷いを打ち破ろうとしたものであるが、この第三章はその倫理的・道徳的な迷いを打ち破ろうとしたものである。宗教的な道を求める者にとって、学問・思想から来る迷いと、倫理・道徳から来る迷いとはいつも躓き（つまづ）となる。親鸞聖人の当時においてそうであったように、今日の私どもにとっても同じことである。それを切りぬけて「ひとへに他力をたのむ」至純の宗教的境地を見出したことは、親鸞の宗教的苦闘によるのである。しかも、晩年に至って、親鸞の心境はいよいよ冴え、あらゆる思想を超え、倫理を超えて、弥陀の本願に一切を托したのである。そこには真の自由があった。何ものにも障（さ）えられない「無碍（むげ）の一道」（第七章）をあゆむ人であった。そこからほとばしり出たことばは、この抄によって最もよく伝えられているとおもわれる。

「善人なをもて往生をとぐ、いはんや悪人をや。」このことばほど、人の心をゆりうごかすものはないであろう。それは限りなき信の感激をよびおこすとともに、多くの懐疑と誤解をひきおこすのである。蓮如上人がこの抄に奥書して「右この聖教（しょうぎょう）は当流大事の聖教なり。無宿善の機においては、左右（さう）なくこれを許すべからざるものなり」と、正しくこれを受け容れるだけの素地ができていない者にこの抄を見せることをとめているのも、この天馬空をゆくが如き表現が、初心の者に誤解を生ぜしめ、或いはおそろしい邪見に陥ることを惧れたためであろう。しかし、真実は明らかにされなければならない。いな真実はみずからを明らかにする。親鸞聖人の口を通して、宗教的真実——弥陀の本願——はここにみずからを語っているのである。

　実をいうと、親鸞聖人の数多い著作をあさっても、そのどこにも「善人なをもて往生をとぐ、いはんや悪人をや」などという逆説的なことばは見あたらないのである。もちろん、教行信証・信巻のはじめに大信心が念仏往生の願からくるものであることを明らかにし、それ故に一念の浄信によって「極悪深重の衆生、大慶喜心を得、もろもろの聖尊の重愛を獲るなり。」と説かれている。かような思想はすでに善導や法然において熟していたともいえる。しかし、「善人なをもて往生をとぐ、いはんや悪人をや」といい、「他力をたのみたてまつる悪人、もとも往生の正因なり」と断言することは、親鸞においても著作の間にはかえって見られないことなのである。これはおそらく幾人かの弟子たちを前にして、その疑いに答えている間に出てきた、内心からの叫びであった。それは単なる思索のことばではなく、宗教的実践のことばである。おもうにこれは、やはり前章の「十余ケ国のさかひをこえて、身命をかへりみずして」たずねてきた東国の弟子たちに語ったことばであろう。東国の弟子たちは思想的な疑いとともに倫理的な疑いをもってきた。それをぶちまけて親鸞の教えを乞うたのである。それに対して親鸞の放ったことばである。思想的な疑いと倫理的な疑いとは別のものであって、別のものではない。真実の道を求める者にとって、のがれることのできない二つの疑いである。

親鸞の宗教は、単に理知や学問を否定するものではなく、理知・学問に囚われることを否定することによって、それを超える真実を見るものであった。同時にそれは、単に倫理や道徳を否定し去るものではなく、その囚われを否定することによって、それを超え、それを包む本願のかたじけなさを仰ぐものであった。「念仏よりほかに往生の道をも存知し、また法文等をもしりたるらんと、こころにくくおぼしめしておはしましてはんべらんは、おほきなるあやまりなり。」そんなことなら南都北嶺に行って聞け、ときめつけた親鸞に、教行信証のごときおどろくべき教学的な著述があるのである。おなじように「善人なをもて往生をとぐ、いはんや悪人をや」といった親鸞の心は、いつも深刻な罪悪感に悩み、「僧にあらず、俗にあらず」といいながらも（教行信証・後序）、なおもと出家であった身としてその「無戒名字の比丘」であることを慚愧し、仏陀への供養・恭敬をすすめることに仏弟子の務めを感じた親鸞であったのである（愚禿悲歎述懐）。

しかし、真実の信はあらゆる理知的、また倫理的な分別を超えて本願の不思議を信ずることである。理知又は倫理の分別に囚われている限り、真実の仏心はついに拝することを得ないであろう。真実の仏心とは、仏の大慈悲である。涅槃経に「如来一切のために常に慈父母となりたまへり。まさに知るべし、もろもろの衆生は皆これ如来の子なり。世尊の大慈悲は、衆のために苦行を修したまふに、人の鬼魅につかれて、狂乱して所為多きがごとし」といい、また「たとへば、一人にして七子あらんに、この七子の中に一子病にあへば、父母の心、平等ならざるにはあらざれども、しかも病める子において心すなはち偏へに重きがごとし。如来も亦しかなり。もろもろの衆生において平等ならざるにあらざれど、しかも罪ある者において心すなはち偏へに重し。」とある。親鸞は教行信証においてこれらの文句を引用し、

「まことに知んぬ、悲しきかな愚禿鸞、愛欲の広海に沈没し、名利の大山に迷惑して、定聚の数に入ることを喜ばず、真証の証に近づくことをたのしまず。恥づべし、傷むべし。」(信巻)

と、胸をうつ慚愧のことばを吐いている。仏の慈悲は一切衆生の上にある。仏はあだかも一切衆生の慈母のごときおもいで、衆生の罪苦を救うために心をくだいているのである。仏は静かにそのさとりを楽しむに止まらない。ものにつかれ、狂わされたかのごときふるまいで衆生を救おうとするのである。しかも、たとえば七人の子をもつ親が、ひとしくその子を愛しているのではあるが、その中一人の子が病にかかったとしたら、まずその病める子を心配して介抱するであろう。そのように、仏の心は一切の衆生において平等であるとはいえ、その中でも罪が重く、悩み

の多いものにおいてその慈悲が重くかかってくる。「善人なをもて往生をとぐ、いはんや悪人をや」ということばは、この救済の論理を逆説的にいい破ったものにほかならない。

この一章を読む者は、だから、この救済の論理をよく領解しなければならない。この救済の論理をよく領解しないでこれを読むから、誤解がおこるのである。しかもそれは、単に他力の信というものに対する誤った観念を懐かせるばかりでなく、実践的に放逸無慚の行いに陥って、それが他力の信を得た者の当然であるかのごとく考えたりするようになる。事ここに至れば、ひとり真宗を毒するばかりでなく、世間の秩序をも紊すことになるであろう。親鸞は「くすりあればとて毒をこのむべからず」ときびしくこれを戒めたのである（第十三章）。

だいたい、親鸞は、その性格からして、すぐれて理知的であると同時に、きびしい倫理的な意識のもち主であった。親鸞が肉食妻帯したということから、何か倫理性の弱い、道徳的に弛緩した人であったかの如く想像するなら、それはとんでもない誤りである。親鸞はむしろ、その生涯を通じて、きびしい倫理的実践の意思にあふれていた人である。その根本は菩提心である。菩提心とは道心、道を求める心、倫理的・宗教的な意思である。親鸞が叡山における修学・修行に満足することができなかったのは、それが余りにも観念的な学問であり、形式的な修行であったからである。親鸞はもっと現実的な、そして実践的な学問・修行を欲したのである。真の仏道はどこにあるか。真に一切衆生の救いとなる教えはないか。それが若き日の親鸞の追及したものであった。それを求めるためには、どんな修行もしよう、どんな迫害にも、堪えよう、というのが親鸞の意思であったのである。ただ、親鸞の曇りなき批判の眼――それは自己を批判するのみならず、他己を批判する眼でもあった。――は、あらゆる自力聖道門的な実践に絶望させたのみならず、菩提心そのものさえも実は容易におこらないものであることを歎ぜしめたのである。

「自力聖道の菩提心、こころもことばもおよばれず、常没流転の凡愚は、いかでか発起せしむべき。」（正像末和讃）

これは自力聖道の菩提心に徹しようとして苦しみぬいた人のことばとして私どもの心をうごかすのである。親鸞における他力の道は決して安易なものではなかった。自力の求道のはてに、ついに菩提心そのものさえもわがものではないと知ったときに、はじめて本願他力の信が生れたのである。

二

「善人なをもて往生をとぐ、いはんや悪人をや。」善人でさえ往生をとげるのだ、悪人はなおさらのことである。悪人こそ救われるのだ、というのが初めの一句の意味である。これは「よて善人だにこそ往生すれ、まして悪人はと、おほせさふらひき。」という結びの句と呼応して、まさにこの一章を貫くあざやかなテーゼである。親鸞の肺腑を突いて出た独自の思想である。というのは、必ずしも親鸞以前にこのような思想がなかったというのではない。このような思想は浄土門においてのみならず、涅槃経などにおいて久しく準備されていたのであり、法然上人においてもこれに近い口伝があったようである。してみると、この「おほせさふらひき」というのは、法然上人の仰せがあったのだという意味にも解される。それにしても、この逆説的な提言は親鸞の生涯を背景とする宗教的体験、しかもその晩年の心境を語るものとして、何としても親鸞独自の響きをもっているのである。

かような提言は、その当時においても、また今日においても、たやすく受け容れられない思想である。そこで親鸞は「しかるを世のひとつねにいはく、悪人なを往生す、いかにいはんや善人をやと。この条、一旦そのいはれあるににたれども、本願他力の意趣にそむけり。」と反論を抑えなければならなかった。どんな悪人でも阿弥陀仏の本願によって救われる。善人であるなら、なおのこと救われるにちがいない、というのが普通の考え方である。これは一応もっとものようであるが、「本願他力の意趣にそむく」ものである。それはなぜであろうか。「そのゆへは、自力作善のひとは、ひとへに他力をたのむこころかけたるあひだ、弥陀の本願にあらず。」と親鸞は答えるのである。「自力作善のひと」というのは、自己の力によって善をなそうとする人ということである。少しでも善を行なうことによってそれを往生、すなわち無上のさとりの世界への向上の一歩としようとする人である。そういう自力作善の人には、「ひとへに他力をたのむ心」が欠けているから、その点で弥陀の本願に相応しない。本願に相応しない限り、善人だからといって優先的に救われる理由はないわけである。

しかし、だからといって、自力作善の人は救われないというのではない。「しかれども、自力のこころをひるがへして、他力をたのみたてまつれば、真実報土の往生をとぐるなり。」自力作善の人も、その「自力のこころをひるがへして」——すなわち「廻心(えしん)」によって——専ら他力、すなわち弥陀の本願をたのむこころになれば、真実報土の往生をとげることができる。ここに自力作善の人もまた救われる意味が明らかにされるのである。いかなる善人もその自力のこころをひるがえさなければならない。「自力のこころ」をもって善を行なう者、自力作善の人は自己の善によって浄土に往生しようとするのであるが、それは単なる無限向上の道であって、いつまでかかっても浄土に到ることができないであろう。しかし、そのはかない自力のこころをひるがえして、弥陀の本願に帰し、本願の念仏を申すこころになるなら、善人も救われる。「弥陀の本願には、老少・善悪のひとをえらばれず、ただ信心を要とすとしるべし。」(第一章)ということばがここにおもいあわされるのである。

弥陀の本願は、一切衆生を救おうという願いである。しかし、それはとりわけ「煩悩具足のわれら」が、「いづれの行にても生死をはなるることあるべからざるをあはれみたまふ」大慈心から出ている。煩悩に苦しみながら永劫に生死の海に沈淪し、流転してゆく私どもをあわれみたまう大悲の願であった。そうであるなら、「他力をたのみたてまつる悪人、もとも往生の正因なり。」他力を仰いで信ずる者こそは、たとえ倫理的に悪人であろうとも救われる。しかも「往生の正因」である。かようにして「よて善人だにこそ往生すれ、まして悪人は。」という逆説的なことばが論理的に肯定されるのである。

本願他力の救いは、「老少・善悪のひとをえらばれず」(第一章)で、善人も悪人もみな救われるのである。しかし、いわゆる「善人」、「自力作善のひと」すなわち自己の善にすわっている人はこの救いにあずかることができない。その「自力のこころ」はけっきょく我執であり、憍慢(きょうまん)である。それらの人には「ひとへに他力をたのむこころ」が欠けているから、すなおに大慈悲を受け容れることができない。たとえ仏を信じ、念仏をとなえても、なおどこかにわが力で行ずる善であるという心が残っている。歎異抄の作者は後段に

「くちには願力をたのみたてまつるといひて、こころには、さこそ悪人をたすけんといふ願不

思議にましますといふとも、さすが、よからんものをこそ、たすけたまはんずれとおもふほどに、願力をうたがひ、他力をたのみまいらするこころかけて、辺地の生をうけんこと、もともなげきおもひたまふべきことなり。」（第十六章）

とこの点を適切に教えている。「辺地の生」というのは、真実の浄土ではなく、そのかたほとりの地ということである。わが力をたのむ心は、やがて仏の本願力を疑う心である。そういう人は真実の浄土に入ることができないのである。

「仏智疑惑のつみにより、懈慢辺地にとまるなり、疑惑のつみのふかきゆへ、年歳劫数をふるととく。」（疑惑和讃）

これは親鸞が「仏智不思議の弥陀の御ちかひをうたがふつみとがをしらせんとあらはせるなり。」とあとがきのある和讃の一節である。親鸞も、かつてはあらゆる宗教的・道徳的な善（万行諸善）によって浄土に往生しようとした。その万行諸善のむなしきことをさとって法然上人の専修念仏の門に入り、あらゆる善と徳との根本である念仏によって救われると信じてからも、なおその念仏に「自力のこころ」がつきまとって、純粋に仏の本願を信ずる心になれないという歎きがあったようである。しかし、ついに、その信もまた如来の廻向である、仏の本願によってよびおこされる信であり、念仏であるという純粋な他力の信において、自力のこころを放下するに至った。このことを教行信証・化身土の巻において告白している。それが教学的に有名な「三願転入」なのであるが、要するに親鸞その人における信の純粋化を物語るものであり、それは多かれ少なかれすべての求道者の経験しなければならない宗教的信の歴程にほかならぬのである。

だから、親鸞は「自力作善のひと」を「弥陀の本願にあらず」と断じたのであるけれども、決して自力作善そのものを否定したのではない。「自力作善のひと」がその憍慢の故に「ひとへに他力をたのむこころ」を欠き、仏智の不思議を疑うことを戒めたのである。「自力のこころをひるがへして、他力をたのみたてまつれば、真実報土の往生をとぐるなり」と、はっきり「善人なをもて往生をとぐる」ことを告げている。問題は自力のこころを「ひるがへして」、「ひとへに他力をたのむこころ」に転ずることである。これはやさしいようで決してやさしいことではない。三願転入の最後の段階がこれなのである。それは一つの大きな精神的飛躍である。しかもこの自力のこころを「ひるがへす」ということも、「自力のはからひ」ではできない。「弥陀のおんはからひ」である。親鸞はこれを「果遂（かすい）の誓（ちかい）、まことにゆゑあるかな。」と歎じ、「ここにひさしく願海に入りて、ふかく仏恩をしれり。……いよいよこれを喜愛し、ことにこれを頂戴するなり。」と、ただ感謝するばかりであった（教行信証・化身土巻）。

善人は善人だから往生するのではない。「自力のこころをひるがへして」、「ひとへに他力をたのむこころ」になることによって救われる。そのとき、いかなる善人もその善人たる誇りをすてなければならない。善人も亦悪人になって往生するのである。「煩悩具足(ぼんのうぐそく)のわれらは、いづれの行にても生死をはなるることあるべからざる」ことにおもい至らなければならない。そのときはじめて仏の慈悲、あわれみがわかり、本願によって浄土に往生することがすなおに信ぜられ、煩悩具足のままで往生ができることを感謝するほかないのである。

三

この章は、僅々三百字に足らぬ一章であるが、幾度よみかえしても味いつくせない文章である。文章そのものにも全く一字のムダがない。実にひきしまった文章であるが、――これは抄者のすぐれた修辞力にもよるであろう。――そのするどい論理とその論理の底にある深い宗教的体験とには、何人も驚異の眼を見はらなければならない。これらのことばが親鸞の口からほとばしり出たとき、関東の弟子たちもおそらくどんなにか感動したことであろうとおもう。

もともと関東の弟子・信者たちは多くは社会的に下積みになっていた、文化的に教養の乏しい人たちで、何かにつけてひけめを感じていた人たちであった。「うみかはにあみをひき、つりをして世をわたるものも、野やまにししをかり、とりをとりていのちをつぐともがらも、あきなひをもし、田畠をつくりてすぐるひとも、ただおなじことなり。」(第十三章)というこの抄の文から察せられるように、農民、漁民、猟師、商人などが多かったであろう。多少の下級武士も交っていたかも知れないが、貧しい庶民が主な信者であったことはまちがいないとおもう。したがって、その教養の低かったことも想像ができる。現に親鸞は『唯信鈔文意』というかな書きの著作のあとがきに「ゐなかのひとびとの、文字のこころもしらず、あさましき愚痴きわまりなきゆへに、やすくこころえさせむとて、おなじことを、たびたび、とりかへしとりかへしかきつけたり。」と書いているのである。

そういう人たちは、自然に心も暗く、卑屈になりがちであった。その暗い心、卑屈な心を明るく、伸び伸びと解放したのが親鸞の教えであった。念仏する庶民たちは、現実生活におけるあさましい煩悩と罪悪とを反省することを教えられるとともに、素純な心で仏陀の悲願に触れ、他力の救いを信じたのである。そこからまた彼等は素純な自信をも獲得したであろう。「本願ぼこり」(第十三章)というようなこともそこから生じてきたとおもわれる。日常の行動のしかたにもどこかめざめた、合理的な、てきぱきとしたところが見えてきたであろう。それが領家・地頭・名主などを警戒させたにちがいない。多くの念仏者のなかには、明らかにそうした支配者の横暴なしうちに対して反抗する態度をとる者もあったであろう。それらの者が支配者の側から「悪人」として烙印されたことは容易に想像できる。

それに、親鸞の教えを信ずる念仏者たちは、ひとえに弥陀の本願を信じ、すべての宗教的情熱をそこに集中したのであるから、その時代の一般的な宗教的習俗との間に矛盾を生じたことも自然である。親鸞は書簡の中で「まづ、よろづの仏菩薩をかろしめまいらせ、よろづの神祇冥道をあなづりすてたてまつるとまふすこと、このことゆめゆめなきことなり。」（御消息集四）といっているが、これは領家・地頭・名主などの支配者側から念仏者を「悪人」として糺弾することに対する抗弁であった。支配者たちの念仏者たちに対する憎悪はついに鎌倉における念仏停止の訴えにまで発展したのである。前章においてこの訴訟が善鸞の異義と関係があるのではないかといったが、善鸞は一部の念仏者がことさら悪いことをしていると父親鸞に告げており、それに対して親鸞がそれは不都合だという返事を出しているのである（御消息集五）。この善鸞の念仏者の糺弾が念仏者の訴追に口実を与えたことが想像される。

いずれにしても、念仏者は悪人であるというような糺弾・訴追が行なわれたことは事実である。そういう「悪人」とされていた人たちの耳に「善人なをもて往生をとぐ、いはんや悪人をや」という、思いがけない聖人のことばは、格別の感激をもってひびいたであろう。仏教は、絶対的な法、動かすことのできない人生の真実を教えるものであるが、しかしそれを受け取る人の境遇によって、心理的にいろいろの形で現われてくることを否定するものではない。社会的に貧しく、教養の乏しい人たち、「悪人」として糺弾されている者がかえって宗教的真実に触れ、みずから「善人」のつもりでいる者は、その憍慢の故にほんとうの救いにあずかることができないという消息を、とくと反省してみなければならない。

しかし、それだからといって、仏教一般、又は親鸞の浄土真宗を専ら社会解放又は社会革命という観点から見るなら、それは誤りである。仏教一般、ことに親鸞の浄土真宗はあくまで宗教である。ということは、人間精神の最も深い要求（本願）を追及し、人生窮極の理念（法）を明らかにすることによって、――精神的な面から、――人間をその矛盾と苦悩から解放する道を示すものであるのである。もちろんそれは、間接に社会解放または社会革命の因縁ともなり得るし、また国際的な民族解放ないし人類解放の因縁ともなるであろう。しかし、「出世間道」としての仏教は、政治、経済および道徳の根本に触れつつ、必ずしもそれら「世間道」（社会的倫理）における或る立場を固執しないのである。より高い立場というか、むしろ立場なき立場において、現実を見る。階級をも国家をも超えた、永遠の相において人間生活の実相を見、それに応じて生活の実践を指導するものである。それであるから、親鸞聖人が「他力をたのみたてまつる悪人、もとも往生の正因なり」といわれたからといって、もとより、悪をしても差支ないというのではない。倫理的に悪は悪として斥けらるべきものである。東国の弟子たちの中には、本願によって煩悩具足の者が救われるのだから、どんな悪をしても妨げない、とする放逸無慚の徒があったようであるが、親鸞は書簡によって厳しくそれらを戒めている。

「なによりも、聖教のをしへをもしらず、また浄土宗のまことのそこをもしらずして、不可思議の放逸無慚のものどものなかに、悪はおもふさまにふるまふべしとおほせられさふらうなるこそ、かへすがへすあるべくもさふらはず。」（末燈鈔一六）

煩悩具足ということをほんとうに自覚する者はそうした邪見に陥る筈はない。そうした邪見は、煩悩具足ということをほんとうに自覚せず、したがって弥陀の本願をほんとうに受け取ることのできない者が、その放逸無慚を弁解する遁辞にすぎないであろう。親鸞の「善人なをもて往生をとぐ」という語をきいた弟子たちは、それによって「煩悩具足のわれら」であることをあらためて反省するとともに、新たな感激をもって悪人成仏の本願を仰信したであろう。かれらはまた、みずから善人のつもりで横暴なふるまいをしている支配者たちに或る皮肉なあわれみを感じたかも知れないが、「いかにもこころのままにあるべし」などという心にはならなかったにちがいない。

四

いったい、善悪とはどういうことであろうか。人倫の理又は法に順うことが善であり、人倫の法に背くことが悪であるといえよう。人倫の法とは人間生活の事理、道理といってもよいとおもう。仏教で法（Dharma）というのは、縁起の法であるが、縁起とは、すべてのものが相依相成、すなわち相互に複雑微妙な関係をもっていることである。人倫関係は人と人との触れあう複雑微妙な関係であって、その関係においてあるべきことが善であり、あるべからざることが悪である。私どもは身近かな日常生活をはじめ、社会生活のあらゆる問題について善・悪の判断をしているのであり、またしなければならないのである。

しかし、その善悪の判断は、人により立場によって必ずしも一致しない。各自が主観的に善・悪の判断をして、しかもそれを客観的に妥当するものと思い込んでいる。そして他人を批判し、他人を責めようとする。人倫の葛藤はそこから生ずるのである。社会生活におけるもろもろのいざこざも、国際間における紛争もおなじことである。みな自己正義感の過剰によるとおもう。仏法はそれを我執、自我への執着として斥けるのである。退いて自己を省み、自我の執着を離れて、ものを客観的にみようとするのである。この仏法を現実の政治に生かそうとした聖徳太子は、憲法十七条においてつぎのように規定されている。

「十に曰く、忿（こころのいかり）を絶ち瞋（おもてのいかり）を棄て、人の違（たが）ふを怒らざれ。人みな心あり、心各々執（と）るところあり。彼（かれ）の是（ぜ）とするところ、すなはち我（われ）は非（ひ）とし、我の是とするところ、すなはち彼は非とす。されど我必ずしも聖にあらず、彼必ずしも愚にあらず。共にこれ凡夫のみ。是非の理、なんぞよく定むべき。相共に賢く、愚かなること、鐶（みみがね）の端（はし）なきがごとし。ここをもて、かの人瞋るといへども還（かへ）つてわが失（しつ）を恐れよ。われ独り得たりといへども衆に従ひておこなへ。」

何という透徹した識見であろうか。これこそ仏教の「さとり」から来る倫理であり、法である。まことにこの思想が世に徹底するのでなければ真の平和は望まれないであろう。かつての冷戦時代に、英米の政治家が会談した際発表された共同声明のなかに「いま世界が神を信ずる国民と神を信じない国民とに別れている」というようなことばがあった。私はそれを読んで、これでは平和は来ないとおもった。憍れる自己正義感である。かような態度で核の力による自己主張をするなら、ついにはアルマゲドンの日がくるであろう。神を信ずるという資本主義国家も、神を信じない共産主義国家も、それぞれの自己主張を核の力によって押し通そうとしている。世界の危機は深まるばかりである。（今や両国妥協して全世界を制覇しようともしている。）

親鸞は、その鋭い批判の眼をもって人倫の善・悪について思惟した。外に向って批判するよりも、まず内心に向って自己の罪悪と煩悩とを省察したのである。しかも、その煩悩はみずからの愛欲や名利に執着する我執、いわば形而下的我執だけではなく、みずから善とおもい、悪とおもうことがすでに一つの我執であること、自己の形而下的我執を根にもつところの形而上的我執であることを見出したときに、或る意味で道徳的な自信を喪失すると同時に、如来の真実の前にひれふしてただ念仏するほかはなかったのである。それはこの抄の末尾に引用されたつぎのことばによって知られるのである。

「聖人のおほせには、善悪のふたつ、総じてもて存知せざるなり。そのゆへは、如来の御こころによしとおぼしめすほどにしりとをしたらばこそ、よきをしりたるにてもあらめ、如来のあしとおぼしめすほどにしりとをしたらばこそ、あしきをしりたるにてもあらめど、煩悩具足の凡夫、火宅無常の世界は、よろづのこと、みなもてそらごと、たはごと、まことあることなきに、ただ念仏のみぞまことにておはしますとこそ、おほせはさふらひしか。」(後序)

つまり、親鸞の「ただ念仏して」というのは尋常一様の念仏ではない。完全に自己を投げ出すと同時に、世の批判をも超えて、如来を仰信する念仏である。そこには自・他を超えて、しかも自他を包む如来への超越がある。親鸞はこの超越を「横超」の菩提心というのである(教行信証・信巻)。この立場においては、自己の主観的な判断を固執しないと同時に、世間の主観的な判断にも屈しないのである。絶対不二の救済者たる如来の判断に訴えるのである。「善人なをもて往生をとぐ、いはんや悪人をや」とあるのを、客観的・普遍妥当的な意味の善人・悪人というのではなく、善人とはみずから善人とおもっている人であり、悪人とはみずから悪を自覚した人という意味に解する説がある。これは一つの見識であるが、けっきょく皮肉の見方にすぎないとおもう。しかも、そう解することによって、自己の悪の自覚を不徹底にさせ、悪のほこりに陥る危険がある。それは祖聖の意に反している。聖人はあくまで「如来の御こころによしとおぼしめす」こと、「如来のあしとおぼしめす」こと、すなわち飽くまで客観的・普遍妥当的な善・悪の判断を認めているのである。だから、「善人なをもて往生をとぐ、いはんや悪人をや」というのも、やはり客観的な善悪の意味に私は解するのである。

親鸞聖人における念仏の信は、善悪を超える、まさに超倫理的な信であるが、それが反倫理的でないことはもちろん、非倫理的なものでもない。それどころか、ほんとうの意味の倫理、無上の倫理である。倫理的な悩みをもつからの救いである。悪に悩まない者には弥陀の本願も必要がないであろう、悪に悩みつつ自らの力で悪をはなれることのできない者にとって、本願の念仏こそは絶対の救いである。「念仏にまさるべき善なきゆへに」（第一章）である。しかも、その救いによって、人倫日常の倫理を捨てるのではない。人間の世界において倫理は必然的である。本願を信ずる者もこの世にある限り、倫理の実践に悩まなければならない。「悪はおもふさまにふるまふべし」などということではない。ただその悩みのうちに自己の罪業の深さを慚愧しつつ、本願のかたじけなさをおもうところに、相対的な倫理を超える倫理、無上の倫理としての念仏があり、念仏者の現実生活があるのである。

歎異抄第三章はこの他力の信における超越の面（往相）を、端的に明らかにしているのである。絶対的な救いからひるがえって倫理的な反省と実践とを深める還帰の面（還相）には触れていない。そこから、これをただ文字の上だけで読む者には、或いは誤解を生じ、或いは邪見に陥る惧れがないわけではない。実をいうと唯円房も聖人の「善人なをもて往生す」ということばを十分に理解しなかったのではないかとおもわれるふしがある。抄者の見解を叙した第十三章に

「弥陀の本願不思議におはしませばとて悪をおそれざるは、また本願ぼこりとて往生かなふべからずといふこと、この条、本願をうたがふ、善悪の宿業をこころえざるなり。よきこころのおこるも宿善のもよほすゆへなり。悪事のおもはれせらるるも悪業のはからふゆへなり。故聖人のおほせには、卯毛羊毛のさきにゐるちりばかりも、つくるつみの宿業にあらずといふことなしとしるべしとさふらひき、云々。」

という条があるが、弥陀の本願によって救われた者は、罪障の苦悩から解放された明るい気持ち

になり、ほこらしいおもいを経験する。私どもの罪悪はもはや救済のさわりにならない、私どもの宿業のままに救われるのである、という安心感が与えられる。それを「本願ぼこり」というならそれは他力の信に伴う当然の心理であろう。しかし、「弥陀の本願不思議におはしませばとて悪をおそれざる」というときに、すでに本願の不思議を口実とする日常道徳の弛緩をおもわせるものがある。「悪をもおそるべからず、弥陀の本願をさまたぐるほどの悪なきゆへに」（第一章）というのと、表現は似ているが内実はちがう。後者はひたむきに弥陀の誓願に向う信の一念を表現している。それは道徳的に最も緊張した反省の上に成り立つ断言である。しかるにその緊張を失って、「悪をおそれざる」心理になるなら、それは聖人の「悪はおもふさまにふるまふべしとおほせられさふらふなるこそ、かへすがへすあるべくもさふらはず。」と戒められた放逸無慚に近づくものではないであろうか。

そのあとにつづく「卯毛羊毛のさきにゐる」云々という法語は、宿業の深さを告げるものである。宿業とは私どもがみずからつくってきた罪の積集（しゃくじゅう）、それはいま私どもがみずからの力でどうともすることのできないような縛め（いましめ）である。その宿業のもとにあるのが「罪悪深重、煩悩熾盛の衆生」（第一章）であり「煩悩具足のわれら」（第三章）なのである。しかし、業（ごう）(karman)とはもと行為であり、行為の痕跡（こんせき）である限り、業は業によって超えらるべきものである。私どもにそれができないとしても、弥陀の本願は罪悪深重の私どもを摂取して浄土に往生させるのである。これが本願の不思議である。親鸞はその実存的自覚において決定論的であるが、しかし本願を信ずるところに自由が与えられる、という意味で、非決定論者である。「大信心は仏性なり、仏性すなはち如来なり」（諸経和讃）というように、大信心によって本来の仏性にかえる自由を認めているのである。本願によって与えられる信心もまた一つの「業識」である。

本願の不思議に救われる者は「わるからんにつけても、いよいよ願力をあをぎまいらせば、自然のことはりにて、柔和忍辱のこころもいでくべし。」（第十六章）と唯円房もいっているのである。宿業を超える信心の業識は、私どもを道徳的完成にみちびきこそすれ、本願をもってみずからの悪のいいわけとするようなことにはならないのであり、意志の自由である。

唯円房の書いた第十三章は、おもうに、他の一派の念仏者に対する論争、ポレミックである。「当時は後世者ぶりして、よからんものばかり念仏まうすべきやうに、あるひは道場にはりぶみして、なむなむのことしたらんものをば、道場へいるべからずなんどといふこと、ひとへに賢善精進の相をほかにしめして、うちには虚仮をいだけるものか。」という一段こそは、唯円房のいおうとした要点であろう。当時「後世者ぶり」する念仏者もいたらしい。今日でもないとはいえない。宗教的信仰をひけらかす者がそれである。それは「外に賢善精進の相を現ずることを得ざれ、内心に虚仮を懐けばなり。」（愚禿鈔下）という聖人の教えに背くものであることは明らかであり、その誤りを匡正しようとする意図はよくわかる。

しかし、その一章のむすびに「本願ぼこりといましめらるるひとびとも、煩悩不浄具足せられてこそさふらふげなれ、それは願にほこらるるにあらずや。いかなる悪を本願ぼこりといふ、いかなる悪かほこらぬにてさふらふべきぞや。かへりてこころをさなきことか。」とあるのを読むときに、唯円房も論争のために脱線しかけているとしかおもわれない。素純な「本願ぼこり」ではなく、「悪のほこり」にさえなりそうである。

歎異抄第三章は緊張した罪業感の上に、一切の自力作善をさしおいて、ひとえに本願他力の救いを信じ、念仏の一行を行ずる者にとって、いかなる悪も障りとならないことを明らかにしている。「悪をもおそるべからず、弥陀の本願をさまたぐるほどの悪なきゆへに。」（第一章）「念仏者は無碍の一道なり。」（第七章）という法語と照らしあわせてその意味をとくと吟味しなければならない。少しでもこれを口実として道徳的弛緩に陥ってはならないとおもう。

五

以上は旧版において述べたところであるが、それに対して二、三の友人、しかも最も親密な間柄の友人から若干の批判をうけた。その一は、白井成允氏からの批判的意見で、私信をもって教示にあずかった。氏の意見に従ってこの新版で二、三表現を改めたところがある。だが、批判の最も重要な点は、この第三章に対応する第十三章において作者唯円みずからいわゆる「本願ぼこり」の非難を反駁(はんばく)しているところについての私見に対するものであったとおもう。私は、信者の生活において「道徳的弛緩があってはならないであろう」と述べた。白井氏はその私の見解に不満であったと記憶する。白井氏は倫理学を専攻する学者であるが、青年時代私とともに島地大等師や近角常観師の教えをうけた人である。その白井氏が私以上に本願による無条件的な救いの面を強調されることは、私によくわかる。しかし、往相廻向の信が決定(けつじょう)したからといって即身成仏するわけではないのであるから、人間としてこの世に生きる限り、信心の行者とても世間の法と道徳とを忘るべきでない。「本願ぼこり」はよいとしても、「悪のほこり」に陥ってはならないことは当然である。経に「唯除五逆誹謗正法」の文があるのもそれを戒めんがためである。さりとて、一旦五逆誹謗正法の罪を犯した者はついに救われないというのではない。それらの者も救い上げられるのは、本願他力によるのである。白井氏と私との間には根本的な違いはないとおもわれる。

次に、長井真琴氏の『歎異抄の厳正批判』(『大法輪』二九巻八号、昭和三七年)については序説においても一言したが、ここでさらにその内容について私見を述べておくことが適当であるとおもう。長井氏の批判は、私だけに対する批判ではなく、むしろ清沢、近角両師以後歎異抄を高く評価する「素人たち」や、「それに乗ずるいわゆる宗乗学者」に対する批判であるが、「愚老は真宗高田派の寺の生れだが、歎異抄の悪人礼讃は見て居れん。何かを忘れ、何かを曲げているのだ。」という烈しいことばで始まり、むしろ歎異抄第一章、第三章、第十三章等を真向から批判するものである。その「何か」とは、第一に歎異抄そのものが「果して親鸞の物語であるか」を疑問とされるのである。これは、一つには梵文学者としての長井氏の、史学的・語学的な実証主義の態度から来るもので、なお同じ真宗でも、高田派では古来歎異抄を伝えていないことを考え合せると、一応もっともな疑問であるが、歎異抄の存在は、書誌学的にも今や問題にならないのではないか。

第二に長井氏は、その強い梵語学を駆使して、原始経典が善悪の業報を説いていることを強調される。これは何人も異義のないところである。浄土教もまた善悪の業報を前提としている。というよりも、その遁れがたい善悪業による倫理的苦悩を基底として、それからの救いを求めているのである。

第三に、浄土三部経が後世の成立にかかるものであることを指摘される。これまた歴史的事実として今日何人も争わないところである。浄土三部経に限らず、およそ大乗経典は仏滅後三、四世紀以後に発展した宗教的思索と信仰との下で成立したものである。しかし、仏陀の精神は綿々として一貫している。いわゆる大乗非仏説は、歴史的事実として真であるが、人間の宗教的意識の発展として否定することのできない文化的意味をもっている。仏教は、キリスト教の如く形式的な教条(クレド)を固執しない。時代に応じて仏陀の精神を発展させ、現実化しようとする。そういう意味で今後もその発展を続けるであろう。歎異抄は七百年前におけるその一形態である。

第四に長井氏は、歎異抄第一章、第三章および第十三章を引用して、それらは全く仏説でもなく、また上座部の聖典にもなく、およそ善悪の差別を否定する非倫理的な思想であって、仏教として到底許すべからざる邪見であるとされる。これは仏教を原始経典に限定し、——実はそれとても弟子たちの記憶を結集したものにほかならないのであるが、——専らその上で合理的に思惟するもので、実証主義的・合理主義的な法律学者や懐疑一点張りの実証史学者などに見られる方法的態度であり、その意味で近代的な思惟方法であるともいえるが、今やその近代的実証主義の思想そのものが問題とされなければならない。宗教の超合理性こそは宗教の生命である。「もし弥陀の本願なるものがあるとして……」というような仮説の下では、歎異抄の宗教的意味は永遠に了解されないであろう。宗教は日常的な善悪の倫理を超出する。身心を挙(こ)する実践的体験の実証（さとり）を求めるこころ（菩提心）から出発しなければならない。

私は、親友長井氏が、いわば啓蒙的な実証主義から来る歎異抄への——広くは浄土真宗、さらに広くは大乗仏教一般への——疑問を大胆に、明瞭な形式で表現されることによって、真宗教徒に反省の機会を与えられたことに深い敬意を表するものであるが、同時に、真実の宗教としての浄土真宗における他力廻向の信は、その反省を通していよいよゆるぎなき金剛の心（しん）となることを期待するものである。

第四章　念仏まうすのみぞ、すゑとをりたる大慈悲心にてさふらふべき

一、慈悲に聖道、浄土のかはりめあり。聖道の慈悲といふは、ものをあはれみ、かなしみ、はぐくむなり。しかれども、おもふがごとくたすけとぐること、きはめてありがたし。また浄土の慈悲といふは、念仏して、いそぎ仏になりて、大慈大悲心をもて、おもふがごとく衆生を利益するをいふべきなり。今生に、いかにいとをし、不便とおもふとも、存知のごとくたすけがたければ、この慈悲始終なし。しかれば、念仏まうすのみぞ、すゑとをりたる大慈悲心にてさふらふべきと、云々。

一

序説において述べたように、歎異抄の前半十章は親鸞のことばを書きつけたノートであるが、それを抄者が順序を立てて排列したものとおもわれる。第一章は概論的な一章であり、第二章以下はその具体的な展開と見られる。最後の第十章は結論である。ところで、第二章から第九章までは一貫して念仏の行と、その行をささえる他力の信心について親鸞の自内証（体験）からあふれ出たことばを、抄者の「耳の底に留まる」ままに（前序）、すなわち感銘忘れがたく記憶しているところに従って、書きつけたものであるが、なおその前後排列の間に体系的な展開の形式をとっているとおもわれる。第二章から第五章までは、念仏者の行為的実践（行）に触れる法語であり、第六章から第九章まではその内部的精神態度（信）に触れる法語である、というように私は見るのである。

第二章は、「親鸞にをきては、ただ念仏して弥陀にたすけられまひらすべしと、よきひとのおほせをかふりて信ずるほかに別の子細なきなり。」往生のためには学問や修行は必要でない、念仏一つで救われるのだ、と専修念仏の立場をはっきりとうち出している。第三章はそれにつづいて、「善人なをもて往生をとぐ、いはんや悪人をや。」善悪を気にする必要はない、悪人こそ救われるのだ、と世間並みの倫理道徳を止揚する念仏の一行を端的に、逆説的なことばをもって表明している。真に充実した念仏は、学問的な思惟や特殊の宗教的修行を超えて、さとりの道に通ずるのであり、同時にそれは世間の倫理を超える倫理である。というのが第二章、第三章の体系的に連続した意味であるとおもう。

この第四章は、さらにそれに続いて、仏教、ことに大乗仏教の根本精神であり、根本実践である慈悲と念仏の一行との関係を明らかにしている。慈悲は全仏教の根本精神である。慈悲心を除いて仏教はない。若いゴータマが王位をすてて一介の沙門となったのは、街や村落に見られる人間苦、社会苦をどうして救うことができるかというせつない願いからであった。慈悲心こそは仏教の根本動機であったのである。不殺生、不傷害、布施、それらの教えはすべて慈悲の精神にもとづくものである。本生譚（Jātaka）に現われた涙ぐましい捨身の行も、すべて生きとし生けるものをあわれむ慈悲の精神を説くものである。そして、大乗仏教における菩薩行は一貫して慈悲行、すなわち慈悲の精神を実践することなのである。

慈悲心は、とくに浄土門における根本精神であり、根本理念であり、根本の法である。しかもそれは人間の深い心情にもとづいている。真の人間性そのものである。「仏心とは大慈悲これなり。」（観無量寿経）阿弥陀仏は大慈悲心そのものである。方便法身としての阿弥陀仏は、法蔵菩薩として衆生救済のために四十八の誓願をおこされたと説かれている（大無量寿経）。弥陀の本願は、生死海に流転する人間の苦悩をあわれむ「悲願」、大悲の願であった。如来の慈悲こそは、念仏者を動かす根本精神であり、同時に真の人間性なのである。

それなら、念仏者として、やはり慈悲を行ずべきではないか。如来を信ずる者は如来の心にしたがって行動すべきは当然であろう。如来の法は、人類の業苦をあわれみ、かなしむ大慈悲心であり、その大慈悲から出た衆生救済の本願である。私どもはいまその本願を信じ、その大悲心に随順して念仏するのである。だから私どもは念仏者としてできるだけの慈悲を行じなければならない、ということにならなければならない。それがまさに理の当然である。ところが、この場合にも、親鸞はおどろくべき逆説的な論理で、そうした私どもの常識的な論理を抑えるのである。

――「念仏まうすのみぞ、すゑとをりたる大慈悲心にてさふらふべき。」

私どもはこのことばをきいて、愕然とする。私などは、この歎異抄を四十年、五十年読んでいるので、その文字に馴れすぎているが、しかもなお、この一章を読み直してはその大胆な表現におどろき、その意味をしみじみ考えさせられるのである。こうなると念仏ということも容易なことではない。ただ口に「ナム・アミダブツ」ととなえることが念仏であるとおもっている人が多いのであるけれども、そのような念仏は、いわゆる空念仏にすぎないであろう。「すゑとをりたる大慈悲心」としての念仏は、衆生救済の本願に通ずる念仏でなければならない。「煩悩具足のわれら」が救われる道は、「ひとへに他力をたのむ」信に裏づけられた念仏でなければならない。

いま、そうしたこころで親鸞聖人の法語を聴問しようとおもうのである。

二

この章は、文章の構造の上からは、いきなり逆説的なもののいい方をしてはいない。「慈悲に聖道・浄土のかはりめあり」という仏教の思想的批判（教判）から出発して、おもむろに「念仏まうすのみぞ、すゑとをりたる大慈悲心にてさふらふべき」という結論に到達している。

まず「慈悲」ということであるが、教学の上でこれを慈（maitrī）と悲（karuṇā）とに分け、慈は衆生に楽を与えること、悲は衆生の苦を抜くことで、慈悲とは抜苦与楽であると解されている。しかし、私はそう二つに分析しないで、「慈悲」という一つの心情と解する方がよいとおもう。二つの心をあわせた一つの心である。それは生きとし生ける者に対する共感である。「愛」といってもよいかも知れないが、自然的な人情としての愛よりも深い心情である。それは、他人の心における歓びや苦しみに対する深い理解をもつ心である。慈悲はそういう意味ですぐれた智慧を前提としている。それに、「愛」という語にはなお利己的な愛欲の匂いがまつわるのであるが、慈悲は、愛欲を離れたものでなければならない。ギリシャ語で愛という語は eros と agapê と二つあって、前者は明らかに愛欲的なもの、後者は慈悲心に近いものであるが、近代語の love amour, Liebe などは、その区別を失い、両者に通用されている。慈悲は、むしろ compassion, sympathie, Mitleid などと訳すべきであろう。

つぎに「聖道」・「浄土」ということを一と通り説明しておこう。仏陀のさとりは、単なる認識ではなく、やるせない慈悲によって人間生活の実相を観察し、その因縁（縁起）を明らかにすることによって、人間の苦悩を解決すると同時に、楽しい世界、幸福な世界を実現しようという実践的な志向をもったものである。ところで仏陀の教えはそれを行ずる者の生活条件によって違いを生ずるのであり、歴史的に小乗から大乗への変遷があり、小乗とか大乗とかいってもその間にまたそれぞれの分派を生じてきたのである。それを思想的に批判することを「教判」というのであるが、聖道門・浄土門というのは、まさに一種の教判なのである。この教判はシナの道綽禅師によって試みられた教判であって、インドでは古く竜樹が試みた難行道・易行道、シナで曇鸞の試みた自力・他力の教判と大体同じことであると解してよい。（詳しくいうと違う点がある。）聖道とは聖者の道であり、専ら仏道修行に身をささげ、自からの力によって現生にさとりをひらき、仏となることを理想として精進することである。これに対して浄土門とは、厳しい宗教的修行に身を委ねることのできない者が、現生においてはついに仏のさとりに至ることのできないことを知り、仏の救いによって彼岸の浄土に到って仏となることを願い、信者として社会生活を営む道である。

ここまでは親鸞以前においてすでに説かれてきたところであるが、「慈悲に聖道・浄土のかはりめあり。」聖道門の慈悲と浄土門の慈悲とはちがうのだ、ということは、親鸞聖人によってはじめて道破された命題である。しかも、この点も、よく考えて見ると、親鸞の他の著作にはどうもはっきり表現されていないのである。その意味は念仏を「大行」とし、さらに往相廻向による自己の証（さとり）を得ることが、やがて還相廻向によって利他の行に転ずるという、教行信証の体系的思想に明らかであるが、直接の表現はないのである。これも、親鸞聖人が弟子たちを前にして、自己の体験、己証を語りつつある間におのずからほとばしり出た、すばらしい断言だとおもうのである。

すばらしいといえば、それに続いて流れ出る思想の何とすばらしいことであろう。「聖道の慈悲といふは、ものをあはれみ、かなしみ、はぐくむなり。」というのである。「聖道の慈悲」というのは聖道門の慈悲、聖道門において修行する者の慈悲ということである。聖道門において仏道を修行する者の慈悲は「ものをあはれみ、かなしみ、はぐくむ」ことである。「もの」とは存在、しかも有情、生きとし生けるもの、なかんづく人間存在を指す語である。「ものをあはれみ、かなしみ、はぐくむ」、何というすばらしい表現であろうか。私は、この日本語のもつ精神的感覚の貴さに、ただ感謝するばかりである。これを「愛」というなら、そういってもよかろうが、しかし「愛」という語をもっては表現しきれない或るものがそこにあるとおもう。「愛」という場合、もちろん愛欲とか渇愛とかいう場合の愛とはちがった、利他的な愛でなければならない。エロスではなく、アガペーでなければならない。しかし、アガペーといってもなお慈悲の意味、「ものをあはれみ、かなしみ、はぐくむ」という意味を十分に表現し得ない。西洋近世においてエロスとアガペーとが love とか Liebe とかいう同一の語でもって表現されているのは、西洋近世の文化が古代において区別されていた精神的感覚を失い、アガペーをも多かれ少なかれエロス的に感じつつあることを意味するのである。実はキリスト教そのものにおいて根源的に両者の混同が見られるとおもう。近代において哲学者がエロスと区別する意味において特にアガペーというギリシャ語を用いるのも、そこから来るのである。

　前に述べたように、慈悲とは、抜苦与楽であるといわれているが、この解釈も必ずしも仏教の精神を十分にいい現わしたものとはいえない。功利的な意味にとられる虞(おそれ)がある。親鸞に至ってこれを「ものをあはれみ、かなしみ、はぐくむ」としたのは、日本人のすぐれた精神的感覚が親戀を通して、しかもいわば無意識的に表現されたものであるとおもう。「あはれ」とは感動をいい現わす語であって、うれしいこと、悲しいことをともに現わすのであり、「もののあはれ」は自然と人生とに対する同情同感である。「あはれみを施す」というような場合には、まさに抜苦与楽である。「かなしむ」も悲しくおもうという意味のほかに愛するという意味がある。「はぐくむ」とは、はぐくみ、育てることである。金子大栄師は「慈悲の二字を分けて見ますと、慈はあはれむ、悲はかなしむであります。他を自の中に於て見れば憐れまれる。自を他の境地に置いて見れば悲しい。その憐れみ、悲しむ心からはぐくみ育てゆくのであります。何とかしてあげようといふ、それが育くむのであります。」といわれているが（歎異抄聞思録上一五九頁）、すぐれた解釈だとおもう。

「はぐくむ」ということは、はぐくみ、育てるという実践的な意味をもつ。前に慈悲を Mitleid とか compassion と訳したらどうかといったが、これらの語も決して十分ではない。それこそ単に情緒的なものとして受け取られる虞があるであろう。慈悲には「はぐくむ」という実践的な意味が含まれている。本生譚（ほんしょうたん）の中に菩薩が餓えた虎のためにわが身を投じてその餌食（えじき）となるというような説話がある。また鷹に追いつめられた鳩を救うために自らの肉を割いて鷹に与えたという説話もある。これらは、菩薩がわが肉体をも他のために布施するという、利他の精神を比喩的に説き示したものである。「ものをあはれみ、かなしみ、はぐくむ」慈悲は、まさにこの菩薩行を実践することでなければならない。世のため人のためにあらゆるものを投げ出す、生命をさえも惜しまない、というのが聖道の慈悲である。

かような慈悲は、特に「聖道の慈悲」というよりも、むしろ慈悲そのもの、慈悲一般の意味であるといえよう。「浄土の慈悲」とても根本においてはおなじ慈悲であるべきである。だが、さてこれをまじめに実践しようとするときに、それは実に容易ならぬことであるのに気づくのである。

「しかれども、おもふがごとくたすけとぐること、きはめてありがたし。」困っている人を見ると何とかして助けてやりたいとおもう。それがもし行きずりの人であろうとも、苦しんでいる人を見たら、あわれみの心をおこすのが人情である。人間の心の中におのずから慈悲心がひそんでいるのである。人は素朴的に聖道の慈悲を行じようとするのである。しかし、その「あはれみ」の心から、さらにその人を「かなしみ、はぐくむ」ことによって「たすけとぐる」、助けおおせることは、めったにあり得ない、と親鸞聖人は断定するのである。

これは日常私どもの経験するところからもわかる。わずか一人の病人でも、それを介抱して全快させてやることは中々大へんなことである。失業している人に職業をさがして生活の道を立ててやることが、何とむずかしいことであろう。一人の少年が不良になって親を困らせ、世間に迷惑をかけている場合、その悪癖を矯正(きょうせい)して普通の人間に育て上げることが、どんなにむずかしいことであろうか。さらに、前科すでに三犯・四犯という人たちを正常な社会生活に編み込もうとすると、殆ど絶望的な困難に遭遇することは、保護事業に関係している人のいつも歎息していることなのである。

慈善事業、社会事業は古くから宗教家の手によって行なわれてきた。この点、仏教とキリスト教とそれぞれ誇るべき歴史をもっている。近代になって、それが宗教と関係のない「社会」事業となり、さらに国家的な社会福祉施設に編み込まれようとしている。今日の社会では、もはや個人や団体の力で大量の失業、貧困、疾病(しっぺい)、老年などを救済することができなくなり、国家の政治的な力によって処理するほかに方法がないところまで来ているからである。それならば国家の政治力によってその処理ができているかというに、或る程度の救済はできているのであるが、それは決して徹底した救済にはなっていないのである。経済の成長によっても失業者はなくならない。華やかな都会の中に、食に飢えている家族がいくらでもある。重症患者の療護施設があっても、それを利用することができないで苦悶している患者はそこにもここにもある。経済的貧困又は家族的な関係から、せめて養老院に入りたいと願っても中々入れない、といったような現状である。今後国家の政治力で社会福祉施設がさらに拡張されなければならないが、しかし、国家の政治力は決して無限のものではないし、また政治というもの自体に本質的な限定があって、現実的ではあるけれども、徹底的に人間苦を救済することはできない。ゴータマ釈迦が王城を出て沙門となったのは、明らかに政治の限界を認識したからにほかならないのである。

聖道の慈悲、「ものをあはれみ、かなしみ、はぐくむ」ことによって人をたすけとげることのありがたい原因は、しかし、私どもの外部にあるばかりではない。「ものをあはれみ、かなしみ、はぐくむ」私どものこの心の内部にあるのである。私どもに「ものをあはれむ心」がおこらないのではない。けれども、私どもの「ものをあはれむ心」そのものが果して徹底した慈悲心なのであろうか。私どもの「ものをあはれむ心」は、実はまことに浅いものであって、少し掘り下げると、利己的な心の泥沼なのである。世のため、人のためにということは多くの人のいうことであり、大抵の人は、世のため人のために生きているとみずから信じているのである。しかし、ほんとうに世のため人のためにするということは、どんなにむずかしいことであろうか。私どもが世のため人のためにしているとおもっていることが、実は自己の利欲、名誉心、権勢欲から出ていはしないであろうか。よく反省してみると、私どものすること、なすこと利己的な動機をもたないものはないのである。政治にしろ、学問にしろ、社会事業にしろ、芸術にしろ、そして宗教でさえも、名聞利養のためならざるはない、といい得るであろう。

一ばんわるいことは、宗教的又は道徳的な気持ちから少しばかり善いことをして、それを何か純粋に利他的な動機からしたもののごとく自惚れることである。反省の乏しい宗教的道徳的な自己欺瞞ほどおそろしいものはないとおもう。たとえばキリスト教の聖書に「己れの如く汝の隣を愛すべし」ということばがある。これは人は己れみずからを愛するものであるということを前提としていると解されるが、しかし、己れの如く隣人を愛しようとするとき、人は少なくとも無限定な自己を否定しなければならない。隣人愛は、キェルケゴールのいったように、自己否定の愛でなければならないであろう。しかし、そうした意味のキリスト教的愛を真剣に実践しようとするとき、それは絶望的な苦闘である。しかもなお「私は隣人を愛している」といい切ることのできる人が果してあるであろうか。そういい切る人に自己欺瞞がないであろうか。実際に愛しないで、しかも愛しているつもりでいる人がいかに多いことであろうか。私も若い頃少しばかりキリスト教に触れたのであるが、私が最も不審におもったのは、愛ということがいとも簡単に語られ、「しかれども、おもふがごとくにたすけとぐること、きはめてありがたし。」という反省がいかに乏しいかということであったのである。

聖道の慈悲、「ものをあはれみ、かなしみ、はぐくむ」ことは、貴い人間性の現われである。

キリスト教でいう隣人愛はここにいう聖道の慈悲の一種又はそれに類するものだとおもう。しかし、そのためには私どもは己れを捨てなければならない。無我になり、無私にならなければならない。ところが自己への愛執、我の妄執は、現実の人間そのものに深く刻み込まれた宿業である。現実の人間はついにその宿業を脱することができない。そこに梅原真隆師のいわゆる「愛し得ざる悲哀」があるわけである（歎異抄の親鸞）。聖道の慈悲、ものをあわれみ、はぐくむために努力すればするほど、それは無限のかなたの理想にすぎないものとなるであろう。

三

聖道の慈悲が「ものをあはれみ、かなしみ、はぐくむ」ことであるのに対して、「浄土の慈悲といふは、念仏して、いそぎ仏になりて、大慈大悲心をもて、おもふがごとく衆生を利益すること」だと親鸞は教えるのである。聖道の慈悲・浄土の慈悲という分別は親鸞独特のものであるが、その浄土の慈悲は念仏して、まず仏になり、その上で仏の大慈大悲心をもって、おもうがごとく衆生を利益することだというのも、曇鸞の還相廻向の思想をうけついでこれを発展させた親鸞独自の考え方である。

聖道の慈悲は、「ものをあはれみ、かなしみ、はぐくむ」心をもって自から人を救おうとするのである。それに対して浄土の慈悲というのは、念仏によってまず仏になる。その上で仏の大慈悲によっておもうままに一切の衆生を利益し、その苦を救い、幸福な世界を実現しようというのである。聖道の慈悲は、誰にでも一応わかるが、この浄土の慈悲はわかりにくいとおもう。それは或る意味で一切の利他的な行動を放棄することのようにおもわれるであろう。専修念仏の立場では、念仏を「正行」とし、その他の諸善を「雑行」として一応これをさしおくのである。しかし、法然上人はなお「罪は十悪・五逆のものむまると信じて、少罪をもおかさじとおもふべし。罪人なほむまる、いはむや善人をや。」（西方指南抄下）という立場であった。しかるに親鸞に至って「善人なをもて往生をとぐ、いはんや悪人をや。」（第三章）と専修念仏の教義を一層純粋化したのである。「親鸞にをきては、ただ念仏して弥陀にたすけられまいらすべしと、よき人のおほせをかふりて、信ずるほかに別の子細なきなり。」というのが親鸞の立場であった。

　念仏によって弥陀にたすけられるとはどういうことであるかというと、彼岸の世界において仏になるということである。仏となるとき、人は一切の宿業から解放されて、真の自由を得るであろう。そのとき私どもは仏として「一切の衆生を利益すること」ができる筈である。しかもそれは私どもの力によるのではなく、すべて阿弥陀仏の本願による恵み、廻向である。念仏によって往生することが往相の廻向であるのに対して、この一切衆生を利益する利他のはたらきを恵まれることを還相の廻向というのである。この往相・還相の廻向ということは、シナで曇鸞の説いたところであるが、親鸞は特にこの思想を継承して大きく展開した。教行信証は「往相の廻向を按ずるに大行あり、大信あり。」（行巻）と行・信の意義を明らかにし、さらに「還相廻向といふは、すなはちこれ利他教化地の益なり。」（証巻）といって、念仏の行・信によって証（さとり）が得られれば、それはおのずから利他教化となって現われることを説いている。そのほか、和讃ことに正像末和讃において往相・還相の廻向が幾度も讃仰されているのである。

だいたい、浄土に往生するということは、感覚的な快楽の世界に生れるということではない。真実のさとりの世界に生きる仏になるということなのである。そのとき世界は、一切の苦悩を超えた安養の浄土となる。だから、念仏の信は仏になろうという願いであるといえる。すなわちそれはまさに菩提心である。菩提心であるから、自ら仏になると同時に一切の衆生を救って、おなじく仏たらしめることを志すものである。このことを曇鸞は次のように説いている。

「王舎城所説の無量寿経を按ずるに、三輩生のなかに、行の優劣ありといへども、みな無上菩提の心を発せざるはなし。この無上菩提心は、すなはちこれ願作仏心なり。願作仏心はすなはちこれ度衆生心なり。度衆生心はすなはちこれ衆生を摂取して有仏の国土に生ぜしむる心なり。このゆゑにかの安楽浄土に生ぜんと願ずるものは、必らず無上菩提心を発すなり。もし人無上菩提心を発さずして、ただかの国土の受楽間なきをききて、楽のためのゆゑに生ぜんと願ずるものは、またまさに往生を得ざるべし。」（浄土論註）

親鸞は教行信証・証巻にこれを引用している。なお真仏土、化身土の二巻においてその趣旨をさらに明らかにしているのである。親鸞の仏と浄土とは決して色相（いろかたち）をもった、眼に見える仏や浄土ではない。色相をもった浄土は化身化土とされている。真の仏身・仏土は不可思議光如来、私どもにはわからないさとりの光であり、無量光明土、さとりのはかり知られぬ光に照らされた世界である。そこに往生するとは、同じさとりの世界に生きるということであり、それは享楽の世界でないことはもちろん、単なる法悦の世界でもない。私どもはまだその境地に到らないのであるからその消息はよくわからないが、新しい生命にあふれて、さらに現実の世界における一切の衆生の苦悩を救う無窮の教化となるであろう。それを還相の廻向といっているのである。

親鸞において、往生は涅槃を証することであった。それは願力によって証せられるのである。そしてそれはやがて利他の正意によって還相の利益となるのである。その往相も還相も、すべてが本願力の廻向によるというのである。私どもは念仏によってその本願を受けとりさえすればよいのである。なぜなら、すべてが本願力によって成就されているからである。

親鸞が「浄土の慈悲」というのは、けっきょく如来から廻向された慈悲ということになるとおもう。「念仏して、いそぎ仏になりて」というのは、廻向された如来の大慈悲を受けいれるということである。それはただ念仏のほかにない。「いそぎ」というのは、何をおいてもまず念仏によって仏になるということであると解されるが、同時に念仏によって直ちに私どもの往生が定まる、すなわちさとりに到ることが決定されるという意味も含まれているとおもう。経に「即得往生」とあるのを、親鸞が「即は、すなはちといふ。ときをへず、日をもへだてぬなり。」と解していることがおもいあわされる（一念多念文意）。

さて、聖道の慈悲と浄土の慈悲とは、ひとしく慈悲である以上、その本質においておなじものでなければならない。その心においておなじものである。ただその実践の態度が異なるのである。聖道の慈悲は、この現実世界において「ものをあはれみ、かなしみ、はぐくみ、」この土を浄土としようとするのである。もともと聖道門はこの土において仏となることを理想とするのであるから、それは当然のことであるが、これはまさに難行道である。これに対して親鸞は「しかれども、おもふがごとくたすけとぐることきはめてありがたし。」と批判するのであるが、さらに「今生に、いかにいとをし、不便とおもふとも、存知のごとくたすけがたければ、この慈悲始終なし。」とそれが決して徹底することのできないものであることについて念を押しているのである。

そのわけは、すでに述べたように、内・外の因縁がその実現を妨げているからである。「今生」、この五十年なり六十年なりの生活において、この現実世界を浄土にすることができないまでも、せめて己れ一身の力の及ぶ限りにおいて慈悲行を実践しようと試みる。しかし、たとえば一人のわが子が重い病にかかって苦しむとき、「いかにいとをし、不便とおもふとも」どんなにかわいそうにおもっても、「存知のごとく」思うようにたすけられないことがあるのである。いわんやどんな親しい友人であろうと、どんな気の毒な隣人であろうと、物質的・精神的に思う存分世話をして上げようなどとおもっても、実際にその初一念を貫くことができるものではない。「この慈悲始終なし」である。決して徹底しないというのである。少しばかりの親切をして、しかも相手がそれに感謝しないようであると、もう不満をいだくようになる。相手に裏切られたといっては怒る。そうでなくても自らの行ないを誇る気持ちになる。「いや自分は何の報いも求めない、相手に裏切られようとも怨まない。」などといってみても、そういう心がすでに憍慢になっている。いずれにしても煩悩であって、ほんとうの慈悲ではない。

もちろん、世には貴い聖者もあり、すぐれた人格者もある。すべてが罪悪生死を免れないといっても、その差別を無視することは、これ亦邪見である。しかし、人は現実に対する反省が深まれば深まるほど、内にも外にも抜きがたい無明煩悩の闇が蔽いかぶさっていることを認識せざるを得ない。自己認識の乏しい者ほど、単純に愛とか慈悲とかを振りかざして、楽天的な理想主義者となり得るのである。聖道の慈悲というものは本来そういうものであってはならないのであるが、多くはそうした自己欺瞞的な聖道の慈悲に堕しているのである。

それはひとり宗教者の間に存在するだけではない。社会改良家とか、社会革命家の中にも存在している。というよりもその大部分が自己欺瞞的であるか、甘い楽天的な錯覚に陥っているとおもう。科学的社会主義を標榜するマルクス主義は、資本主義社会の社会科学分析において空想的社会主義の非現実性を脱したものにちがいない。しかし、それは社会をひたすら外部的・唯物的に認識するだけで、そのような認識をする自己の内面的反省を欠いている。それ故にその認識は、客観的であるといっても、主体的な人間の世界を認識するものとしては決して真実でないのである。それが証拠には、現実の歴史はマルクスやエンゲルスの予想したようには進行しなかったし、レニンの考えたようにも進行していないのである。共産主義革命は資本主義の最もすすんだ英米等におこらないで、ロシヤやシナにおこり、ソヴェト連邦において真の共産主義社会は遠い彼方の夢となって、いつまでも「過渡期」の一国社会主義、しかも独裁的・権威主義的な全体主義国家が出現している。資本主義的帝国主義とどれだけのちがいがあるだろうか。ファッショヤナチス（民族社会主義）の国家主義と酷似した社会形態であることは余りにも明瞭である。

敗戦後の日本における民主主義、自由主義の流行は、或る意味でやはり同じような錯覚をおこさせているとおもう。それは明治維新以後の日本における封建的権威主義の残滓を打破するに役立ったことは確かであって、それが無意味であったとはおもわない。しかし、私は今やもっと深く世界の歴史的環境を理解し、また日本民族の主体的な立場を反省しなければならないとおもうのである。それは、結局においては、人間性というものの認識、しかも唯物的・客体的な認識のみならず、内面的な反省と主体的自覚とが必要であるとおもう。国際政治における二つの世界の対立も、その後の多元的世界の困難も、帰するところは人間と人間との本能的な利欲闘争である。しかもその利欲闘争を自由主義とか共産主義とかのイデオロギーをもって粉飾し、その自己欺瞞的な正義観によって我れを是とし彼れを非としているのである。そして、その正義感の過剰こそは戦争の危機を招きつつあることに気づかないのである。

私どもは、何よりもまず甘い理想主義を清算しなければならない。そしてあくまで自己の現実を、そして他己の現実を見つめなければならない。現実の人間には動かしがたい宿業が刻み込まれている。それは「宿命」ではない。人間みずからの業（行為）によって決定されたものである。しかし、人類はその歴史的な「宿業」から脱することはできないし、個人もその主体的・環境的な「宿業」を脱することはできないのである。人間の苦悩はこの宿業に決定されつつ、しかも宿業を脱しようとするところにある、ともいえるであろう。慈悲とは、この一切衆生の宿業の悩みを救う願いにほかならない。それが仏心であり、仏道である。聖道の慈悲は真正面からこの問題と取り組み、自力をもってこれを解決しようとするものである限り、親鸞をして「自力聖道の菩提心、こころもことばもおよばれず」(正像末和讃)と讃歎させる当のものなのである。

しかし、それを現実の人間社会において実践しようとするとき、内・外の因縁によってそれを徹底することは不可能であるという壁に突きあたるのである。聖道の慈悲は「こころもことばもおよばれぬ」高い理想であるが、それは現実の世界において決して徹底されない。「この慈悲始終なし」ということがわかったとすれば、いったい私どもはどこに出路を求めたらよいのであろうか。

四

親鸞聖人は、平安朝末期から鎌倉初期にかけての血なまぐさい戦乱と、戦乱による荒廃に苦しむ国民、わけても関東地方の庶民の苦しい生活を見た人である。そしてその手の下しようのない貧困と無知とを「あはれみ、かなしみ、はぐくむ」心に生きた人だとおもう。越後から関東へ漂泊して、四十歳ぐらいから六十歳ぐらいまでの二十年を関東に暮した親鸞から見れば、南都・北嶺の「ゆゆしき学生たち」（第二章）や、今やおちぶれながらもなお京洛に学をひさいでいる「洛都の儒林」（教行信証・後序）の空疎な観念論や、鎌倉の覇業に対して王朝の回復をはかる公家たちの正義感は、いずれも歴史的・社会的な事実の認識に欠けていると同時に、自己反省の足りない独善としか思えなかったであろう。親鸞における「末法」の意識は、当時の歴史的・社会的状態を背景とする宗教意識として初めてよく了解されるであろう。

親鸞は宗教者として育ち、そして宗教者として終始した。政治、ことに旧政治に対しても批判的であったことは、「主上・臣下、法に背き義に違し」（教行信証・後序）といったような激越なことばによってもうかがわれるが、これも主として専修念仏に対する政治的弾圧に対するはげしい憤りの現われであろう。親鸞の眼は、政治を超える宗教的絶対の世界に向けられていた。その努力は、当面の政治的批判を超えて、より深い精神の世界に触れる宗教の批判にそそがれたのである。そこから、聖道の慈悲・浄土の慈悲という教判が正法・像法・末法という宗教的歴史観と結びついて、今やただ浄土の一門あるのみであるという信念に到達したのである。「しかれば、念仏まうすのみぞすゑとをりたる大慈悲心にてさふらべき。」というのがその結論であった。

正法・像法・末法という宗教的歴史観はすでに印度において生じたものであるが、それが日本に来て特に平安朝から鎌倉時代にかけて仏教思想、というよりも国民思想全体に大きな影響を与えた。それは平安朝における文化の没落を背景として生じた思想史的事実である。正法とは仏陀、釈迦牟尼仏の在世および滅後間もない頃で、仏陀の教えがそのままに行ぜられ、そのまま証せられた時をいう。像法とは、仏陀の滅後五百年以上もたって、ようやくその教が形式化し、かたちだけは維持されているが、すでにその精神がうつろなものになりかけた時代をいうので、それは千年ないし千五百年とされている。その後は末法となって仏陀の精神が全く失われようとするのである。親鸞はその時代に対する鋭い観察と、その中に生きる自己の深い内省とから、痛切にこの末法の意識を経験し、そこから「ただ念仏して弥陀にたすけられまひらすべし」という或る意味では全く絶望的な、しかしそれ故にかえって大胆な現実肯定の態度となったのである。親鸞は、

「釈迦如来かくれましまして、二千余年になりたまふ、正像の二時はおはりにき、如来の遺弟悲泣せよ。」（正像末和讃）

と、時すでに末法であることを歎きつつ、

「如来の作願をたづぬれば、苦悩の有情をすてずして、廻向を首としたまひて、大悲心をば成就せり。」（同上）

と、如来の大悲心を仰ぎ、その願力によってすべての者が救われることを信じたのである。如来の本願は、大悲心によっておこされ、しかも大悲心を完成したものであった。それは、今日のことばでいうなら、主体的・客体的な歴史の底にある人間の最も深い願いであり、歴史的な流れにおいてそれ自らを実現し、しかも人間のすべてを生かしてゆく包摂的な生命力を象徴するものである、ともいえるであろう。「他力」とは、そういう客体的な精神力をいうものである。しかもそれは、人間において自覚されるものである。人間個々の主体的意識において現実となるものである。その現実となるところを指して信、信心というのである。如来の願力を信じて念仏するとき、私どもにとって他力がやがて（如来廻向の）自力となるのである。

「如来二種の廻向を、ふかく信ずるひとはみな、等正覚にいたるゆへ、憶念の心はたえぬなり。」

「弥陀智願の廻向の、信楽まことにうるひとは、摂取不捨の利益ゆへ、等正覚にいたるなり。」

（正像末和讃）

如来は私どもに往相・還相二種の廻向を恵みたもう。それを深く信ずることによって、私どもは「等正覚にいたる」というのである。それは如来の摂取不捨、すべてを包摂する他力によるのである。信心によって「等正覚にいたる」ということは、親鸞の著作の到るところに見えている思想であって、真実の信はそれ自体一つの証であり、その証によっておのずから私どもの人間生活にゆたかな徳が与えられるのである。親鸞は真実の信、すなわち金剛の真心は「現生に十種の益をもたらすもの」としているが（教行信証・信巻）、その中に「常に大悲を行ずる益」をあげていることは特に注意さるべきである。

だから、「ただ念仏して弥陀にたすけられまひらすべし」という信の一念に、「すゑとをりたる大慈悲心」を恵まれるのである。専ら念仏を行ずることは、宗教的行を念仏の一行に限定することによって、かえって一般の社会生活において、現実に即した慈悲行を行ずることになるのである。浄土門、わけても親鸞聖人の浄土真宗は、現実の社会生活において倫理的に消極的退嬰的であり、ただ念仏を唱えるだけで、進んで社会生活を改善するとか、文化に貢献するとかいう積極性に欠けている、というように考えられる傾向がある。これは、念仏というものの実践的意義についての誤解から来るとおもわれる。法然上人は「現世のすぐべきやうは、念仏の申されんやうにすぐべし。」（一枚起請文）といわれた。これは現世のあらゆる営みが念仏のこころで、念仏を中心として行なわれることを要求するものである。親鸞聖人は念仏を通して大慈悲を実現しようとしたのである。九十歳の晩年に至るまで宗教的著作と教化とをやめなかった親鸞は、凡そ宗教者として最も積極的に生きぬいた人といわなければならないのである。

現代の文明と文化とは、人類を真の幸福にみちびかず、かえって原水爆戦争の危険に陥れている。まさに文化崩壊の危機である。現代において本願を信じ、念仏を行ずる者はどのように生くべきであろうか。「現世のすぐべきやうは、念仏の申されんやうにすぐべし」である。念仏のほかにむずかしい行（ぎょう）は必要でない。念仏する者は「憶念の心はたえぬ」のである。如来の大悲心をおもう心で生活するのである。その生活において、ことさらに聖道門的慈悲を行ずることは必要でない。正しい職業に従事し、正しい家庭生活を営めばよいのである。それがおのずから布施行であり、慈悲行である。念仏は、現実の生活をあげて如来に等しき者の慈悲行たらしめるのである。「しかれば、念仏まうすのみぞ、すゑとをりたる大慈悲心にてさふらふべき」である。

第五章　親鸞は、父母の孝養のためとて、一返にても念仏まうしたることいまださふらはず

一、親鸞は、父母の孝養のためとて、一返にても念仏まうしたることいまださふらはず。そのゆへは、一切の有情はみなもて世々生々の父母兄弟なり。いづれもいづれも、この順次生に仏になりてたすけさふらふべきなり。わがちからにてはげむ善にてもさふらはばこそ、念仏を廻向して父母をもたすけさふらはめ。ただ自力をすてて、いそぎ浄土のさとりをひらきなば、六道・四生のあひだ、いづれの業苦にしづめりとも、神通方便をもて、まづ有縁を度すべきなりと、云々。

一

歎異抄前半十章の構造について、すでに屢々私の見解を述べた。第一章は全十章の総説とも見るべきもので、親鸞の「教」を概括要約した法語である。第二章から第九章までは、真宗における念仏の行と信とについて肝要な法語を抄したものである。そして第十章は結語であり、念仏の行・信による「証」を示す法語であるということができるようにおもう。第二章―第九章は、一貫して行・信一如の念仏について語っているのであるが、その間に思想の体系的展開が見られる。第二章―第五章は念仏を中心とする真実の「行」について、第六章―第九章はその行における「信」について、すなわち真宗の実践と信仰とについて語っている。それがやがて真実の「証」へと発展してゆくのである。

第二章は「ただ念仏して弥陀にたすけられまひらすべし」と信じて念仏する専修念仏の立場を明らかにする。抄者はいみじくもこれを「本願を信じ念仏をまうさば仏になる。そのほか、なにの学問かは往生の要なるべきや。」(第十二章)と註釈したのである。第三章は「善人なをもて往生をとぐ、いはんや悪人をや。」と他力の救いがわれらの善・悪を超えるものであることを力づよく言い破っている。宗教的真実は倫理・道徳を超越する。抄者は「まことに、如来の御恩といふことをばさたなくして、われもひとも、よし・あしといふことをのみまうしあへり。」（後序）と歎いているのである。人は善悪の差別に囚われている限り、本願の救いにあずかることはできないであろう。第四章は仏教の根本精神であり、根本道徳である慈悲についてさえ、「ものをあはれみ、かなしみ、はぐくむ」聖道の慈悲を徹底することはできないという現実に当面して、「念仏まうすのみぞ、すゑとをりたる大慈悲心にてさふらふべき。」と念仏の一行にすべてを托しているのである。抄者は「よきこともあしきことも業報にさしまかせて、ひとへに本願をたのみまいらすればこそ、他力にてはさふらへ。」（第十三章）というのである。

かように見てくると、第二章、第三章、第四章と断片的な法語のようであるが、しかし体系的な思想をもっていることがうかがわれる。抄として一つの思想的展開があるのである。その心持ちでこの第五章を読んで下さい。「親鸞は、父母の孝養のためとて、一返にても念仏まうしたることいまださふらはず。」ここで常識的な道徳観念、伝統的な仏教思想に囚われている人は、またもやびっくりするであろう。しかもこれは今から七百年も前のことばなのである。念仏は父母の孝養という大切な人倫の道徳をも超える。「本願を信ぜんには、他の善も要にあらず、念仏にまさるべき善なきゆへに。」（第一章）本願を信じ、念仏を申すことが至上の善であり、絶対の行である。この信の立場においては他に「行」はないのである。

ここで父母の孝養ということが一切の倫理、道徳を代表すると見てよいとおもう。父母の孝養は東洋の倫理において古来重要視されてきたところであるが、その伝統を離れても、親子という肉体的・精神的に最も密接な人倫関係のある限り、父母の孝養には普遍の倫理的意義があるとおもう。親の子を愛するこころは本能的であり、人情の自然である。これに反して子の親に対する愛は、本能的には親の子に対する愛のごときものではない。それは倫理的・文化的なものである。愛情がないとはいわない。しかし、孝養のこころはそれを倫理的に昇華したものである。そういう意味で、近代の個人主義的な思想が親子の関係を自然の愛情に委ねようとすることには甚しい疑いがある。孝養の倫理がなくなったら、わが邦に一千万人を収容する養老院があってもお足りないであろう。

それはともかく、少なくとも中世のわが邦において、父母の孝養は一切の倫理、道徳を代表するものであった。その倫理的理念と、宗教的理念とがここで対決されているのである。親鸞の真宗、すなわち他力真実の立場は一切の倫理を超える。念仏がすべてである。念仏は父母の孝養のためにするものではない。ということは、仏道（宗教）は倫理のためではないということである。ただ仏道のために仏道を修（しゅ）するのである。強いていうなら「浄土のさとり」のために念仏するのである。それにもかかわらず、親鸞の思想は根本的に倫理的である。「浄土のさとり」をひらいたときに、「一切の有情」をその「業苦」から救う利他行に転ずるのである。それが「還相」廻向である。閉じられた共同体の倫理から解放されて、開かれた社会的・全人類的な倫理に生きることになるのである（ベルグソン）。

二

親鸞が「親鸞は、父母の孝養のためとて、一返にても念仏まうしたることいまださふらはず。」ときっぱり言い放ったときに、それはその時代の社会的・政治的な環境から見て、まことに思いきった断言であったといわなければならない。親鸞も、著作のなかではこのようなことをいっていない。これは信頼する弟子たちに対して、その信念をぶちまけたことばである。そこにこの肺腑をついて出たことばの強さがあるのであり、それは今日もなお私どもの胸を打つのである。

もっとも、それは仏教本来の立場を明らかにするものであって、原理的には親鸞を待たないことである、ともいえるであろう。仏教は本来出世間道である。家とか国とかいう閉じられた共同体的な人倫関係を正しくするだけの教えではない。仏教は倫理的な教えであるといっても、家をも国をも出て、一切衆生、人類の開かれた社会のためにほんとうの生き方を明らかにするのが仏道である。それは家族愛とか国家愛（愛国心）とかをも超える人類愛、「一切の有情」、生きとし生けるものに対する慈悲、あわれみの心を宗とする教えである。だから儒教などの、共同体的人倫を重んずる立場からは仏教は屢々倫理を無視するものと非難されてきたわけである。

しかし、仏教は決して家族や国家の倫理を無視するものではない。在家の生活を認め、それを倫理的に指導しようとするものである。仏陀が父母の恩について語ったことは、パーリ語阿含経（増支部）の中に見えている。

「比丘らよ、われは二人には報いつくすこと能はず。誰をか二人とする。母と父となり。比丘らよ、百歳の寿ありて百歳の間生きて、一肩にて母を荷ひ、一肩にて父を荷ふべし。」

この思想は在家を主とする大乗仏教で大きく発展したが、さらにシナにきてシナ固有の家族制度の下における孝道と結びつき、父母に対する供養が力説されることになった。供養とは、もと父母生存中の供養をいうものであるが、――たとえば、唐律に「およそ子孫が教令に違犯し、又は供養を欠くときは徒二年」とある。――死後においてその冥福をいのることも「供養」として重んぜられるようになった。わが邦でも「供養」というときは、むしろこの宗教的儀礼としての供養を指すことが多いようである。ここで「父母の孝養」というのも、さしあたりその意味の供養であるが、もちろん父母生存中における孝養の意味もおのずから包含されてくるのである。

仏教がわが邦に伝わったとき、シナの儒教思想も同時に伝わってきたが、そのいずれもが、思想としてまだ十分に理解されなかったとおもう。しかし、わが邦にはわが邦固有の習俗的な家族的倫理があり、死者を祭祀する宗教的儀礼もあったと推定される。それが西暦四、五世紀頃大和国家の興隆とともに、古墳時代を顕出した。仏教はその習俗的な宗教文化と結びついて受けいれられたようである。日本書紀、推古二年の条に「二年春二月、丙寅朔、皇太子及び大臣に詔して、三宝を興隆せしむ。この時に、諸の臣・連たち、おのおの君・親の恩のために競ひて仏舎を造る。すなはちこれを寺といへり。」とある。皇太子とは、いうまでもなく聖徳太子である。このとき貴族たちが「君・親の恩のために」、すなわち天皇と父母との恩を報ずるために寺を建てたというのである。これが当時における仏教受容のすがたであった。ほんとうの仏教はまだわかっていない。国家的・家族的な道徳思想によって仏教を受けいれたのである。

その後、奈良・平安両朝のあいだに、一方において国家的な神話と祭祀とが発達したのであるが、他方それと併行して仏教の理解とその儀礼とも発展したのである。前者はシナの儒教や道教思想から著しい影響を受けて神祇及び祖先祭祀的な神道となったが、後者はむしろ家族制度および国家的体制の普遍化と結びついて発展したのである。平安朝初期における仏教の革新も、その枠を超えることができないままに中央から地方へと滲透して行った。律令制国家思想の発展も、仏教に負うところが多かったとおもわれる。平安朝の末期、武家抬頭の時代において、国家思想は大きく動揺しながらも、家族制度的な道徳は地方庶民の間にまで拡まっていた。武家そのものが家族主義的な軍事組織であったのである。

かような精神的、文化的状況を背景として、「親鸞は、父母の孝養のためとて、一返にても念仏まうしたることいまださふらはず。」と言い放ったときに、それはどういう反響をよんだであろうか。多くの人にとってそれはまことに驚くべき宣言であったにちがいない。まさに一つの逆説である。仏教者でない者に聞かせたら、烈しい怒りをよんだであろう。仏教者にとっても意表に出たことばであった。親鸞の教えを受けている念仏者のなかにも、これをすなおに領解することのできた人ばかりではなかったであろうとおもう。しかし、これが仏教の真実なのである。いな倫理そのものも、かように展開されなければならないのである。私はここに、宗教者として、道徳者としての親鸞の偉大さを見出さずにはいられない。この一章こそは、わが邦の宗教史、倫理思想史における一つの飛躍を示すものであるとおもう。鎌倉時代の歴史的制約を破って、大きな精神的創造の一歩をすすめている。まさに近代的な宗教、近代的な倫理の源泉といってよいとおもうのである。

実は、親鸞その人としても、これだけのことを言い破るには、並々ならぬ思惟的苦闘を経験したことであったろうとおもわれる。親鸞の父母については確実なことは何もわかっていない。伝説によると、幼少のとき母に死にわかれたということである。父も亦早く世を去ったのではないかと推測されているが、後年まで生きていたと考証している学者もある。いずれにしても、親鸞が幼くして出家したことは事実であろうし、二十九歳の春山を下るまで、叡山で堂僧をつとめていたことは確かな事実であるが、越後流謫から関東漂泊の三十年近い間、父母が生きていたとしても、相見る機会がなかったのである。六十歳を越えて京洛に帰ったときは、父母ともになかったことは勿論であろう。その折々に、父母をおもうことの切なるものがあったにちがいない。親鸞聖人は、たとえば倉田百三の『出家とその弟子』に描かれたような感傷的な人間ではなかったのであって、むしろ強い意思的な性格の人であったが、しかし豊かな人間性をもっていた人であることはその著作の上からも窺われる。その人が肉身の父母、縁のうすかったまぶたの父母をおもわぬ筈はない。平安朝の伝統に生きた人として、父母の孝養を欠くことの意識に悩まなければならなかったであろう。

けれども、宗教的真実を求めてやまない親鸞は、ついに父母孝養の道徳に止まることはできなかった。「親鸞は、父母の孝養のためとて、一返にても念仏まうしたることいまださふらはず。」という断言は、父母の孝養をおもいながら、しかもそれを超えて普遍的な道に生きようとする意思の叫びであった。そこには涙がある。その涙は、親鸞の晩年における父子義絶の悲劇とも関連して考えなければならない。「自今以後は、慈信にをいては、親鸞が子の義おもひきりて候なり。」という親鸞の書簡が残っているが（血脉文集二）、親鸞が血を吐くおもいで書いたものにちがいない。これも親鸞がその宗教的信のためにあえてした決断である。この思いきった処置をとりながらも、その心の中に子として、人としての善鸞（慈信）への「あはれみ、かなしみ」をもたなかった筈はない。ついに心から善鸞をにくむことはできなかったであろう。

この父としての親鸞の「あはれみ、かなしみ」は、一転して人倫を超える仏の本願を仰ぐ親鸞の信をいやが上にも燃え立たせた。「ふかく如来の矜哀を知りて、まことに師教の恩厚を仰ぐ。慶喜いよいよ至り、至孝いよいよ重し。」（教行信証・後序）親鸞のかなしみは、世間普通の倫理、道徳をもってはついに癒すことのできないものであった。世間では親孝行ということをいともたやすく口にしている。しかし、ほんとうに親孝行をすることがいかにむずかしいことであろうか。父母の子をはぐくむ情は、より本能的な人情であるが、それとても現実には決して宗教的に絶対なものではない。やはり利己的な愛である。この頃は、子を殺す親もある。しかし、この倫理に堪えない人間を、仏はあわれみたもうのである。「如来は一切のために常に慈父母となりたまへり。」（涅槃経）「仏のたまはく、我れ汝等諸天人民を哀愍すること、父母の子をおもふよりも甚し。」（大無量寿経）これら経典のことばが親鸞の胸にひびいてきたことであろう。いかに悩んでも意のごとくならぬ人倫の道を超えて、遥かに仏の慈悲を仰ぐほかに真実の道はないのであった。

三

しかし、親鸞は決して倫理的な希望を捨てたのではない。「一切の有情はみなもて世々生々の父母兄弟なり。いづれもいづれも、この順次生に仏になりてたすけさふらふべきなり。」仏になることによって一切の有情を救おうという大乗的な志願は、親鸞のこころにたぎっている。ただそれは、この世間的現実においてたやすく実現できるようなものではない。理想はあまりにも高く、現実はあまりに堅いのである。仏になって一切の有情を救う。作仏（成仏）と度衆生（利他教化）とは、念仏者の永遠の志願である。それゆえに現生を超える「順次生」、すなわち未来の生に期待するほかないのである。

人は親子・夫婦・兄弟というような肉身的な人倫関係において最もはげしく倫理を意識し、またその倫理的義務に背く罪悪を感ずるのである。しかし、これと同時に「人、世間愛欲の中にありて独り生じ、独り死し、独り去り、独り来る。」（大無量寿経）という孤独の歎きを身に沁みて感ぜざるを得ないであろう。人間は、いかに親しい間柄でも、けっきょく一人一人の人間である。これは親子にかぎらず、夫婦でもおなじことである。兄弟となればなおさらのこと、親しければ親しいだけに、お互いにいろいろの要求があり、不満があり、腹立たしさがあり、たのしいまどいでありながら、折にふれてめいめいの考え方や感情の行きちがいがある。それがすこし大きく調子をくるわせると、深刻な家庭争議になり、時としては恐ろしい犯罪にまでも発展するのである。

私どもは、親子・夫婦の最も親しい間柄においてさえ真に愛することはできないのである。本能的な愛は、決して徹底した愛ではあり得ない。慈悲は、そうした認識の上に立つ「あはれみ、かなしみ、はぐくみ」のこころである。それは「一切の有情はみなもて世々生々の父母兄弟なり。」という普遍的な生命感に基礎づけられている。あらゆる人間の世界はもちろん、生きとし生けるものの生命は生々流転の際において縦横につながったものである。一切有情の生命は、空間的にも時間的にも相互につながりあい、相互に浸透しあっている。これを相即相入（そうそくそうにゅう）という。親子・夫婦は、もちろん、特別の因縁によって結ばれたものであるが、世界のはてまで、何処にいる人でも全くの他人というものはない筈である。すべての個は、個としての生命をもちながら、一切の個の生命と相互に織り込まれ、相即相入（そうそくそうにゅう）しているのである。「流転（るてん）」・「輪廻（りんね）」とは、個々の生命が相互に織り込まれつつ時間的に流転するすがたをいうのである。これが仏教の生命観であり、「縁起」の法（理論）といわれるものの具体的な意味である。

この仏教の生命観は、すべてのものを親しきものとして感じさせる。現在の父母兄弟だけが父母兄弟であるのではなく、誰もかれもみな父母兄弟なのである。人間ばかりでなく、動物・植物までも、おなじ生命のかよったものとして、「あはれみ、かなしみ、はぐくむ」べきものである。そこから「いづれもいづれも、この順次生に仏になりてたすけさふらふべきなり」という理想が生じてくる。仏の願いは生きとし生ける一切のものをあわれみ、かなしみ、はぐくむことであった。一切の衆生を救って「浄土のさとり」に導き入れるということであった。浄土に往生するとは、すなわち無上覚の仏となることである。ところで、仏となるということは、やがて自らも仏として一切の衆生をたすけることである。それは現世、この世においてはできないにしても、永遠の志願として許されなければならないであろう。

けれども、この永遠の志願のために念仏するというのではない。この永遠の志願のために念仏するということになれば、それはわが念仏を廻向して人をたすけるということになる。それは一つの「祈り」といってもよい。親鸞以前の念仏にはそのような廻向＝祈りの意味が含まれていた。それは、利己的な現世祈禱ではなく、利他的な祈りであっても、けっきょく現世祈禱に堕するであろう。親鸞は、それがなお真実の念仏になりきらぬものであることを反省し、「自力の念仏」としてこれを斥けたのである。親鸞においては、念仏そのものが他力の廻向であった。「わがちからにてはげむ善にてもさふらはばこそ、念仏を廻向して父母をもたすけさふらはめ。ただ自力をすてて、いそぎ浄土のさとりをひらきなば、六道・四生のあひだ、いづれの業苦にしづめりとも、神通方便をもて、まづ有縁を度すべきなり。」というのである。

父母に孝養を尽すということも決して完全にはできない。なおさら一切の有情をたすけるなどということは及びもないことである。真実にそれを祈るということさえ容易ならぬことである。だが、せめて、念仏することによって父母のために冥福をいのることは許されるではなかろうか。父母の追善供養に念仏を廻向する（ささげる）ということは、日本の風俗として、よいことではないか、と考える人があるであろう。しかし、親鸞は断然これを否定するのである。親鸞の念仏は「わがちからにてはげむ善」ではないのである。本願によって廻向された念仏であった。念仏を廻向して父母をたすけるなどとおもうことは、念仏をわがものとすることになる。念仏は信楽のおのずからなる現われであり、それ自体阿弥陀仏によって廻向される（恵み与えられる）大行である。それをわがものがおに他人に廻向するということになれば、自力の念仏である。「親鸞は、父母の孝養のためとて、一返にても念仏まうしたることいまださふらはず」というのはそれを否定する意味なのである。

しかし、自力をすてて本願を信じ、彼方から廻向された念仏をとなえる者は、必ず「浄土のさとり」をひらくのである。そして浄土のさとりをひらくということは、仏になることである。如来とおなじさとりの境界に入るのである。そのとき私どもは真の自由を得るであろう。父母の孝養はもとより、それを超えて一切の有情を救う還相廻向のはたらきにあずかることができるのである。「六道・四生のあひだ、いづれの業苦にしづめりとも、神通方便をもて、まづ有縁を度すべきなり。」六道とは地獄・餓鬼（がき）・畜生（ちくしょう）・阿修羅（あしゅら）・人間・天上の六道（又は六趣）をいうのであって、これは人間のありかたを類型化したものである。地獄とは、人間存在の最悪のすがた、餓鬼とはみたされない食欲に苦しむすがた、畜生とは野獣のごとき欲望に苦しむすがた、阿修羅とは肉体的な力をもって相争うすがた、人間とは私ども人間の普通のありかた、天上とは人間よりも一段すぐれた文化的境界にあるものである。また四生とは、胎生・卵生・湿生・化生の四つで、インド古代の素朴な生物学的分類である。六道・四生とは要するに生きとし生けるものという意味である。「神通方便をもて」とは、仏のさとりから来るすばらしい精神力によってということである。「有縁」とは、因縁のあるものということ。生きとし生けるものを、因縁のあるものから救うことになるであろう。現在の父母こそはおそらくその因縁の最も深いものでなければならない。「度す」というのは、仏道によって救うことをいうのである。

四

この一章は、父母の孝養ということ、すなわち親子という最も親しい間柄でありながら、しかも単なる自然の愛情だけではまかないきれない道徳的義務について、親鸞の思想を率直に表現したものである。しかもそれは、日本古来の道徳観念を否定して、新らしい倫理をもたらそうとしているものである。「親鸞は、父母の孝養のためとて、一返にても念仏まうしたることいまださふらはず。」ということばは、現代の日本でも常識人の意外に感ずるところであろう。これはまことに現代の日本人に向って語られたかのごときことばである。親鸞が何げなくいったこのことばは、ひとりそれまで行なわれていた、そして今日もなお行なわれている日本仏教のすがたを批判するばかりでなく、日本人の道徳観念に一時期を劃したものであり、さらに一歩をすすめて現代の世界人類に新らしい倫理的生き方を示すものである。

仏教が日本に伝わってきて、日本人の宗教意識に新しい光を点じた。それは遠く飛鳥朝以来のことである。日本人の理想は仏教によってどれだけ高められたことであろうか。またその心情がどれだけ深められたことであろうか。しかし、奈良朝から平安朝に至るまで、仏教は一部の出家や貴族階級のものであって、未だ在家のものとならず、ことに庶民のものとは到底ならなかったのである。南都北嶺において、法相（ほっそう）や天台の教義がどのように講ぜられようとも、それは聖僧たちの観念に止まり、在家には全く近づけないものであった。それさえも平安朝末期には壊れかかってきた。仏教は儒教とともに在家に孝養の倫理を培った。そして現実の生活において孝養を尽せなかった子の痛む良心をば、せめては父母の死後における追善供養によって癒（いや）そうという習慣をもたらした。そこから、今日に至るまで普通の人にはただ葬儀・法要を連想させるだけの、なさけない仏教になり下ったのである。

しかし、これはもとより仏教本来の精神ではないのである。追善・供養の宗教的儀礼によって死者の冥福をいのるということは根本仏教の認めないところである。それは、日本のみならず、かつては東洋にも西洋にも広く行なわれた祖霊を祀る習俗が、仏教の通俗的理解を媒介として形成されたものなのである。本来の仏教からいえば、すべての者はみずからのさとりによって仏となるべきものであって、どのように追善供養を営み、その功徳を廻向しようとも、それによって成仏するなどということは、おもいもよらないことである。それはただ、亡き父母をしのぶ孝心を表現する一つの宗教的行事にすぎない。これは余りにもわかりきった道理なのであるが、実際においては追善供養は社会事象としての仏教を成り立たせている最も重要な契機となっているのであり、念仏がひろまるとともに、念仏も亦この追善供養の一つの方法となりつつあった。それは親鸞当時の現実であったのであり、そうして今日における現実でもあるのである。

親鸞は、その純粋な宗教意識から、それを否定したのである。「親鸞は、父母の孝養のためとて、一返にても念仏まうしたることいまださふらはず。」父母のために念仏しないくらいであるから、他のいかなる者のためにも念仏を申す筈はない。親鸞のこのおそるべきことばは、習俗的な仏教の追善供養をきっぱりと否定することによって、仏教の根本的立場を明らかにしているのである。このことばは、或る意味で仏教における当然のことをいっているだけのことである。しかも、それは親鸞にして初めて言いきることのできたことばである。親鸞以前において、また親鸞以後において、これほどはっきりと根本仏教の精神を言いきった仏者があったであろうか。これは常識的な道徳者をおどろかすばかりでなく、伝統にうずもれて根本仏教――「根本仏教」とは「原始仏教」という意味でなく、根本的な仏教、理念としての仏教という意味に用いらるべきである。――を忘れた仏教者を戦慄させることばである。

親鸞が「浄土真宗」又は「真宗」といったのは、伝承の上からは、法然から伝えられた専修念仏の教えであったが、特に「真宗」ということを強調したのは、あくまでも真実の教、真実の行、真実の信、そして真実の証を明らかにしようとした親鸞として、これこそは真実の仏教であるとの意識から出ているのである。「真宗」とは、真実の仏教、真実の宗教ということであった。親鸞が七百年前においていかに伝統に囚われず、経典に対してさえも自由な批判選択を敢てしつつ、ひたむきに宗教的真実を求め、大胆にそれを表現したことは、まことに驚歎のほかはないのである。七百年前における日本の社会を背景とし、当時の教学を資料としたという歴史的制約は免れないのであるが、——それは、たとえば釈迦牟尼仏の仏教とてもおなじことである。——その宗教的真実性は今日もなお妥当する。親鸞の浄土真宗は永遠の宗教的真実を教えるとともに、まさに最も現代的な宗教である。いな現代の宗教そのものであると信ずるのである。私どもはそれをいよいよ現代の宗教として受けとる工夫を必要とするだけである。

「親鸞は、父母の孝養のためとて一返にても念仏まうしたることいまださふらはず。」この一語は、閉された・狭い家族的な道徳、死者の追善供養によって象徴される家族生活の倫理そのものを超えて、開かれた・普遍的な倫理への眼を開かせようとしているとおもう。今日の言語でいうなら社会的・人類的な倫理、いなそれをも超える一切有情の倫理への開眼である。これは今日では何でもないことのように思われるであろうが、七百年前の日本としては、まったくおどろくべき事実である。「一切の有情はみなもて世々生々の父母兄弟なり。」といい、「六道・四生のあひだ、いづれの業苦にしづめりとも、神通方便をもて、まづ有縁を度すべきなり。」ということは、ただ仏教一般の慈悲の倫理にすぎないともいえる。だが、念仏を父母の孝養から解き放ったときに、それは新しい実践的意義を帯びてくるのである。

父母の孝養のために念仏を申さないということは、何よりも念仏そのものが純粋になるということである。念仏を自己の功徳としてこれを父母なり、その他の者に廻向するという考え方は、一つの「自力作善」であり「ひとへに他力をたのむこころ」の欠けたものである（第三章）。その慈悲は決して徹底しない。慈悲心そのものが或いは功利的な打算から出ており、或いは憍慢な心から出ている。つまり慈悲心として純粋なものではないからである。純粋の慈悲心はただ真実の念仏そのものにおいてのみあり得る。「念仏まうすのみぞ、すゑとをりたる大慈悲心にてさふらふべき」である（第四章）。真実の念仏は「ひとへに他力をたのむこころ」でなければならない（第三章）。それは父母のためでもなければ妻子のためでもない。世のため人のための念仏でもない。「弥陀の五劫思惟（ごこうしゆい）の願をよくよく案ずれば、ひとへに親鸞一人がためなりけり。」（第十八章）何よりも私一人のための救いでなければならないのである。

この信の立場においては、いまここで不徹底な慈悲行を試みるなどというようなことはできないのである。「わがちからにてはげむ善」には限界がある。主体的・環境的な制約がある。そのことに気づかないで自力作善をほこっている「善人」の何と多いことであろうか。政治家は国家のため国民のために自力作善をしている。けれどもその愛国心は純粋なものだろうか。権勢と利欲とが先に立っていはしないか。教育家はどうであろう。学者はどうであろう。社会事業家、宗教家はどうであろう。その文化への意思はわかる。しかし、それは果して純粋なものであるか、「名聞利養」のためではないか。憍慢な自力作善、しかも人に知られ、人から報いを求めるそれではないか。まだしも田舎の農民、漁民や、市井の商人などの方が露骨に利欲的であるだけ正直であるような感じを受けるのである。

親鸞は宗教者であった。宗教者として真実の仏教を求め、そしてそれを伝えようとしたのである。その願いは仏教による衆生利益であった。そのために念仏を廻向して一切の有情をたすけようという考えにもなったとおもう。しかし、親鸞の鋭い現実批判はそんな甘い考えを許さなかった。「わがちからにてはげむ善にてもさふらはばこそ、念仏を廻向して父母をもたすけさふらはめ。」わが力では父母をたすけることさえできない。なおさら一切の有情をたすけるなど、おもいもよらぬことである。そのようなことを考えるのは憍慢な楽天的自己欺瞞にほかならないであろう。親鸞にとっては、「ただ自力をすてて、いそぎ浄土のさとりをひらきなば」という望みにおいて念仏するほかなかったのである。念仏こそは「すゑとをりたる大慈悲」であるという意味はここにあるのであり、「本願を信ぜんには、他の善も要にあらず、念仏にまさるべき善なきゆへに」、念仏こそは至上の善であるという自覚は、親鸞の徹底した自己批判・他己批判の帰結であったのである。

これは、純粋な宗教的信、親鸞のことばでいえば往相における行・信である。それは「ただ念仏して弥陀にたすけられまひらすべし」という、いとも単純な行・信に帰着するのである。親鸞はみずからこの立場に立ち、そして人にその念仏往生を教えたのである。それは出家と在家とを分たず実践のできる易行の道であった。そうであるからこそ、——親鸞は「僧にあらず俗にあらず」といいながらも一生僧形(そうぎょう)であったが、——在家のあらゆる社会的階層、あらゆる職業にある者が、それを信じそれを行ずることができるのである。それは決して道場に閉じこもって念仏三昧を修するというようなものではなく、市井にあって、職場にあって、ひそかに修する念仏である。すでに法然上人は「現世をすぐべきやうは、念仏の申されんやうにすぐべし。……衣食住の三は、念仏の助業(じょごう)なり。」といって、念仏のためにする在家生活を助業として肯定した。親鸞に至っては、在家のいとなみはもはや「助業」としてではなく、そのままが直接に肯定されるのである。この抄の第十三章に

「うみかわにあみをひき、つりをして世をわたるものも、野やまにししをかり、とりをとりていのちをつぐともがらも、あきなひをもし、田畠をつくりてすぐるひとも、ただおなじことな

り。さるべき業縁のもよほせば、いかなるふるまひもすべしとこそ、聖人はおほせさふらひしか。」

と親鸞のことばが引かれている。あらゆる職業は、けっきょく社会的・個人的な「業縁」によるものである。業縁とは歴史的・社会的な必然を意味する。文化的必然といってもよいとおもう。「業」とは人間の行為、いとなみである。無限の過去から現在に至り、また遠い将来を形成してゆく人間のいとなみは歴史的であり、社会的であり、そして文化的である。それは人間の理想・願望の実現であるが、その裡に恐ろしい矛盾葛藤を含んでいる。人間の歴史は血みどろの戦いの歴史である。「野やまにししをかり、とりをとりていのちをつぐ」ことにも仏教的に罪悪が感じられるであろうが、武士は人を殺して闘わなければならなかったのである。いやそれは鎌倉時代のことではない。第二十世紀の人類は二度まで世界戦争を経験して、しかもさらに第三次世界戦争の危機に直面しているのである。それが人類の「業縁」である。

私どもは、現世に生きている限り、この業縁を免れることはできないであろう。よきにつけ、あしきにつけ業縁の下に生活しているのであり、生活するほかないのである。親鸞聖人は現実の業縁というものを深くみつめた人であった。「ものをあはれみ、かなしみ、はぐくむ」慈悲は、親子の間においてさえこれを徹底することができない。業縁によってできないようになっているのである。親が子を育てるにも功利的な念がまじり、子が親に孝養を尽すといっても、なおさら徹底しないものがある。隣人愛とか人類愛とかいうが、私はどうもそういうものを心から信ずることができない。「己れの如く汝の隣を愛すべし」（マタイ伝）というとき、それは人はまず己れ自らを愛するものであることを前提としているのであろうが、人は果して己れの如く隣人を愛することができるかどうかを疑わなければならない。理想としてこれを肯定することはできても、それを文字通りに実践しようとするとき、偽わることなしに「私は己れの如く隣人を愛する」といいきることのできる人が果してあるであろうか。

近代のヒュマニズム、近代の自由主義・民主主義は近代の市民社会の構造から来たものであるが、キリスト教ことにプロテスタンティズムの精神によって指導されたものである。その意味でキリスト教は近代の倫理に大きな関係をもっている。ところで、そのキリスト教の愛の理想は、親鸞の立場から見れば、一種の聖道門である。キリスト教の愛は「ものをあはれみ、かなしみ、はぐくむ」聖道の慈悲と大ざっぱにいえば同じものといってよいであろう。前者は後者の深さに及ばないとおもうが、それはしばらく措き、聖道門の慈悲が徹底されないということは、けっきょく理想又は観念に囚われて現実の「業縁」というものを十分に認識していないということである。いいかえると、歴史的・社会的な関係にうといということである。歴史的・社会的な業縁を最後までつきつめてゆくと、「念仏まうすのみぞ、すゑとをりたる大慈悲心にてさふらふべき」（第四章）になり、「ただ自力をすてて、いそぎ浄土のさとりをひらきなば、六道・四生のあひだ、いづれの業苦にしづめりとも、神通方便をもて、まづ有縁を度すべきなり」という往相・還相の廻向による以外に道はないということになるのである。

それは現実の生活における律法的なものからの解放を意味する。愛は本来自然のものであるべき筈である。「愛すべし」とか「愛さなければならない」というところに、すでに真実の愛が装われた愛に転落する虞(おそれ)があるのである。「愛は律法(おきて)の完全(まったき)なり」（ローマ書）というが、それは現実にはあり得ないことである。ただ彼岸の浄土においてのみあり得ることである。だから親鸞は、「ただ念仏まうすのみぞ、すゑとをりたる大慈悲心にてさふらふべき。」（第四章）といったのである。この律法からの完全な解放なしにはほんとうの救いというものはあり得ないとおもう。

第六章　親鸞は弟子一人ももたずさふらふ

一、専修念仏（せんじゅねんぶつ）のともがらの、わが弟子（でし）・ひとの弟子といふ相論（そうろん）のさふらふらんこと、もてのほかの子細（しさい）なり。親鸞は弟子一人ももたずさふらふ。そのゆへは、わがはからひにて、ひとに念仏をまうさせさふらはばこそ、弟子にてもさふらはめ。ひとへに弥陀の御もよほしにあづかりて念仏まうしさふらふひとを、わが弟子とまうすこと、きはめたる荒涼（こうりょう）のことなり。つくべき縁（えん）あればともなひ、はなるべき縁あればはなるることのあるをも、師をそむきて、ひとにつれて念仏すれば、往生すべからざるものなりなんどいふこと、不可説（ふかせつ）なり。如来（にょらい）よりたまはりたる信心を、わがものがほにとりかへさんとまうすにや。かへすがへすもあるべからざることなり。自然（じねん）のことはりにあひかなはば、仏恩をもしり、また師の恩をもしるべきなりと、云々。

一

この章は「親鸞は弟子一人ももたずさふらふ」という、これも亦おもいきった言い方で、真宗の倫理、真実の宗教としての浄土真宗における師弟のあり方を教えていると同時に、真宗における念仏が、「如来よりたまはりたる信心」、すなわち他力廻向の信に出ずるものであり、他力真実の信の表現であることを明らかにしている。いいかえると、この章には二つの意味が含まれている。その一つは、念仏を行ずる者の間における倫理であり、他の一つは念仏の内面的論理としての他力の信である。

念仏者の倫理としては、すでに第四章において「念仏まうすのみぞ、すゑとをりたる大慈悲心にてさふらふべき。」念仏こそは唯一の慈悲行であるとし、第五章において「親鸞は、父母の孝養のためとて、一返にても念仏まうしたることいまださふらはず。」念仏は父母の孝養のためにすらするものではない。「ただ自力をすてて、いそぎ浄土のさとりをひらく」ためのものである、と念仏の一行にすべてをまかせきっている。この章はそれに続いて「親鸞は弟子一人ももたずさふらふ」と宗教的な師弟の道をさえ否定するかのごとくである。一切を念仏に集中してゆく実践的態度、ほんとうの「専修念仏」である。中途半ぱな世間の人倫・道徳に囚（とら）われ、しかもそれを自力の行として実践しようとするところに、却って我執がつのり、憍慢の心がおこる。一切を本願の念仏にまかせきることによって、おのずから正しい現実生活の実践に導かれるのだ、というのがその根本思想であるとおもう。

しかし、その念仏は、ただ口に「南無阿弥陀仏」と唱える念仏ではない。「如来よりたまはりたる信心」の念仏、如来の本願によって廻向された信心から出る念仏でなければならない。つまり、根本は如来の本願であり、そこから来る信心である。その信心が念仏の行として現われる。念仏とは、他力の信を表白する念仏でなければならない。というのが、この章に含まれた念仏の内面的論理である。慈悲も、孝養も、師弟の道も要ではないと、片っ端から世間の人倫を否定して行くかの如くであるが、しかし他力の信がある限り、真実信の念仏がある限り、人倫以上の仏道が成ぜられ、それ故に人倫の道徳もおのずから成就されるのである。「自然のことはりにあひかなはば、仏恩をもしり、師の恩をもしるべきなり。」そのとき、父母の恩も衆生の恩もしられることはもちろんであろう。かようにして、念仏の一行がやがて一切の倫理を完成することになる。本願→信心→念仏→人倫というのが、この章によって示唆される念仏の内面的論理構造である。

つまり、行としての念仏から信としての念仏へというのが、この章の眼目である。念仏から信心へといってもよいとおもう。それは「ただ信心を要とすとしるべし」という第一章に相応するものである。しかし、信心といっても、それは念仏を離れた信心ではない。「弥陀の誓願不思議にたすけられまいらせて、往生をばとぐるなりと信じて、念仏まうさんとおもひたつこころ」である。

念仏ということは、仏を念ずることである。その根源的な意味は、仏を憶念することであるとおもう。憶念の念仏は原始仏教徒の間に行なわれた（雑阿含三三）。それからして、冥想的に仏の相好を観念する念仏が行なわれ、さらに仏の名をとなえることによって仏の功徳を讃歎することが念仏といわれるようになったのである。その際シナ語の「念」が心におもい又は観念するという意味と、口にとなえるという意味とをもっていることが――音読することも念である。たとえば「念書」――観念の念仏と称名の念仏とを一体化する契機となったとおもわれる。しかし、称名の意味の念仏もシナで始まったものではない。仏陀在世の当時信者たちはすでに「南無仏」といい、「南無如来・応供・正遍智者」などと称えたことが阿含経の中に見えているのである（雑阿含四二）。

念仏は、後に在家の仏教である大乗仏教において「南無阿弥陀仏」、すなわち歴史上の仏陀を超える永遠の仏陀、無量寿仏を憶念し、観念し、称名する念仏行として発展した。釈迦牟尼仏の滅後における仏弟子の修行の方法として発展したのである。それが浄土門である。浄土門はすなわち念仏門である。

浄土門の念仏も、その重点のおきどころに種々の差異がある。はじめは永遠の仏陀としての阿弥陀仏を憶念するのが念仏であったとおもわれるが、後に静座して遙かに西方浄土における阿弥陀仏の不思議な相好を心に描く観相の念仏（観仏、見仏）が行なわれるようになった。観無量寿経から唐朝善導大師の観念法門に至るまで、そういう観仏の修行を説いているのである。しかし、シナにおいて哲学的な天台の教学が発達すると、そうした色相を離れて、仏陀の法身、色も形もないさとりの境地を思念する理観の念仏というものが行なわれ、それが日本にも伝わった。それらはいずれもむずかしい修行や学問を必要とするものなので、一般には容易に行なわれないものである。そこでそれらの観相や理観とともに、口に「南無阿弥陀仏」ととなえる称名念仏が流行して来た。これこそは易行の念仏である。善導は観相の念仏と称名念仏とを併せ修したのであるが、しかし、行住坐臥に専ら弥陀の名号を唱える口称の念仏こそは浄土往生の正定業であるとしたのであった（観経疏・散善義）。

この善導の教えは日本にきて大きく発展した。すでに源信僧都が「往生の業は、念仏を本となす。」としたのであったが（往生要集・中）、法然上人によって専修念仏の宗義が一世にひろめられたのである。その念仏とはすなわち口称の念仏である。

「もろこしわが朝に、もろもろの智者たちの沙汰し申さるる、観念の念にもあらず。又学問をして念の心をさとりて申す念仏にもあらず。ただ往生極楽のためには、南無阿弥陀仏と申して、うたがひなく往生するぞとおもひとりて、申すほかには別の子細候はず。ただし三心・四修など申す事の候は、みな決定して、南無阿弥陀仏にて往生するぞと思ふうちにこもり候なり。」（一枚起請文）

この法然の専修念仏義を伝えて、しかもこれを日課何万遍というような修行の形式からも解放し、真に行住坐臥の念仏とすると同時に、それを他力廻向の信心によって裏づけたのが親鸞である。法然は大らかに「念・声これ一つなり。」と説いたが（選択集三）、親鸞は「真実の信心は必ず名号を具す。名号は必ずしも願力の信心を具せざるなり。」と鋭い批判を行なうことによって、信心こそは本願によって廻向される「涅槃の真因」であるとしたのである（教行信証・信巻）。

おもうに、念仏は内心における信心の外に現われたもの、信心の直接の表現である。信心が意業であるなら、念仏は口業である。宗教的に意味のあるのは何よりも心の裡におこる信、信心でなければならない。信心のない念仏は無意味である。真実の信心に裏づけられた念仏こそは、意味ある、ほんとうの念仏である。親鸞はそういうほんとうの念仏、生きた念仏を教えたのである。親鸞の念仏は、道場において念仏三昧を修するというようなものではなく、またもちろん観仏三昧でもなく、むしろ行住坐臥において仏の本願のかたじけなさを憶念しつつ静かに仏の名をよぶ念仏であった。それは或る意味で原始仏教時代の単純な念仏に近いもの、或いは全くおなじものであるといってもよい。そのありさまは、

「弥陀の名号となへつつ、信心まことにうるひとは、憶念の心つねにして、仏恩報ずるおもひあり。」(浄土和讃)

という晩年の和讃によく現われている。「憶念といふは、信心まことなるひとは、本願をつねにおもひいづるこころのたえずつねなるなり。」(唯信鈔文意) 現実生活の悩みのうちに、本願をおもい、仏恩を報ずるおもいで念仏するのである。念仏と信心と一応区別されるが、実際には一つものである。

「信の一念・行の一念、ふたつなれども、信をはなれたる行もなし、行の一念をはなれたる信の一念もなし。」(末燈鈔一一)

かように信の一念と行の一念と二にして一なるところに真実の行・信が成り立つものとされるのである。行・信一如の念仏である。

ところで、信心なくして念仏をとなえることが、あだなる念仏であることは現代ではあまり問

題にならないとおもうが、信心があれば念仏をとなえる必要はないではないか、という疑問がおこる。史学者として仏教、ことに親鸞に深い関心をよせて研究している家永三郎博士などがこの疑問を展開されている（中世仏教思想史研究）。まことに現代人の懐く疑問であろう。しかし、これは主体的に信を決定することなくして、宗教をも一つの科学的対象として認識するに止まるところから来る疑問である。ほんとうの信決定というには、親鸞なら親鸞の体験そのものに合一しなければならない。私どももはやはり「念仏をとりて信じたてまつらんとも、またすてんとも、面々の御はからひなり」という決断を迫られているのである。

二

この章において親鸞は東国における弟子たちの行動を批判している。それは倫理的な教誡であるといえよう。しかし、その倫理的教誡のあいだに親鸞晩年の心境を語っている。親鸞はついに一人の弟子をももたぬという孤独感と、その孤独感の上にいよいよ本願念仏の信に生きる他力の信そのものを告白しているのである。

「専修念仏のともがらの、わが弟子・ひとの弟子といふ相論のさふらふらんこと、もてのほかの子細なり。」これは親鸞の弟子たちの間において弟子あらそい、弟子の奪いあいのあることを厳しく戒めたことばである。「専修念仏のともがら」とは、広くは法然の門流をいうのであるが、ここではむしろ親鸞その人の弟子たちという意味であろう。親鸞が関東を去った後、高田の真仏、横曽根の性信をはじめ、そこここに弟子たちがあって、それぞれ弟子・信者たちを率いていたのである。それが関東における教団であった。それらの人々は、京にいる親鸞を「聖人」と仰ぎつつ、しかもそれぞれの地において念仏を教えていたのである。かような教団の構成は、釈尊在世における原始仏教教団に似た僧伽的性格をもっていたと考えられる。ただし、それは出家の僧伽ではなく、在家の僧伽であった点にその特色がある。後世の真宗教団も、この原始真宗教団の発展したものにほかならないのである。

ところで、その弟子たちの間に、「わが弟子・ひとの弟子という相論」があったらしいのである。つまり弟子の奪いあいである。教団ができ、師と弟子という関係が成り立てば、そこに教団意識ができ、各々の教団が自己の精神的・物質的な力の拡大を望むようになるのは、人間の世界として必然なこととともいわれよう。仏陀釈尊の滅後、原始教団が部派仏教に分裂して行ったこともここから理解される。いわんやこれは厳しい戒律のない在家の教団である。在家といっても真仏、性信をはじめ何々房といわれる弟子たち――それは少なくとも五十人以上はあった。――は僧形であり、他の一般信者を指導し、信者の布施によって生活していたのであるから、自然物質的な利欲もからんでくるのは当然である。歎異抄の作者が「仏法のかたに施入物の多少にしたがひて、大小仏になるべしといふこと、この条、不可説なり、不可説なり。」（第十八章）と歎いているのも、この消息を明らかにしている。

親鸞聖人は、かように関東において弟子たちが各自弟子の奪いあいをする様子を聞き知って、それは「もてのほかの子細なり」と憤ったのである。親鸞の性格はきびしさをもっている。親鸞は決して甘い人間ではなかった。第二章において、柄にもない学問的詮索をする弟子たちのあやまりを指摘し、「親鸞にをきては、ただ念仏して弥陀にたすけられまひらすべしと、よきひとのおほせをかふりて、信ずるほかに別の子細なきなり。」といい、「このうへは、念仏をとりて信じたてまつらんとも、またすてんとも、面々の御はからひなり。」と突きはなしたあの態度は、ここにも現われている。「あれはわしの弟子だ、これはひとの弟子だ」といって分けへだてをし、「わしの弟子である筈なのに、他人のところについている」などというのは、宗教の上で我を張ることであり、さらには物質的な欲をつのらせることである。それはもってのほかのことだ、「親鸞は弟子一人ももたずさふらふ。」この親鸞には弟子というものは一人もないのだ、という。何とも胸にこたえることばである。これはただのことばではない。親鸞のたましいの中からほとばしり出た珠玉のことばである。

親鸞は、ここでいたずらに弟子たちを叱りつけているのではない。また、もちろん、師と弟子との人倫を否定しているのでもない。よくこの親鸞のことばを引いて、親鸞は御同朋御同行（おんどうぼうおんどうぎょう）主義であったなどという人があるのだが、それは親鸞をほんとうに理解せず、しかも自己がいかなるものであるかについて十分反省しない安易な考え方に堕するものである。「親鸞は弟子一人ももたずさふらふ」といったとき、それは現に弟子をもっている事実を否定するのではない。そして師・弟子の人倫においてその間に実践的な道のあるべきことも当然である。ただ親鸞の心境において、弟子たちのあさましい弟子あらそいを見るにつけ、自らを深く反省して、親鸞には弟子などというものは一人もないのだという真情をここに吐露したものとおもわれる。親鸞のことばはいつも偽わらない体験の真実を、しかも深い思惟的反省のもとに語っているのである。

親鸞としては、弟子たちをやはり弟子として遇していたのである。親鸞の書簡がそれを証明している。しかし、その弟子たちの間に「わが弟子・ひとの弟子といふ相論」のあることを聞かされたときに、親鸞は淋しいおもいをしたに相違ない。何よりもその弟子たちのあさましさである。「如来よりたまはりたる信心を、わがものがほにとりかへさんと」する弟子たちのあさましさである。どうして他力廻向の信心をほんとうに領解してくれないのだろうかという淋しさである。私は「親鸞は弟子一人ももたずさふらふ」ということばの裡に、親鸞のいいようのない淋しさ、孤独感のにじみ出ていることを感受せずにはいられない。そうだ、孤独感である。精神的に親兄弟より親しい信仰上の師・弟子の間においてさえも、ほんとうの理解というものはありがたい。そういう意味で、親鸞はその精神的な孤独を訴えているように感ぜられる。私は世間の法を講ずる法学者であるが、その世間の法学においてさえ自分の学説をほんとうに理解してくれる弟子は少ない。というのが私自身の偽わらない歎きなのである。

しかし、その孤独感はさらに自己の反省に移ってゆく。それなら、自分はどれほどの学問、どれほどの修行を身につけているというのか。自分が教えている専修念仏の教義にどれほどの独創性があるというのか。それは法然上人の教えではないか。自力の念仏をしりぞけて、ただ信心を要とする他力廻向の念仏をすすめているが、それも聖覚法印や隆寛律師に示唆されてのことではないか。そうおもうとき、日常やはり弟子をもっているとおもっている自分がいよいよ淋しく反省される。つまり、相対的な師・弟子というものはあっても、ほんとうの意味の師・弟子というものはもはやこの世のものではないのだ。われもひとも、ひとしく如来の弟子である。みずから弟子をもっているとおもっていたことは誤りであった。親鸞など、弟子一人ももってはいない、というような思惟的反省が行なわれたものではないであろうか。

三

そこから「そのゆへは、わがはからひにて、ひとに念仏をまうさせさふらはばこそ、弟子にてもさふらはめ。ひとへに弥陀の御もよほしにあづかりて念仏まうしさふらふひとを、わが弟子とまうすこと、きはめたる荒凉のことなり。」ということばがでてきたのだとおもう。ここでなぜ「親鸞は弟子一人ももたずさふらふ。」というのか、そのわけを語っているのであるが、それは他力廻向の真実信とその表白としての念仏なのである。「わがはからひにて」、すなわち自分の量見で念仏をすすめているのであったら、弟子とよぶこともできよう。しかし、念仏というものはまったく弥陀の御もよおしによってとなえられるものなのである。念仏を教える者も教えられる者も、「ひとへに弥陀の御もよほしにあづかりて」念仏しているのである。それを「わが弟子」などということは、「きはめたる荒凉のこと」、何ともあさましいことである、というのである。親鸞にとっては念仏を申すことも申させることも、すべて「わがはからひ」ではなかった。「ひとへに弥陀の御もよほし」であったのである。いいかえると本願力の廻向、すなわち永遠の仏陀、阿弥陀仏の根本意思によって私どもにふりむけられ、与えられた念仏である。私の念仏であって、実は私の申す念仏ではないのである。第八章に「念仏は行者のために非行(ひぎょう)・非善(ひぜん)なり」とあるが、まったく念仏するということはわが行でも、わが善でもなく、彼方より賜わった行であり、恵まれた善である。人にすすめて念仏を申させることもわが力ではない。われも人もみな「弥陀の御もよほし」によって念仏しているのである。念仏者はすべて如来のお弟子である。まことの信は一人一人が如来に直結するのである。それなのに、あれは「わが弟子」これは「ひとの弟子」とわけへだてをすることは、何とあさましいことではないであろうか。

「つくべき縁あればともなひ、はなるべき縁あればはなるることのあるをも、師をそむきて、ひとにつれて念仏すれば、往生すべからざるものなりなんどいふこと、不可説なり。」と親鸞はいうのである。この一段は、私が青年の頃何ともいえない深い感動をもって心に刻んだことばであった。人と人とが結ばれることは、「縁」である。また人と人と離れるということも「縁」である。縁とは眼に見えない関係の網である。人と人とは眼に見えない——というのは容易に量り知ることのできないということである。——関係の網、縁によって或いは結ばれ、或いはひき離されるのである。愛する者からは離れたくない、しかし縁であれば離れてゆくのである。その悲しみを愛別離苦となづける。憎む者とは遇いたくない、遠ざかりたい、しかし縁であればあたかもその憎む者と結びつかなければならない。その苦しみを怨憎会苦という。これは師・弟子という関係だけではない。すべての人倫に通ずることである。私どもはその縁を見とおすことができないので、悲しみ苦しみ悩むのである。そういう場合に「つくべき縁あればともなひ、はなるべき縁あればはなるることのあるをも」という親鸞のことばは、いつも私に人生の深さを教えてくれる。人間苦というものがしみじみと味われるのである。

ところで、親鸞はこの場合、弟子たちの中に、そういう「縁」というもののあることをおもわないで「師をそむきて、ひとにつれて念仏すれば、往生すべからざるものなり」などという者があったらしい。それに対して「不可説なり。」そんなまちがったことをいってはならない、と戒めているのである。

「専修念仏のともがら」として多くの人に念仏を伝えること、これは大きな因縁である。世間普通のことで師となり、弟子となることも縁であるが、宗教的な絶対の道を伝えることはまことに不可思議の縁といわなければならない。それは「ひとへに弥陀の御もよほし」である。阿弥陀仏の本願によって廻向される信、「如来よりたまはりたる信心」なのである。この信に徹するなら、「わが弟子・ひとの弟子といふ相論」などはおこるべき筈がないのである。そうした争いのおこるのは、けっきょく他力の信がほんとうに徹しないからであろう、「如来よりたまはりたる信心を、わがものがほにとりかへさんとまうすにや。かへすがへすもあるべからざることなり。」苟くも他力を信ずるなら、そんな争いはできない筈なのに、専修念仏のともがら、念仏の行者の間において現にその争いがある。それは他力の信を「わがものがほに」、自分のものとして奪いかえそうというのでもあろうか。そんなことはできるものではない。「かへすがへすもあるべからざることなり。」という表現は、「そんなことをしてはならない」という制止の意味と「そんなことはできるものでない」という不可能の意味とがあるようである。そしてその蔭に親鸞の深い歎息を読みとることができるようにおもうのである。

親鸞のことば、ことに歎異抄に現われた親鸞のことばには厳しいものがあるのであるが、その厳しさの蔭に人間の宿業に対するおもいやり、人情があふれている。「このうへは、念仏をとりて信じたてまつらんとも、またすてんとも、面々の御はからひなり」（第二章）と突きはなしたことばの中にも、その人々の惑いに同情し、どうかそのように迷わないで念仏を信じてくれ、結局は念仏をとりて信ずるほかはないのに、という祈りのようなこころが読みとられる。

この章でも、親鸞のことばはまことに厳しい。「もてのほかの子細なり」、「きはめたる荒凉のことなり」、「不可説なり」、「かへすがへすもあるべからざることなり」などと厳しいことばの連続である。あきらかに弟子たちを叱りつけているのである。そこには烈々たる倫理実践の意識が燃えている。みずから「親鸞は弟子一人ももたずさふらふ」と反省するだけでなく、弟子たちにもその反省を要求しているのである。しかし、それにもかかわらず、そのことばの蔭にそういう弟子たちに対する同情がある。せっかく念仏を教えていた弟子が他人の許に走ったら、腹も立つであろう。あわれみがある。どうして他力ということがわからないのだろうか。叱りつけながらも弟子たちの誤った態度をあわれみ、「わがはからひ」をすてて「如来よりたまはりたる信心」において一つになれるようにと切に願うのである。しかもその願いは容易に達せられない。そこからその宿業に対する悲歎と慚愧（ざんき）とが生ずるのである。

親鸞は師・弟子の関係に限らず、すべて人倫における道徳を否定したり、無視したりしたのではなく、むしろ最大限に慈悲を行じたい望みに燃えていた。東国において二十年の間庶民と生活を共にした親鸞は庶民の苦しみをよく知っていた。しかし、それは聖道門的に「ものをあはれみ、かなしみ、はぐくむ」ことによって救われる苦しみではなかったのである。戦乱による荒廃、天災、饑饉、不法のばっこなど、とても少々の慈悲行によって解決さるべくもないものであった。せめて浄土三部経を千部読むことによって庶民に廻向しようとさえしたが、それも無益なことであるとしてやめた親鸞であった。けっきょく如来の本願を信じて念仏する以外に救いはない、という絶対他力の信に生きたのである。

「小慈小悲もなき身にて、有情（うじょう）利益（りやく）はおもふまじ、如来（にょらい）の願船（がんせん）いまさずば、苦海をいかでかわたるべき。」（愚禿悲歎述懐）

というのが親鸞の信であった。この徹底した他力の信においては、ただ念仏するほかに道はないのである。念仏しつつ業縁のままに生きるということである。念仏しつつ生きるということは、すべての者が如来と一対一の関係において生きるということである。親鸞は「ただ念仏して弥陀にたすけられまひらすべし」と「よき人のおほせをかふりて信ずるほかに別の子細なきなり。」と専修念仏の一道を信じ、それを人に教えたのである。そして、そのことにおいて師法然を「本師」としてあがめたたえている（高僧和讃）。親鸞は実は法然の教義をさらに徹底し深化している。そしてそれを多くの弟子たちに伝えたのである。しかも、そのことにおいて誇りをもつどころか、非僧非俗といいながらも終生僧形であり、法然上人の門流として人に念仏を教えつつ弟子・信者たちから布施をうけて生活することに慚愧を感じたのである。

「よしあしの文字をもしらぬひとはみな、まことのこころなりけるを、善悪の字しりがほは、おほそらごとのかたちなり。」

「是非しらず、邪正もわかぬこのみなり、小慈小悲もなけれども、名利に人師をこのむなり。」

（愚禿悲歎述懐断片）

これは、教えられている無学な弟子・信者たちが却って真実の心をもっているのに、教える自分が小慈悲もなく、名利・名聞・利養のために「人師」となっていることを慚愧する意味である。このような深刻な自己批判の上に「親鸞は弟子一人ももたずさふらふ」ということばがあるのである。

この自己批判は、親鸞の行為的実践そのものに現われている。口伝鈔（六）に「弟子同行をあらそひ、本尊聖教をうばひとること、しかるべからざるよしのこと」という一章がある。そこに記されているところによると、常陸の国新堤の信楽房が法文の解釈について聖人の仰せに従わず、聖人の門をはなれて本国に下向するということがあった。そのとき蓮位房というお弟子が、かねて聖人から信楽房にさずけられていた本尊や聖教をめしかえされてはいかがでしょうかと聖人にお伺いしたのであった。そのとき聖人は「本尊聖教をとりかへすことは、はなはだしかるべからざることなり。そのゆへは親鸞は弟子一人ももたず、なにごとをしへて弟子といふべきぞや。みな如来の御弟子なれば、みなともに同行なり。」と仰せられて蓮位房の申出をしりぞけられたというのである。当時念仏者の中にそういう風習があったのに対して、親鸞聖人は「如来よりたまはりたる信心」という意識のもとにこれを否定されたのである。聖人の謙虚な、しかもあくまで道理によって判断し、行動する態度がうかがわれるのである。

四

親鸞はかように厳しい自己批判とその実践とをもっていた。それだけに弟子たちに対しても厳しかった。決して甘い態度ではなかったことが理解されるであろう。弟子たちに対してだけでなく、およそ人生に対して甘い見方はしていない。教行信証の後序における「主上・臣下、法に背き義に違し」という批判、正像末和讃における末法のなげき、愚禿悲歎述懐におけるかなしみは、すべてその厳しいエトスの現われである。歎異抄の作者はどうもこの親鸞のエトスを十分に受けとることができなかったようである。唯円房の解説した第十三章、第十六章などは、親鸞のひきしまった倫理観からはかなりの距離があるとおもう。この章の「もてのほかの子細なり」以下、たたみかけたはげしいことばも、親鸞の自己・他己に対する厳しい批判からくる憤りであり、また歎息でもあるのである。

とはいえ、親鸞は決して絶望はしなかった。「自然のことはりにあひかなはば、仏恩をもしり、また師の恩をもしるべきなり。」というのである。「自然のことはり」とは「他力」ということである。相対的な人倫の道徳、世間の倫理には常に矛盾がある。弟子として師に背くことはよろしくない。しかし、それだからといって、「わが弟子」という観念にとらわれて、背き去る弟子をあしざまにいうことは「きはめたる荒涼のこと」である。苟くも他力の信を教えている念仏者として、「かへすがへすもあるべからざること」である。とはいえ、それを倫理的に咎めるだけでは問題は解決しないのである。そこには免れがたい人間的な宿業がある。では、私どもはどうしてもその宿業を超えることができないのであろうか。それは自力、「わがちからにてはげむ善」ではできない（第五章）。他力によって、本願力のゆえにできるのである。道徳的な義務とか責任とかを超える「如来の御はからひ」（第十一章）によって念仏を申すところに、おのずから仏恩をしり、また師の恩をしるようになる。また父母の恩をも、衆生の恩をもしるようになるであろう。それを「自然のことはり」というのである。

かくて念仏者は自己の宿業に躓きながら、いかに反省しても、またいかに努力しても自己の力によって脱することのできない宿業――それをことごとく意識したり、廻心懺悔したりすることさえできない宿業――を歎きながら、しかも念仏によってその宿業を超える「無碍の一道」を歩むことができるのである（第七章）。それが「自然のことはり」である。私どもが念仏によって救われるということは、単に未来の往生が定まるというだけではない。現生において「正定聚」、すなわち浄土のさとりに到ることの確かな者となり、「不退転」、すなわちさとりへの道においてもはや退転することのない者となることである。親鸞はこれを「等正覚」とまでいうのである

（正像末和讃二三）。

ここで「自然のことはり」ということについて、もすこし話してみたい。親鸞は晩年に「自然」とか「自然法爾」ということをしばしばいっている。これらの語はもちろん親鸞が初めて用いたものではない。同じ時代の文献、たとえば僧慈円の『愚管鈔』などにも見えている。それは概ね天然自然、すなわち運命的な必然の意味に用いられているようであるが、親鸞はそれに独得の宗教的・主体的な意味を与えているのである。（インドにおける「自然外道」というものも、運命的必然の意味における自然の意味を強調するものであったようである。）自然法爾章の中につぎのようにいっている。

「自然といふは、もとよりしからしむるといふことばなり。弥陀仏の御ちかひの、もとより行者のはからひにあらずして、南無阿弥陀仏とたのませたまひて、むかへんとはからはせたまひたるによりて、行者のよからんともあしからんともおもはぬを、自然とはまふすぞとききてさふらふ。」

これと同じ意味のことばが末燈鈔(五)にもある。凡夫のはからいを超えた阿弥陀仏の本願、そのちかいのままになることが自然である。それはけっきょく他力ということだとおもう。行者の一切のはからいを容れないということであり、行者において善とか悪とかおもわないのが自然だというのである。この自然はもはや宿命的自然ではなく、主体的な自然であり、経験科学的自然ではなくして実存的・主体的な自然である。宿業に即して自由自在である。それは形而上的であるが、しかも単に無為自然というような概念ではなく、本願他力の自然として人間的・体験的に観念されていることを注意しなければならない。このことについてはなお後において述べる機会があるとおもうが、ここで大事なことは本願他力を信ずる者が、自然のことわりによって、おのずから道徳的な生活ができるということである。

念仏を行ずる者は、その信の故に往生が決定されるのであるが、それは単に未来のことではなく、現在の生活において、事毎に善悪を詮議立てしなくても、おのずから倫理にかない、道徳を実践することができるようになる。「自然のことはりにあひかなはば、仏恩をもしり、また師の恩をもしるべきなり」とあるように、信仰はおのずから道徳を創造してゆくのである。歎異抄の作者は、この点について、

「信心さだまりなば、往生は弥陀にはからはれまいらせてすることなれば、わがはからひなるべからず。わろからんにつけても、いよいよ願力をあをぎまいらせば、自然のことはりにて、柔和忍辱のこころもいでくべし。」（第十六章）

といっている。本願力の自然はおのずから信者の行動に現われてくるのである。

しかし、このことは一挙に私どもが私どもの宿業を乗り超えるということではない。私どもの無明と煩悩とは本願を信じてもなお直ちにそれからのがれられるようなものではない。それ故にまた、この生のあらん限り、私どもは道徳的な内省と自己批判とを必要とするのである。本願力の自然とは、無明煩悩、すなわち本能の自然をそのまま是認することではない。この点について、親鸞聖人は自己批判の厳しいだけ、その弟子たちに対しても厳しい態度をとられたわけであろう。末燈鈔（一九）に、

「煩悩具足の身なればとて、こころにまかせて、身にもすまじきことをもゆるし、くちにもいふまじきことをもゆるし、こころにもおもふまじきことをもゆるして、いかにもこころのままにてあるべしと、まふしあふてさふらふらんこそ、かへすがへす不便（ふびん）におぼえさふらへ。ゑひもさめぬさきになを酒をすすめ、毒もきえやらぬにいよいよ毒をすすめんがごとし。くすりあり毒をこのめとさふらふらんことは、あるべくもさふらはずとこそおぼえさふらふ。」

かような厳しさも、親鸞においては決して形式的な戒律主義の厳しさではない。時に臨み、機に応じての教誡である。形式的な戒律主義、律法主義は偽善におちいるものである。親鸞はそれをおそれて、徹底的な無戒律を標榜したのである。みずから「無戒名字の比丘」と称し、「外に賢善精進（けんぜんしょうじん）の相を現ずることを得ざれ、内心に虚偽（こけ）を懐けばなり。」（愚禿鈔）と、戒律なき生活を主

張したのである。戒律的・律法的な当為をすてたところに「自然のことはり」による倫理の実践があるのである。

この点で、親鸞の「自然（じねん）」は近代のいわゆる自然（しぜん）主義とは異っている。近代の自然主義はもと自然科学的な「自然（しぜん）」の意味を人生において見ようとするものである。その「自然」は感覚的な経験（実証）の対象たる世界、ことに物理的世界、いわゆる自然法則の支配する世界をいうのである。その自然必然的な法則を認識するのが自然科学であり、生物の世界をもできる限り自然必然的に見る。さらに人間の世界をも同じ方法で見るところに社会科学――一種の自然科学としての――が成り立つわけである。そういう意味の自然科学的世界像を人間生活に移して、本能・衝動のままに動く人間を見ようとするのが近代の自然主義である。そういう意味の自然主義は第十九世紀の思想で、もはや現代の思想ではない。今日でもなおそうした自然主義的な考え方も残っているが、それは親鸞の思想とは全く異ったものであることは、多く説明を要しないとおもう。

ただ歎異抄の作者がみずからの思想を叙している第十三章あたりで宿業を力説している文章は自然主義的決定論のように誤解される惧れがないでもないであろう。事実、明治時代に多かれ少なかれそうした誤解があったのである。第十三章で作者は「本願ぼこり」の非難を反駁しているのであるが、前にも触れたように、この作者は親鸞聖人の自覚的なエトスに触れることなく、た

だ宿業だけを強調し、それ故に本願をも客体的にのみ見ている嫌いがある。それが誤解をひきおこすのである。そこに引かれた

「卯毛羊毛のさきにいるちりばかりも、つくるつみの宿業にあらずといふことなし。」

「なにごともこころにまかせたることならば、往生のために千人ころせといはんに、すなはちころすべし。しかれども一人にてもかなひぬべき業縁なきによりて害せざるなり。」

ということばは、口伝鈔（四）にも見えており、親鸞のことばであろうとおもう。しかし、親鸞が「宿業」といい「業縁」というときに、それはまさに業（karman）すなわち行為的実践の責任を負う主体的な自覚に立っているのである。「宿業」というのは「宿命」でも「運命」でもないのである。主体的な行為によって自らを形成してきた現実の自己をいうのである。そこに「罪悪深重、煩悩熾盛」ということがいわれるのである。それは意のごとくならざる現実の自己であるが、しかも倫理的実践の主体としての自己である。宿業を超えようとして、しかも超えることのできない自己であるが、しかしそれは如来の本願に遇うことによって浄土のさとりに到るべき当のものなのである。それは自然主義的決定論とはおよそかけ離れたものである。宿業によって決定されつつ、しかも信の一念に絶対のさとり、絶対の自由を保障される自己である。自由への道は開かれている。決定論でありながら、しかも非決定論なのである。

この頃、哲学界では実存主義といわれるものが流行しているようである。それは、人間的存在、いわゆる「実存」の罪悪や醜悪な現実に徹しつつ、しかもそれを超越し、包摂することを認めようとするもので、親鸞の他力廻向の教学と契合するものがあるようにおもわれる（ハイデッガー、ヤスペルス、サルトル）。ただ、親鸞はあくまで「業」論すなわち行為的自己形成の立場に立っている。だからその「罪悪深重、煩悩熾盛」も本来の自由を喪失した姿にすぎず、本願に摂取されるとき「等正覚」にいたり、やがて「無上覚」をさとることによって絶対の自由を得るものとされるのである。業は神のわざではなく、人間そのもののわざである。それ故にそれは自己責任であると同時に、本願の救いも、けっきょく絶対の覚者による自己解放の意義をもつものと解しなければならないのである。親鸞が他力の信をもって「涅槃の真因」としたことはまことに意味ふかきものがある。そこから「自然のことはり」によるエトスとその実践とが生ずるのだとおもう。

第七章　念仏者は無碍の一道なり

一、念仏者は無碍の一道なり。そのいはれいかんとならば、信心の行者には天神・地祇も敬伏し、魔界・外道も障碍することなし。罪悪も業報を感ずることあたはず、諸善もおよぶことなきゆへなりと、云々。

一

前章において念仏が「如来よりたまはりたる信心」によるものであること、すなわち他力廻向の信であり、念仏であることが明らかにされ、そしてその他力廻向によって念仏する者は、「自然のことはり」によって、この世の倫理を完うすることになることが教えられた。この第七章は意味的にそれに連関している。念仏という、いとも簡単な、しかし無量の意味のこもった宗教的行によって、人はおのずから此土から彼岸につづく現実的・理念的な生における自由自在なることを得ることができる、ということを教えている。念仏の一行に集中することによって、私どもの全生命が大きな飛躍をするのである。それは、まったく他力廻向による信の功徳である。

親鸞はあくまで自己の現実を反省し、その内心における苦悩から脱しようとして道を求めたのである。しかし、観念的な天台の教学や山上の形式的な修行はその飢えかわくような出離生死の願い、解脱の望みをかなえてくれなかった。そこで山を下りて、吉水の法然上人に専修念仏の教えを聞き、ついに「凡夫直入の真心を決定した」のであったが(御伝鈔)、その後三十年余りの宗教的思惟と実践とを経て、なお内心の苦悩を脱しきれなかったのである。「悲しきかな愚禿鸞、愛欲の広海に沈没し、名利の大山に迷惑して」と慚愧し(教行信証)、「浄土真宗に帰すれども、真実の心はありがたし」(愚禿悲歎述懐)と悲歎したばかりでなく、かずかずの書簡の中にその偽らない苦悩をさらけ出しているのである。

しかし、それにもかかわらず、否あたかもその故に、親鸞は解脱・涅槃の望みを失わなかった。親鸞が浄土への往生を信じたのは、感能的な快楽のためではなかった。それはまったく生死を出離する、すなわち生死の矛盾を超えて「浄土のさとり」に生きるためであり、そしてやがて還相的に、業苦にしずんでいる有縁の衆生を救うためであったのである（第五章）。阿弥陀仏の本願は、私どもをそのさとりの世界にみちびくために施設されたものであり、本願の念仏によって私どもは正定聚のかずに入り、不退転の位にのぼり、やがて無上涅槃に到ることができるという望みにおちついたのである。念仏は現生においてすでに私どもを不退転ならしめる。それは決して未来のことではない。しかも他力の廻向によって往相と還相とをあわせて恵まれるのである。

私どもが、「煩悩成就の凡夫」であり、「生死罪濁の群萠」（有情）でありながら、しかも往相廻向の心行を得ることによって正定聚であり、やがて大般涅槃をさとる（教行信証・証巻）ということは矛盾のようであるが、念仏を行ずる者はその生活において現実にこれを身に証し、体験するのである。真実の信は直ちに真実の証（さとり）に迫るものなのである。親鸞は特にこの現生における念仏の体験を高くかかげている。

「能く一念喜愛の心を発すれば、煩悩を断ぜずして涅槃を得るなり。」
「惑染の凡夫信心を発せば、生死即ち涅槃なりと証知せしむ。」（正信偈）

というような著しいことばがあるのである。親鸞の謙虚と不抜の確信とは、微妙に交錯している。それはけっきょく本願・念仏という統一的な信の現われである。私どもは煩悩具足の凡夫であり、生死罪濁の群萠であるが、しかし阿弥陀仏、永遠なる仏の本願がある。それは私どものものではないが、本願によって喚びおこされた真実の行・信は、本願によるものであるが故に、一念にしてよく生死即涅槃を体験させるのである。親鸞はこの正定聚・不退転の観念をさらに一歩進めて「等正覚」といい、また「如来と等し」とまでいった。

「如来二種の廻向を、ふかく信ずるひとはみな、等正覚にいたるゆへ、憶念の心はたへぬなり。」（正像末和讃）

これによると親鸞は如来を憶念する心の連続するところに等正覚の証があるとしたのである。「憶念の心」ということばは、親鸞が最も重視したものであって、「憶念は、すなはちこれ真実の一心なり。真実の一心は、すなはちこれ大慶喜心なり。」といっている（教行信証・信巻）。私は親鸞の風格はこの憶念の心ということにあるようにさえおもっている。念仏といっても、日課何万遍というような規定をするのでなく、憶念しつつ念仏し、念仏しつつ日常生活の営みをするのが大乗正定聚の姿であり、それが等正覚であり、如来、すなわち真如を体現する仏にひとしい位にある者でさえあるとするのである。それは私どもの自力でなく、偏えに如来の本願他力であるが故である。だいたい、大乗仏教とは在家を主流とする仏教であって、在家のまま、しかも仏陀の意にかなった生活をすることを建て前とするものである。在家の生活である以上は、煩悩の渦まく生活であるより外はないのである。しかし、煩悩の生活でありながら何ものにも囚われず、人間としてありのままの生き方をするのがその本旨である。煩悩即菩提、生死即涅槃といわれるのがそれである。戒律や概念的な教学に執着する出家のほうが却って仏陀の自由な精神をゆがめているのに対して、革新の意気をもって興ったのが大乗仏教であった。しかし、その大乗仏教もやがて観念的な哲理にこだわったり、戒律的な行儀に堕してしまって、その本来の自由な精神が失われるようになった。わが親鸞の生きかたは、大乗、しかも必ずしも出家を執せず、在家を執せず、出家と在家とあらゆる者を包摂する一大乗である。

「一大乗」ということはわが邦において聖徳太子の説かれたところであるが（法華義疏）、親鸞聖人はその精神を伝えてこれを十分に展開したのである。親鸞はみずからこれを宣言して本願念仏の信を「一乗海」であるといい、また「第一義乗」、「誓願一仏乗」ともいっているのである（教行信証・行巻）。

二

「念仏者は無碍の一道なり。」ということばは、まさにこの誓願一仏乗の立場である。本願他力によって念仏する者のすぐれた精神的歩みを示したものである。本願を信じ、念仏を行ずる者は、そのまま無碍の一道を歩む者である、というのである。無碍とは障りなき、さえぎるもののない坦々たる大道である。念仏者が無碍の一道であるということは、文法的にいささか意味が通らないようにおもわれるので、「念仏者」は、「念仏とは」という意味で「は」は書写の際附加されたものであろうという説もあるが、「念仏は無碍の一道なり」ではかえって弱くなる。「念仏者は無碍の一道なり」というところに実存する念仏者の力強さがよく表現される。念仏者は無碍の一道を歩むものといってもよいし、無碍の一道そのものである、といってもよいとおもう。正定聚であり、等正覚とさえいわれる念仏者の現世における生活は決して消極的なものではなく、まさに露堂々たる歩みである。それは、在家の生活でありながら、如来の本願力の故に在家の生活そのままが仏道そのものの実践となるのである。

「無碍の一道」というのはもと華厳経から出たことばで、曇鸞が浄土論註に引用したのを、親鸞はさらに「他力とは本願力なり」というテーゼの根拠として引用したものである。論註では、菩薩が礼拝・讃歎・作願・観察・廻向という五つの修行（五念門）によって「無上正遍道」（無上のさとり）を成就するということを解釈して、「その道とは無碍道である」といい、華厳経を引用して「無碍とは生死即ちこれ涅槃なりと知ることである」という意味のことが出ている。親鸞は教行信証・行巻において、「他力とは本願力なり」という提言をし、その提言の裏づけとして論註を引用しているのである。おもうに、五念門の修行はけっきょく浄土真実の行としての念仏に集約されるのである。そこから「念仏者は無碍の一道なり」というのであって、それは「生死すなわち涅槃である」という思想に通ずるものである。

何故に念仏者は無碍の一道であり、その生死はすなわち涅槃であるということができるのであろうか。親鸞はその理由をこう説くのである。「そのいはれいかんとならば、信心の行者には天神・地祇も敬伏し、魔界・外道も障礙することなし、罪悪も業報を感ずることあたはず、諸善もおよぶことなきゆへなりと、云々。」

私どもはここでまず「信心の行者」といっていることに注意しなければならない。念仏といっても、念仏を自力の行とする念仏者では、未だ無碍の一道を歩む者とはならない。ここで念仏者とは、「信心の行者」でなければならない。「行者」とは念仏を行ずる者をいうのであるが、それは「信心の行者」、如来の本願を信じて、念仏を行ずる者をいうのである。自力で念仏を行ずる者は無碍の一道を歩むことはできない。生死即涅槃ということはもと聖道門的な思想であるが、自力の修行では観念的にそういえても、現実的にそれを実証することはできないであろう。しかるに他力を信じて念仏する念仏者、信心の行者は、本願力の故にかえって「生死即ち涅槃であると証知し」、「煩悩を断ぜずして涅槃を得る」道を歩むのである（正信偈）。

さて「そのいわれ」について親鸞は二つのことを述べている。その一は「天神・地祇も敬伏し、魔界・外道も障礙することなし」ということであり、その二は、「罪悪も業報を感ずることあたはず、諸善もおよぶことなき」ことである。一はもろもろの迷信的な恐怖から自由であるということであり、二は因果応報の倫理的制約をさえ超越するということである。一切の業苦、罪悪から生ずる怖れからも自由であるというのである。

およそ宗教は未開社会にあっては呪術であった。古代社会になると祭祀・祈禱が行なわれ、それに相応する神話が発達するのである。それらはいずれも人間の生活における不安と恐怖とからのがれ、その生命欲を完うしようとする本能的な、それだけに真剣な願いをこめたものであったのである。しかし、人間の知識がすすむにしたがってそれが迷信であったことがわかってくる。もちろん、迷信か正信かは中々判断がつきにくい。しかも人間生活における不安と恐怖とは現実の問題であるから、呪術や祈禱は今日でも人類の間からその跡を絶たないのである。新興宗教――これは日本で最も盛んであるが、アメリカあたりにも随分あるようである。――は概ね病気が癒るとか金が儲かるとか、何かの不幸から逃れられるとかいったようなことにつられて、現代の知識では到底信じられないようなことを信じ、呪術や祈禱の効力を期待するものである。

しかし、仏教、なかんづく釈迦牟尼仏によって教えられた仏教――原始仏教、そしてそれは根本仏教（正法）なのである。――は、全く迷信をはなれた宗教であった。古代の宗教として全く驚嘆すべき合理的な宗教であった。本来の仏教には呪術もなく、祈禱もないのである。この点でキリスト教などよりも遥かに高度の文化的な宗教であるといえる。キリスト教では、イエス・キリストその人がすでにいろいろの奇蹟を示し、その死後における復活・昇天という幻想がそもそもキリスト教を発展させたところの重要な契機であった。ところが仏陀は一つの奇蹟も示さなかったし、その死は静かな人間の死であった。それは涅槃を証するものではあっても、人間の死に変りはない。キリスト教も、ことに近年のプロテスタンチズムは奇蹟や復活についていろいろ合理的な説明をしているようであるが（ブルトマンの「非神話化」というのがそれであろう）、カトリックは今でも迷信的な奇蹟や秘蹟をやかましくいっているし、新教でも少なくとも聖書に記された処女受胎、かずかずの奇蹟、復活・昇天などは教義的に到底捨てきれない信条（クレド）である。それはキリスト教の本質、根本キリスト教に属するからである。

　仏教も、歴史的に小乗仏教（部派仏教）は原始仏教の伝統を守って迷信から遠ざかっているが、大乗仏教になると、一方において法性、真如、空とか中道といったような形而上学的な思惟が発展するとともに、他方において、大衆の間に存在している古来のバラモン教的な神話や土俗的な偶像崇拝の影響をうけて、神話的な表象や呪術的・現世祈禱的な儀礼が行なわれるようになった。いいかえると、大乗仏教にも神話的な観念や、迷信的行事がつきまとっていることを率直に認めなければならない。神話と呪術と祈禱とから解放された最も自由な宗門は禅であろうとおもうが、それでさえも実際には多少の残滓(ざんさい)はあるとおもう。

浄土門における阿弥陀仏は神話的な仏陀である、とよくいわれる。念仏は呪術ではないかという人もある。確かにそう見られる点がないでもない。しかし、私は浄土教の歴史はその神話的・呪術的なものからの解放の歴史であったとおもう。そして親鸞に至ってまさにその解放を徹底させた。浄土「真宗」という意味はそこにあるとおもうのである。教行信証・行巻に法照(ほっしょう)禅師を引用して「正法」とは何か、「真宗」とは何かを明らかにしている。正法とは、仏陀によって教えられた正しい仏法をいうのであろう。それは出世間の教えである。普通に戒律と坐禅とはその意味の正法といわれている。それなら「念仏成仏はこれ真宗なり。」念仏によって仏となるのが真宗であるというのである。禅・律が果して正法であるかについてはなお疑いがあるが、念仏三昧が真宗たることは疑いがない。何故かというに、念仏によってついに世界の本質(性(しょう))を見、心の本源をさとって仏になろうとするのであって、これは全く道理にかなったことであるから、というのがその要旨である。ここに「真宗」とは正法というよりもより以上に仏教のほんとうの意味、根本義、真精神という意味である。真実の仏法は、すなわち根本仏教、真実の宗教といってもよいであろう。親鸞はそういう意味で浄土「真宗」を標榜したのである。

具体的にいうと、親鸞は一応大無量寿経に説かれている阿弥陀仏を認めたのであるが、しかし、教行信証・真仏土の巻において、「謹んで真仏土を按ずれば、仏はすなはちこれ不可思議光如来なり、土はまたこれ無量光明土なり。」といって、無限の光明と永遠の生命をもつ仏陀、さとりの主体（如来）とその見る世界（浄土）とを形而上的存在として観念するだけである。往生とは、その精神的世界に入ることである。親鸞はいわゆる「指方立相」の阿弥陀仏を説いてはいないのである。それだけでなく、さらに化身土の巻において観無量寿経に説かれている真身観の仏身・仏土は方便の「化身土」であり、未だ自力の心をはなれない念仏の行者の見る世界である、とはっきり言いきっているのである。親鸞は未来を夢みる人ではなく、現実の生死において苦闘しつつ、しかも真実の道を求めてやまなかった人である。だから浄土を願うということも、決して感覚的な享楽の世界に生れることを願うのではない。あくまで真実のさとりに到ることを求めるのである。曇鸞の論註を引用して、

「かの安楽浄土に生ぜんと願ずる者は、かならず無上菩提心を発するなり。もし人無上菩提心を発せずして、ただかの土の受楽間なきを聞きて、楽のためのゆゑに生ぜんと願ぜば、亦まさに往生を得ざるべきなり。」

といっているのもそれである。

ところが親鸞の生きていた平安朝末期、鎌倉初期の日本における精神的状況はどうであったろうか。政治的な変革、戦乱につぐ戦乱、荒廃、天災、疫病、飢餓、そうした不安と恐怖とを背景として、あらゆる迷信が横行していたのである。奇怪な浮説や不気味な流言がまことしやかに伝えられ、そしてその不安と恐怖とを払うために祈禱、卜占、呪術あらゆる迷信的な行事が行なわれたのであった。しかも、仏教そのものがその迷信的な行事を行なったのである。日本古来の土俗的な神話や、シナから伝わった陰陽道のほかに、仏教とともに伝わったインド神話まで加わって、全くの精神的混乱と倒錯とを生じたのであった。仏教そのものが、とくに真言、天台の如き一方において高遠な哲理を弄びながら、他方において世俗の要求に迎合して迷信的な現世祈禱を行ない、また神仏習合の迷信を伝播していたのである。現実的な道徳・政治の道を教える儒教もこれを抑える力がなく、戒・定・慧の三学にすぐれた高僧たちも、どうすることもできなかった。親鸞はそれを憤ったのである。親鸞は学者や為政者に対してするどい批判を向けた。

「諸寺の釈門、教に昏くして真・仮の門戸をしらず、洛都の儒林、行に迷ひて邪・正の道路を弁ずることなし。」（教行信証・後序）

親鸞はとくに仏教の堕落を悲しんだのである。

「かなしきかなや道俗の、良時吉日えらばしめ、天神地祇をあがめつつ、卜占・祭祀つとめとす。」

「かなしきかなやこのごろの、和国の道俗みなともに、仏教の威儀をもととして、天地の鬼神を尊敬す。」（愚禿悲歎述懐）

そうして、念仏者さえも、ややもすればその後世を願う心——それは彼岸の浄土、すなわち絶対に超越的な無上覚を求める心である。——をすてて、現世の安穏を願う心になり、ことに利己的な幸福を祈ろうとする心になることをきびしく戒めたのである。

「仏号むねと修すれども、現世をいのる行者をば、これも雑修となづけてぞ、千中無一ときらはるる。」（高僧和讃）

「千中無一」とは千人のうちに一人も往生する者はない、ということである。今日でさえも、みずから知識階級をもって任ずる人たちが、結婚や葬式に「良時吉日」をえらんでいるのではないか。仏教の名の下に「天地の鬼神」を尊敬しているのではないか。親鸞は七百年前において断乎そうした迷信を排斥した。あくまで純粋の仏道、すなわち仏教の「真宗」でなければならないということを、堂々と、少しの妥協もなく主張したのである。その不撓の精神、それこそは本願力廻向の信である。そしてそれこそは親鸞の面目であり、根本性格なのである。

かように親鸞の生きていた時代の背景と当時における仏教の頽廃、堕落、そしてそれに対してあくまで仏教の真宗、真精神を明らかにし、一切の迷信から自由な純粋の仏教、根本仏教を樹立しようとした親鸞の一生を考えることによって、はじめて「念仏者は無碍の一道なり」といい、「そのいはれいかんとならば、信心の行者には天神・地祇も敬伏し、魔界・外道も障礙することなし」といった親鸞聖人の心持ちがよく窺われるとおもう。これは決して単なる自力的な強がりではない。ただ仏教の真実を求め、その中心たる永遠の仏心、本願に随順しようとする謙虚な心が、やむにやまれずして厳しい批判を下しただけのことである。それは七百年前の日本の社会を対象としたものではあったが、その意味はまさに七百年後の今日において生きている。それは現代日本、いな全世界における宗教界に対する批判であり、革新の叫びである。親鸞聖人のことばは実に現代において聴かるべき生きたことばなのである。

ここで、恥かしい私の一つの経験を告白しよう。私は大学に学んでいる折、二十二、三歳の頃であるが、結核性の肋膜炎を病んで久しく病床に呻吟していたことがある。微熱、盗汗、不眠などで不快な日々をおくったが、ある夜半に、何か魔ものが私の寝ている側にそっと近づいてきて、その尖った爪をズブリと私の肋骨の間に突きさしたのである。それはもちろん夢であるが、夢と知りつつも、醒めた私の青白い顔は、もし見ている人があったら、どんなであったろうかとおもう。これは大磯のある客舎でのことであった。そういうときの苦悶は「夢である」といって簡単に片づけられるものではない。そのとき私の頭にひらめいたのは、この歎異抄第七章であった。「天神・地祇も敬伏し、魔界・外道も障礙することなし。」私はこのことばによって救われたのである。これは私の若い頃のまことに幼稚な一つの宗教経験であるが、私としては今日まで忘れがたい一つのおもい出である。そういう経験をもっている私は、知識人が迷信的な宗教にこったりするのを見ても、笑う気にはなれない。ただその宗教的教養の乏しいのをあわれみ、一日も早くより正しい、より高い宗教的境地に上ることを希望するばかりである。

三

すでに述べたように、この章は、最初に「念仏者は無碍の一道なり」と提言し、それから「そのゆへは」といって、なぜそういう提言をするのかという二つの理由を述べているのであるが、その二は「罪悪も業報を感ずることあたはず、諸善もおよぶことなきゆへに」というのである。「罪悪も業報を感ずることあたはず」とは何という思いきった言い方であろう。罪悪の業報を否定するのである。そら怖ろしいことばである。でも、親鸞聖人はきっぱりとこれを言い放ったのである。そしてこれこそはまさに念仏者が無碍の一道であり、念仏者において生死即涅槃(しょうじそくねはん)であることを明らかにするものであろうとおもう。私どもは業、すなわち行為によってみずから自己の性格と境遇とを決定するものである。業に意業・語業・身業の三業がある。心におもい、ことばに現わし、身に行なうこと、すべて業、ひろい意味の行為、行動、はたらきである。そしてそれらの業は、たとえ一瞬の業であっても、その結果は内外にひろく波紋を投ずるのである。ことに私どもは自己の業によって私どもの内部に或る印象を刻み込まれるのである。たとえ私どもがそれを忘れてしまっても、その業の結果は消えないで意識下に存在するのである。この意識下における業の結果をやはり「業」という(無表業)、そしてそれが自然に私どもの行為、行動に現われてくる。私どもの性格と境遇とを決定するのである。それが業報である。これは近代の深層心理学によっても承認されているところであるが、仏教では夙に業感縁起として知られているのであって、善因善果・悪因悪果は動かすことのできない道理とされている。仏教における実践論は悉くこの因果応報の道理にもとづいているのであって、この因果の道理を否定すること、いわゆる「撥無因果」は禅門などにおいてさえも厳しく戒められている。いわゆる「野狐禅」とは因果を撥無するところから生ずる思いあがりの邪見を意味するのであって、それはまさに一定の野狐として死すべき罪にあたるのである(無門関二)。

さて「罪悪も業報を感ずることあたはず」とは、まさに因果応報の道理を否定するもの、撥無因果ではないであろうか。もし自力の心による念仏で因果応報の道理を免れることができるというのであれば、それは確かに撥無因果である。しかし、親鸞が「罪悪も業報を感ずることあたはず」といったときに、それは決して因果の道理を無視しているのではない。それどころか、「愛欲の広海に沈没し、名利の大山に迷惑する」自己の罪悪に絶望し、その業報の怖ろしさに戦慄（せんりつ）しているのである。現実的にいえば、出家の身でありながら妻帯し、肉食したことは、親鸞にとっては終生癒（いや）すことのできない心のきずであった。それから生ずる悩みは、六十歳を超えた後ひとり淋しく京洛に住んでももちろん消えなかった。それは遺（のこ）された書簡のはしばしに窺われる。実子善鸞に対する義絶状の蔭にも「ままはのあま」とわが子とのそれぞれに対する涙がにじみでている。親鸞が強い意思的な性格の人であったことは、前にしばしば述べたが、そうであればあるだけ、その意思的行動の蔭にやるせない苦悩の情緒があったと想像される。晩年の書簡に「今御前の母」と「即生房」を東国の弟子たちに頼んでいるのがあるが、「今御前の母」や「即生房」がどういう人のことであったかは別として、いずれにしても晩年の親鸞の心労がおもわれて、まったくあわれなものがあるのである。

　そのように人間の苦悩を身に負いながら、自らの罪業の深重を悲歎した晩年の親鸞は、「弥陀の五劫思惟の願をよくよく案ずれば、ひとへに親鸞一人がためなりけり。さればそくばくの業をもちける身にてありけるを、たすけんとおぼしめしたちける本願のかたじけなさよ。」と述懐したのである（後序）。つまり、親鸞は決して軽々しく生死即涅槃とか煩悩即菩提とかいう聖道門的な観念に安んじ、そこから「罪悪も業報を感ずることあたはず」などという大胆な言い方をしたのではないのである。自己の力ではどうすることもできない罪悪を実感し、その業報をおそれつつ、しかも、その故に「弥陀の五劫思惟の願」を、親鸞一人を救うために心をくだく仏の悲願として信受したのである。因果を否定するどころか、因果を否定する力のない人間存在のための救いを信じたのである。

だから、「罪悪も業報を感ずることあたはず」とは、因果を撥無するのではなく、むしろ深く因果の道理を身に感じながら、しかもその因果を超える本願救済の因果があるということを見出した者のことばである。あくまで本願力である。みずからの力で業報を免れることはできない。また他人の力を借りて業報を免れるということもできない。自・他ともに因果応報の網の中にあるのである。しかし、阿弥陀仏は、その自・他を超えてこれを包む超越的な他者である。それはあらゆる者の業報を超えて悉くそれを摂取する力である。その救いは、因果を超える因果である。普通の因果を超えるが、やはり一つの因果、超因果的な因果である。親鸞は「横超（おうちょう）」という語を用いているが（教行信証・信巻）、まさに横超の因果というべきであろう。

本願を信ずる者は、だから、罪業の深さに苦しみながら、しかも根本的にその業報から解放される安心感をもつのである。矛盾といわば矛盾であるが、そこに真実信のほんとうの消息があるのである。「罪悪も業報を感ずることあたはず」というのは自己の行・信によって業報を超えるというのではなく、まったくかの如来の本願によって救われるという実感にすぎないのである。それは、念仏者の生活感情である。「念仏者は無碍の一道なり。」念仏者は念仏を通して生死即涅槃を味わい、煩悩を断ぜずして涅槃を得る如来大悲の恩徳を感謝しつつ生きるのである。

くりかえしていうが、これは念仏者自身の力ではない。念仏そのものの力である。念仏、南無阿弥陀仏は本願のよび声である。念仏はすべての善の根本であり、すべての徳を包摂するものである。「諸善もおよぶことなきゆへに」とはこれをいうのである。教行信証では、念仏は往相廻向の大行であり、「もろもろの善法を摂し、もろもろの徳本を具せり。極速円満す、真如一実の功徳宝海なり。」とされている。「南無阿弥陀仏」ととなえることは何でもないことのようであるが、その宗教的な意味は無限である。真如一実、すなわち絶対的な実在の名のりであり、その名のりに答える、人間存在の最も深い心から出る讃歎の声である。

第八章　念仏は行者のために非行・非善なり

一、念仏は行者のために非行・非善なり。わがはからひにて行ずるにあらざれば、非行といふ。わがはからひにてつくる善にもあらざれば、非善といふ。ひとへに他力にして、自力をはなれたるゆへに、行者のためには非行・非善なりと、云々。

一

この第八章は、短かい文章であるが、純他力の念仏を明らかにした大切な一章である。第七章とならんで他力の信において念仏を行ずる者の心境というか、精神的態度を直截簡潔に表現しているのである。第七章では「念仏者は無碍の一道なり」と念仏を行ずる者、「信心の行者」の積極的なすがたを示しているのであるが、この第八章は「念仏は行者のために非行・非善なり。」一念仏はそれを行ずる者にとって行でもなければ善でもないのだ、と一切の「わがはからひ」をすてて、「ひとへに他力」を信ずる行者の謙虚な態度、いわばその消極的なすがたを明らかにしているのである。

この二つのすがた、精神的態度は一見矛盾するかのようであるが、決して矛盾していない。真実の念仏、真実の信心はいつも積極的にして消極的、消極的にして積極的である。というよりも、積極的とか消極的とかいうことを超えた本願力の自然である。だから、「念仏は行者のために非行・非善なり」といっても、単に消極的な態度、すなわち宗教的・倫理的な実践を抛った絶望とあきらめの態度ではなく、小さな「わがはからひ」を超えるところに、大きな本願に随順して積極的に生きる意味があるのであり、それはやがて「念仏者は無碍の一道なり」ということになるのである。

二

「念仏は行者のために非行・非善なり。」

ここで行者というのは、念仏の行者であり、「信心の行者」である。今日の通俗のことばで

「行者」というときは、何か神秘的な修行をして祈禱などによって病気を療すとかその他奇蹟的なことをする人を意味するのであるが、ここではもちろんそのような意味ではない。念仏を行ずる者、しかも他力真実の信によって念仏を行ずる者を意味する。すなわちほんとうに如来の本願を信じて念仏する者をいうのである。第七章に「信心の行者」というのとおなじ意味である。たびたびいうように、親鸞聖人において念仏と信心とは相即不離（そうそくふり）のものであり、むしろ一体のものであった。信心というも念仏の信心であり、念仏というも信心に裏づけられた念仏であったのである。信心なき念仏、口さきだけで「南無阿弥陀仏」と唱える念仏などは全く問題でなかったのである。しかも、その信心は純粋な他力の信、本願力廻向の信楽（しんぎょう）でなければならない。自力の執心による念仏ではないのである。純粋な他力の信によって念仏を行ずる者、それがここにいう「行者」なのである。

そういう行者、すなわち信心の行者のために、念仏は非行・非善であるとはどういうことであろうか。「行者のために」とは、行者にとってということである。「非行・非善なり」とは、行にあらず、善にあらず、行でもなければ善でもないということである。ここにも矛盾があるとおもわれるであろう。たしかに一つの逆説的な表現である。念仏は一般に往生浄土の行であると教えられているばかりでなく、念仏は「大行」であるとは、親鸞その人が教えていることなのである。

「謹んで往相の廻向を按ずるに、大行あり大信あり。大行といふは、すなはち無碍光如来の名を称するなり。この行は、すなはちこれもろもろの善法を摂し、もろもろの徳本を具せり。極速円満す、真如一実の功徳宝海なり。かるが故に大行と名づく。」（教行信証・行巻）

教・行・信・証という場合の行とは念仏の行である。それは無碍光如来、すなわち光明限りなき弥陀の名をよぶこと、「南無阿弥陀仏」と称えることであった。しかもこのいとも単純な行の中に、あらゆる善、あらゆる徳の根本がそなわっている。南無阿弥陀仏の一念だけで真如一実、絶対的な真理の世界に入ることができる。それだから念仏は「大行」である、というのである。歎異抄の親鸞は一貫してこの行としての念仏を説いている。「本願を信じ、念仏をまうさば仏になる。」（第十二章）という一点に集中しているのである。往生のためには念仏のほかに学問も道徳も必須のものではない。「本願を信ぜんには他の善も要にあらず、念仏にまさるべき善なきゆへに。」（第一章）、念仏者は「罪悪も業報を感ずることあたはず、諸善もおよぶことなきゆへに」無碍の一道であると（第七章）、念仏が大行であり、至高の善であることを説いているのである。

それなのに今や「念仏は行者のために非行・非善なり」とはどういうことであろうか、という不審がおこるであろう。おこらなければならない筈である。ところがこれまでこの不審がおこされていない。少なくともそれが真剣に問題とされていない。「念仏は行者のために非行・非善なり」ということばが一つの矛盾を含んだ、逆説的な表現であるということさえ殆ど気づかれていないのではないだろうか。これまでの歎異抄の講説は、この第八章を比較的軽く取り扱っており、その逆説的な意味に苦しんだ跡はあまり見出せないようである。これは行としての念仏というもの、さらには行というもの一般の意味が十分に領解されていないからではあるまいか。それは抑も歎異抄の作者である唯円房その人の歎異、異義批判が、いずれかといえば観念的であり、情緒的であって、実践的領解に乏しいところからも来ているとおもうが、近世の真宗教学もまた間接に——蓮如教学を通して——その影響のもとに安易な信仰に満足し、いわゆる「他力本願」の誤解を受けるに至ったという事情によって理解されるとおもうのである。

歎異抄に現われた親鸞のことばは、第一章から第十章に至るまで念仏の信、信の念仏をもって一貫している。その念仏も信心も決して安易なものではない。真に弥陀の本願を信ずるということがそうたやすくできるであろうか。そうして真に念仏を申すということがそうたやすいことであろうか。歎異抄前半十章に現われた念仏は、親鸞聖人の全生命を打ち込んだ念仏だとおもわれる。そこには一分のすきもない。しかし、後半八章における歎異抄作者の領解は、何といってもセコンド・ハンドである。唯円房はすぐれた知性をもち、敬虔に親鸞の真意を伝えようとした人

であった。その誠実さは疑うことができない。しかし、

「まづ弥陀の大悲大願の不思議にたすけられまいらせて、生死をいづべしと信じて、念仏のまうさるるも、如来の御はからひなりとおもへば、すこしもみづからのはからひまじはらざるがゆへに、本願に相応して真実報土に往生するなり。」（第十一章）

「すべてよろづのことにつけて、往生には、かしこきおもひを具せずして、ただほれぼれと弥陀の御恩の深重なること、つねにおもひいだしまいらすべし。しからば念仏もまうされさふらふ。これ自然なり。」（第十六章）

などという条を読むと、やはり親鸞その人のことばではない、という気がする。というのは、唯円房のいうことがまちがっているというのではない。いかにも聖人の真意を伝えているようなことばである。しかし、どこか聖人の教えを観念的に受けとり、情緒的な陶酔に満足しているように私にはおもわれてならない。「すこしもみづからのはからひまじはらざるゆへに」というけれど、この前提がそうたやすく許されるものだろうか。「ただほれぼれと弥陀の御恩の深重なること、つねにおもひいだしまいらすべし」というのも、どこか感傷的な法悦を作為するような心もちがありはしないであろうか。唯円房は聖人のすぐれた祖述者であることはまちがいないが、何といっても親鸞聖人の根本的な思惟と徹底的な実践の態度はもっておらず、ただ聖人を信じ、聖

人をならい、まなぶことを心がけた人であった。だから、表現の上ではともかく、表現の底にある信の内実に或る間隙があり、その間隙が、誠実ではあるがしかしやはり「如来の御はからひなりとおもへば」とか、「おもひいだしまいらすべし」というような「わがはからひ」によって埋められているのではないであろうか。「わがはからひ」はそんなに簡単にやめられるようなものではないのである。

「念仏は行者のために非行・非善なり」ということばは逆説的である。「念仏にまさるべき善なきゆへに」ということばと矛盾する。しかもおなじ親鸞のことばとして矛盾がないのである。親鸞は専修念仏の行者であった。「親鸞におきては、ただ念仏して弥陀にたすけられまひらすべしと、よきひとのおほせをかふりて信ずるほかに別の子細なきなり」(第二章)といい放った人である。念仏は大行であり、「諸善もおよぶことなき」(第七章)善であったのである。その念仏が「非行・非善」、行でもなければ善でもない、というのである。これは親鸞がその越後流謫から東国への漂泊を経て、帰洛後さらに二十余年の生活と思惟との間において、次第に「わがはからひ」を清算して行ったところに初めて言い破ることのできた断案であったとおもう。行にして行にあらず、善にして善にあらずと言い切ったところにこの一章のすばらしさがあるのである。

それは、行も信も悉く他力の廻向であるという親鸞教学の基本構造からいって論理的に当然のこととといえる。すでに教行信証において「大信心海を按ずれば……行にあらず、善にあらず。」（信巻）といっている。それで歎異抄の註釈者は、この第八章を至極当然のことのように講説しているのであるが、それは単なる教学的領解にすぎない。その教学がどうしてできたか。また論理的には当然でも、実際の宗教的体験としてどのような心境を語ったものであるかを考えて見なければならないのである。

「念仏は行者のために非行・非善なり。」ということは、単純に行でもなければ、善でもない、ということではない。行にして行にあらず、善にして善にあらずということでなければならない。それは矛盾であって、しかもその矛盾を止揚する宗教的体験の表現である。でき上った教学の体系からは当然のことでも、宗教的体験としては全く新しく意識された信の心境であり、証（さとり）であるといっても差支えない。この非行・非善の一章は、やがて第十章の「念仏には、無義をもて義とす。不可称・不可説・不可思議のゆへに。」という信の極致につながるのである。

三

ところで歎異抄における親鸞は、弟子たちに対して自己の深い宗教体験を語りながら、しかも素朴に宗教体験を宗教体験として語ってはいない。十分に考えぬかれた教学の構造と体系とを背景として語っているのである。だから、どの一章をとって見ても、或る意味で極めて論理的である。実はそこに、この歎異抄を親鸞教学の論理で解釈することによってその生きた、肉体的な親鸞の信をとり逃がしてしまう虞(おそれ)があるのである。この第八章などは多くの註釈者によって、教学的に、念仏は如来の大行であるから行者の行でもなく、善でもない、と至極単純な論理で片づけられているようである。しかし、それは「行者のためには」という一句の重要性を見おとしているのである。これは単に「行者の方から見れば」といったようなことではないとおもう。「行者のためには」という代りに「親鸞のためには」といってもよい。ほんとうに念仏を行ずる者にとって、その宗教的体験において、ということでなければならない。まさに身心を挙げての叫びである。

しかもその叫びには内面的な論理がとおっている。それは次の文章に示されている。――「わがはからひにて行ずるにあらざれば、非行といふ。わがはからひにてつくる善にあらざれば、非善といふ。ひとへに他力にして、自力をはなれたるゆへに、行者のためには非行・非善なりと、云々。」

念仏はあくまで行である。行とは行者の宗教的実践である。このことを忘れてはいけない。しかも念仏は行でない、というのである。念仏はあくまで善である。「諸善も及ぶことなき」善である。しかも念仏は善でない、というのである。なぜであろうか。その理由がここに示されている。念仏は行であるが、しかし「わがはからひ」で行ずる行ではない。念仏は善であるが、「わがはからひ」でつくる善ではない。だから非行・非善、行でもなければ善でもない、というのである。「わがはからひ」とは自己の主観で思量し、分別することである。それはけっきょく我執我欲をその根にもった分別である。合理的だとおもっても、決して真に合理的なものではない。第六章に「わがはからひにて、ひとに念仏をまうさせさふらはばこそ、弟子にてもさふらはめ」とある。親鸞は「わがはからひ」をすててみずから念仏し、また人に念仏をすすめたのである。

ところで、「わがはからひ」とは「自力」ということである。自力・他力という教判（きょうはん）、すなわち教義批判は、聖道門・浄土門という教判とともに古くから行なわれてきた。親鸞もこの教判を採っている。（自力・他力ということは曇鸞（どんらん）の浄土論註に見えており、聖道門・浄土門ということは道綽（どうしゃく）の安楽集に出ている教判である。）けれども、親鸞が自力・他力という意味は聖道門・浄土門という教判と同じではないのである。聖道門はもちろん自力の宗旨であるが、浄土門において、しかも念仏そのものにおいてさらに自力の念仏と他力の念仏とがある、というのである。この点において親鸞はおなじ法然門下の隆寛（りゅうかん）律師から影響を受けているとおもわれる。親鸞は東国の弟子たちに隆寛律師の『自力他力の文』をよむようにすすめている（末燈鈔一九）。その隆寛律師の『自力他力事』という文章は「念仏の行につきて自力・他力といふことあり。」という書き出しで、自力の念仏を否定し、他力の念仏でなければならない、としている。親鸞はこれを承けて、おなじく念仏しながらも「自力のこころ」で念仏するひとは、「自力作善」のひとであり「ひとへに他力をたのむこころ」が欠けているから、真実の浄土に往生することはできない、というのである（第三章）。親鸞が自己の信仰歴程を語る、いわゆる三願転入の最後の段階がすなわち「自力のこころをひるがへして」「ひとへに他力をたのむ」念仏なのである。

いまこの第八章は、その「ひとへに他力をたのむ」念仏、すなわち純粋他力の念仏を明らかにしているのである。それは念仏という一つの行、宗教的実践について語っている。そして念仏は宗教的行として一切の道徳の根本をなすもの、あらゆる善の源泉となるものであるという信念に立っている。しかもそれは行でもなければ、善でもない。というのは、それが「わがはからひ」で行ずる行ではない。また「わがはからひ」でつくる善でもない。如来の本願によってはからわれた行であり、如来の本願において積み重ねられた善であるから、というのである。教行信証に

「然るにこの行は、大悲の願より出でたり。即ちこれを諸仏称揚の願と名づけ、また諸仏称名の願と名づく。」云々（行巻）

とある。これは、大無量寿経の第十七願に「たとひわれ仏を得たらんに、十方世界の無量の諸

仏、ことごとく咨嗟してわが名を称せずといはば、正覚を取らじ。」とあるのを根拠としているのであるが、親鸞の宗教的体験としては、行も信もみなかの仏の本願から出ているのである。みずから信じ、みずから行ずる念仏ではあるが、それは「わがはからひ」によるものではなく、「如来の御はからひ」によるものである。それを「他力」というのである。「他力」とは「無我」である。他力の念仏は、十方世界の諸仏による称揚、称名である。

　自力とか他力とかいうことは、浄土門における教義上大事なことであるが、この教義上の批判は、また或る意味で、正しい信仰の躓きとなる。それは、自・他の概念に囚われて、その宗教的体験の意味を領解しないからである。自・他の概念的対立に囚われると、やはり相対差別に堕して、平等絶対な救いの意味はわからない。理論的にいっても、自というものは他と相即相入しているものであって、自と他と絶対に分離されたものではない。自のうちに他が入ってき、他のうちに自が入ってゆくのである。人倫相対の自・他でさえそうなのである。況んや阿弥陀仏の本願の前に、私どもはただ「南無」阿弥陀仏とひたすら帰依し、帰命するほかない。なまじいに自力を否定しようとすることが、却って「わがはからひ」になることもある。私どもが自力をすてきるなどということはできるものではない。ただ、生活そのものを経験してゆくうちに、一歩一歩「わがはからひ」のあだなることに気づかせられる。そのたびに「大悲の願」がしみじみと仰がれてくる。それが他力なのである。他力というものを「わがはからひ」であれこれと概念的に詮索することによってほんとうの他力がわかるわけのものではない。

四

私は、親鸞聖人もその九十年の生涯を通じてしばしば自力から他力へ、さらに自力から他力へという弁証法的な転回を経験することによって、その信を純化されたのだろうとおもう。もとより法然上人の会下において「凡夫直入の真心を決定した」にはちがいない。けれども、越後から関東への漂泊のあいだにも「自力の心」に苦悶したことは、恵信尼文書にも見えていることである。この歎異抄に現われた聖人は、すでに八十歳を超えて、さびしく著作に耽り、また少数の弟子たちを親しく教えていたのであるが、その間にもいろいろの苦悩があったことが、その書簡によって窺われる。ただ聖人はその苦悩を通して、その生涯を「ひとへに他力にして、自力をはなれたる」純他力の信に生きぬいたのである。

「ひとへに他力にして、自力をはなれたる」、何といふ意味深いことばであろう。それは「わがはからひ」を超えて無碍光如来、すなわち何処までも透徹する智慧の光である仏の名を称えることであった。「わがはからひ」を超えるとは、けっきょく無我ということだとおもう。蓮如上人は、「仏法には無我と仰せられさふらふ。」(御一代聞書) 他力とは、やはり無我ということである。「我」の囚われから解放されることが全仏教の本旨である。その意味で私は他力ということは何も浄土門だけにあるのではなく、およそ仏法の本質であるのだとさえおもう。かつて西田幾多郎が晩年の宗教論で、およそ宗教というものは他力でなければならない、というようなことをいったことを記憶するが、聖道門であっても、「わがはからひ」のあるところには、ほんとうの行も、ほんとうの証もないであろう。道元禅師の身心脱落(しんじんだつらく)・脱落身心の心境も、やはり「わがはからひ」を超えるところにあったのではないであろうか。

ただ、親鸞聖人は念仏の大行によって、「わがはからひ」を超えることを教えられた。その晩年に至るまで念仏を行とし、「念仏まうさんとおもひたつ心のおこるとき、すなはち摂取不捨の利益(りやく)にあづけしめたまふ」という信をもって一貫したのである。しかもその行と信とはどこまでも「わがはからひ」を超えて純化され、そこに、「ひとへに他力にして自力をはなれたるゆへに、行者のためには非行・非善なり。」という純他力の行・信になったものとおもう。「行者のためには」、行者にとっては、もはや行でもなければ善でもない。ただ弥陀悲願の念仏が行者をとおして現われるばかりである。それ故に「大行」なのである。そのとき諸仏称揚の願・諸仏称名の願が満足される。というのは、私ども衆生が念仏するとき、それは諸仏の称揚にほかならないということである。無限のひかり、永遠のいのちとしての阿弥陀仏の本願によって、一切の衆生が仏行を行ずることになるわけである。「ひとへに他力にして自力をはなれたる」念仏は、決して絶望的なあきらめの念仏ではない。希望にみちた、力づよい念仏である。教行信証に

「他力といふは、如来の本願力なり」(行巻)

とある。如来の本願力はあらゆるものを浄土、すなわち一如(いちにょ)のさとりの世界に摂取(せっしゅ)する力である。その本願力の廻向(恵み)によって大行と大信とが生ぜしめられるのである。そこに「真如一実の功徳宝海」が現成(げんじょう)するわけである。一切の衆生が声をあげて如来、阿弥陀仏をほめたたえるときに、真に平和と幸福の世界が顕出するであろう。おなじ教行信証に

「しかれば、名(みな)を称するに、よく衆生の一切の無明を破し、よく衆生の一切の志願をみてたまふ。称名はすなはちこれ最勝真妙の正業なり。正業はすなはちこれ念仏なり。念仏はすなはちこれ南無阿弥陀仏なり。南無阿弥陀仏はすなはちこれ正念なり。しるべし。」(行巻)

阿弥陀仏の本願を信じ、その名をたたえる一念のところに、われらの往生は決定されるのである。それはひとり念仏する人を救うだけではない。一切衆生、人類はもちろん、およそ生きとし生けるものがことごとく救われる機縁となるのである。

第九章　親鸞もこの不審ありつるに、唯円房おなじこころにてありけり

一、念仏まうしさふらへども、踊躍歓喜のこころおろそかにさふらふこと、またいそぎ浄土へまいりたきこころのさふらはぬは、いかにとさふらふべきことにてさふらふやらんとまうしいれてさふらひしかば、親鸞もこの不審ありつるに、唯円房おなじこころにてありけり。よくよく案じみれば、天におどり、地におどるほどによろこぶべきことをよろこばぬにて、いよいよ往生は一定とおもひたまふべきなり。よろこぶべきこころをおさへて、よろこばせざるは煩悩の所為なり。しかるに仏かねてしろしめして、煩悩具足の凡夫とおほせられたることなれば、他力の悲願は、かくのごときのわれらがためなりけりとしられて、いよいよたのもしくおぼゆるなり。また浄土へいそぎまいりたきこ

ころのなくて、いささか所労のこともあれば、死なんずるやらんとこころぼそくおぼゆることも、煩悩の所為なり。久遠劫よりいままで流転せる苦悩の旧里はすてがたく、いまだむまれざる安養の浄土はこひしからずさふらふこと、まことによくよく煩悩の興盛にさふらふにこそ。なごりおしくおもへども、娑婆の縁つきて、ちからなくしてをはるときに、かの土へはまいるべきなり。いそぎまいりたきこころなきものを、ことにあはれみたまふなり。これにつけてこそ、いよいよ大悲大願はたのもしく、往生は決定と存じさふらへ。踊躍歓喜のこころもあり、いそぎ浄土へもまいりたくさふらはんには、煩悩のなきやらんと、あやしくさふらひなましと、云々。

一

たびたびいってきたように、歎異抄第一部・語録（前半十章）の内容を考えてみると、第一章は概説であり、第二章から第九章までその具体的な展開である。そして第十章は結語である。第二章から第九章までは、さらにこれを二つの部分に分けることができる。第二章—第五章は主として行、すなわち宗教的実践の面に触れている。念仏の一行にすべてを托し、念仏を行ずることによって、宗教的な救いが与えられるとともに、世間的な倫理の実践もそれによっておのずから完成されるということを教えているのである。それに対して第六章―第九章はその念仏行の精神的内容としての信について語っている。念仏といっても、世にありふれた念仏ではない。ほんとうの念仏は、本願力によって廻向された信心によって裏づけられた念仏、本願の念仏でなければならないということを教えているのである。親鸞において念仏と信心、行と信とは一如一体のものであるが、しばらく行と信、行為的な面（表業）と意識的な面（無表業）とを区別するなら、そういうことがいえるとおもう。

第六章―第九章において、まず、念仏を行ずる者のあいだにおいても、真実の信に徹しているものは稀である。「親鸞は弟子一人ももたずさふらふ。」ほんとうに信を同じくするものはないのか、という孤独感を訴えつつ、しかも「如来よりたまはりたる信心」は奪うことができない、「自然のことはり」によって仏恩をしり、そこから師の恩をもしるようになる、という確信をもらしている（第六章）。つづいて「念仏者は無碍の一道なり」と、他力を信ずる念仏者の現実生活はそのまま生死即涅槃の無碍道であるとしている（第七章）。さらに第八章において、念仏は行者のために行にして行でなく、善にして善でない。「ひとへに他力にして、自力をはなれたる」絶対他力の信における念仏であるべきことを強調しているのである。

それに続くこの第九章である。この第九章は、念仏に生きる者の信のありかた、真実の信、ほんとうの信仰の内景について、親鸞みずからその心境を披瀝（ひれき）して教えた貴い法語である。そこには偽わらない人間親鸞のすがたが露呈されていて、何人にも限りなき親しさ、なつかしさを感ぜしめるが、しかもその八十年にあまる思惟と実践とから来る「煩悩具足の凡夫」という自覚と「他力の悲願」への依憑（えひょう）とは、およそ人類の宗教的信仰の告白として最も純粋な、また最も徹底したものであるといえよう。

だいたい歎異抄に現われた親鸞聖人のことばは、いずれも直接弟子たちに語られたことばであり、それ故にそれは単に教学的なものではない。それは教行信証その他に示された教学的な論証と決して無関係のものではなく、親鸞の一貫した教学的思惟をその背景としているのであるが、歎異抄ではそれが生きた人間のことばとなっている。いな生きる人間のことばである。生きる人間の問題を解決しようとしているのである。しかも機に臨み、折に触れて、人間の実存的な苦悩を信の一念によって解決している。歎異抄が今日われわれの心に訴えるのはそこである。なかんづくこの章に記された唯円房との対話のごとき、その日の親鸞と唯円房との心の触れあいをさながらに表現しているのであって、その対話のありさまをまのあたり見るように想像させてくれる。それはこの章がはっきり対話体に記されていることにもよるであろう。

歎異抄の第一部十章の語録は、いずれも親鸞が弟子に対して語ったことばであり、しかもそれは大ぜいの弟子たちをあつめて講説したものではなく、少数の身近かの弟子たちに語ったことばであるとおもわれる。おそらくそのすべてが何かの折に弟子たちの問に答えたものである。けれども、他の章では弟子たちの問は表現されていない。例えば「親鸞は、父母の孝養のためとて、一返にても念仏まうしたることいまださふらはず。」とか、「念仏者は無碍の一道なり。」とかいうように、親鸞のことばだけが記されている。だから、それは独語的なもののように解されないでもない。ただ、この第九章だけは、明らかに対話として記されている。も一つ、文章においてはともかく、意味の上で明らかに対話的なのは第二章である。（なお第二部に属する第十三章には、聖人と、おなじ唯円房との対話が挿まれている。）

そういえば、第二章と第九章とは、前半十章のうちで最も長い二つの章である。この二つの章は委曲をつくして対者を説得しようとしている点でもよく似ている。しかし、第二章では「十余ヶ国のさかひをこえて、身命をかえりみずして」たずねてきた弟子たち――そのうちに唯円房もまじっていたかも知れないが、少なくとも二、三人ないし五、六人であったであろう。――に対してその求め方がまちがっていることを戒めているのである。「念仏よりほかに往生のみちをも存知し、また法文等をもしりたるらんと、こころにくくおぼしめしておはしましてはんべらんは、おほきなるあやまりなり。」といい、最後には「このうへは、念仏をとりて信じたてまつらんとも、またすてんとも、面々の御はからひなり。」と突きはなしているのである。きびしい弾呵である。念仏のほかに道はないのだ、という信念が断乎として言い放たれている。そこには親鸞の強さ、その信のきびしさがよく現われているのである。

ところがこの第九章では、幾年かのあいだ親鸞に随ってその教えを聞いていた唯円房が、或る日――おそらくは一人で――親しく聖人の座に近づき「念仏まうしさふらへども、踊躍歓喜のこころおろそかにさふらふこと、またいそぎ浄土へまいりたきこころのさふらはぬは、いかにとさふらふべきことにてさふらふやらん。」とおたずねしたのに対して、「親鸞もこの不審ありつるに、唯円房おなじこころにてありけり。」と、みずからもまたおなじ不審をもっていることを告白しているのである。もちろん、親鸞の不審は単なる不審ではなく、「よくよく案じみれば、天におどり、地におどるほどによろこぶべきことをよろこばぬにて、いよいよ往生は一定とおもひたまふべきなり。」と直ちに往生一定の信に転換されるのではあるが、唯円房の不審を否定することなく、それを容れているのである。そしてその根源が煩悩にあることを指摘することによって、さらに「他力の悲願」への信を動かないものにするのである。親鸞のやさしさ、その信のやわらかさが窺われるのである。

そこで、かような第二章と第九章との間に何か矛盾があるようにおもう人があるかもしれないが、矛盾はないのである。それがおなじ親鸞のことばであることはまちがいない。ともに親鸞の生きたことばである。そして、「親鸞にをきては、ただ念仏して弥陀にたすけられまひらすべしと、よきひとのおほせをかふりて信ずるほかに別の子細なきなり。」という第二章と「他力の悲願はかくのごときのわれらがためなりけりとしられて、いよいよたのもしくおぼゆるなり。」という第九章とは、「わがはからひ」をすてて、「ひとへに他力をたのむ」他力の信において、いささかも変りはないのである。ただ時と場合により、それが或いはきびしく、或いはやさしく現われてくるわけである。しいていうなら、第二章は外向的で、念仏の一行が強調されているが、第九章は内向的で、念仏者の内省によってその信がいよいよ深められてゆくすがたが明らかにされている、といえよう。

親鸞聖人において完成された純他力の信は、決して観念的な教義とか信条とかいうものではなく、ゆたかな教学的背景をもちながら、しかも極めて自由で、柔軟な、生き生きとした精神内容をもったものであることを忘れてはならない。ほんとうに、何という自由な精神であろうか。後世の真宗教学はその教義を固定させることによって親鸞聖人の自由な精神を失ったとおもう。親鸞は八十歳を超えてなお「親鸞もこの不審ありつるに」とその若い弟子とともに内省を重ねたのである。不審はあくまで不審であり、疑いはあくまでも疑いである。その不審をおさえることなく、その疑いをごまかすことなく、むしろその不審と疑いとをつきつめてゆくところに、不審・疑惑の動きを超えて動かない本願への信を深めてゆく、といったような自由な態度こそは、親鸞の九十年の生涯を通じて一貫した、自由で柔軟な精神であったのである。

二

この章は、始めに「念仏まうしさふらへども、踊躍歓喜のこころおろそかにさふらふこと、またいそぎ浄土へまいりたきこころのさふらはぬは、いかにとさふらふべきことにてさふらふやらんとまうしいれてさふらひしかば、親鸞もこの不審ありつるに、唯円房おなじこころにてありけり。」と一気に書きおろされている。いかにも簡潔に切りつめられた文章のなかに、唯円房の質疑と、それに対する間髪を容れぬ親鸞聖人の応答とがいかにもよく表現されている。唯円房というのは常陸の国に住み、河和田の唯円房といわれる人である。当時京において親鸞聖人の教えをうけていたらしい。しかも、かなり久しい間聖人に近づき、聖人の教えをよく心得ていたようである。その質問も決して思いつきのものではなく、久しく胸中に懐いていた疑いを思いきって師の前に打ちあけたものだとおもわれる。久しく念仏を行じて見て、しかも自分ではどうにも解決のつかない疑い、しかも実践的な疑惑をもって師にまみえたのである。それであればこそ親鸞の答もあったのである。（ここに唯円房という名前の出ていることが、歎異抄の作者は唯円房であると推定される一つの根拠となっていることは、前に述べた。しかし、文章の上からは、第三者がその場にいて唯円房と聖人との対話を書きとめた、と解されないこともない。）

唯円房の心にわだかまっていた疑いは一つの実践的な疑惑であったが、それがここで二つに分析されて表現されている。その一は「念仏を申しておりますが、おどり上るような歓喜のこころはどうもおこりません」ということ、その二は「また急いで浄土に往生したいというこころにもなりませんが」ということであった。「これは一体どうしたことでございましょうか」と申し上げたのである。「まうしいれてさふらひしかば」というのは何か他人を通して申し入れたようにも聞こえるが、そうではなく、直接申し入れたのである。禅門でいうなら入室独参（にゅうしつどくさん）したわけである。ここまでが唯円房の質問である。文章の上で主格はないが、唯円房のことばであることは、「親鸞もこの不審ありつるに、唯円房おなじこころにてありけり。」とあることによって明らかである。ここからあとは、この章の終りまで親鸞聖人のことばである。

唯円房がこの質疑をしたとき、それは真剣な宗教的実践上の疑問を師の前に投げ出したのであった。歎異抄に親しんでいる私どもが今日これを文献として読むような気持ちではなかった筈である。私どもは余りにもこの文章に馴れている。若い唯円房はうつむきがちで、しかし眼を上げて親鸞のおもてを見ながら静かに言いきったであろう。身体はかすかにふるえていたかも知れない。（そうした経験を、私も島地大等師や近角常観師の前でしたことがある。）師親鸞からどういう答が出るか、全く見当もつかなかったであろう。或いは烈しいことばで信仰の足りないことを叱りつけられるかも知れないと、おそるおそる、しかしどうしてもこの疑いをすてておくことができないから、ついに思いきっておたずねしたのである。

けれども、それに対する聖人の答は、「親鸞もこの不審ありつるに、唯円房おなじこころにてありけり。」という意外な答であった。「実はわしもそのような疑いをもっていたのだが、唯円房、お前もそうであったか」というのである。唯円房はこの答を聞いてびっくりしたことであろう。そういう答はおそらく予期していなかったのである。

大無量寿経において往生の道として説かれているのは、一貫して信心歓喜ということである。「あらゆる衆生、その名号を聞きて信心歓喜し、乃至一念せん。」といい、「歓喜信楽して、疑惑を生ぜず。」といい、「謙恭にして聞きて奉行し、踊躍して大に歓喜す。」といい、「それ彼の仏の名号を聞くことを得て、歓喜踊躍し乃至一念せん。まさに知るべし、この人大利を得とす。すなはちこれ無上の功徳を具足するなり。」というのがそれである。これは、至心・信楽・欲生という阿弥陀仏の本願からいっても当然のことである。かの仏の本願を信じ、願力によってその浄土に生れることをよろこび願うというのが浄土真実の教なのであるから、歓喜もなく浄土への思慕もないということは、往生浄土の道を歩む者にとって堪えがたい実践的な疑惑でなければならない筈である。

ところが親鸞は、久しくこの経を根拠として専修念仏を教えながら、「親鸞もこの不審ありつるに」というのである。これは矛盾といえば矛盾であるし、大胆ないい方であるというなら、確かに大胆ないい方である。唯円房は、この思いがけない師のことばに驚いたにちがいないが、また感激したであろう。何かしら師の思いがけないことばにあたたかな真実の心を感じ、この一言ですでに救われたのではないかとおもう。というのは、そのことばに真実がこもっているからである。「唯円房おなじこころにてありけり」というのはその思想を誘導してゆくために同情のことばを与えたというような、教育的な意味のものではない。「親鸞もこの不審ありつるに」というとき、親鸞はみずからの不審・疑惑を率直に告白しているのである。そして唯円房とともに同じ疑惑を苦しみながら、その不審・疑惑そのままに「いよいよ大悲大願はたのもしく、往生は一定と存じさふらへ」という願力による往生への信を深めてゆくのであった。「親鸞は弟子一人ももたずさふらふ」といった聖人は、始めから人を教えるという態度ではなく、みずから思惟し、みずから実践しつつ、みずからの信を深め、そのことによって自然に人を教えたことになるのである。

親鸞の信は、生きた信であった。刻々に体験され、実践されてゆく信であった。それは教・行・信・証という大きな教学的体系に表現されている。しかし、教行信証の体系だけを見たのでは親鸞の生きた信を見そこなう惧(おそ)れがある。あの教学体系そのものが親鸞の宗教的体験によって綜合されたものであって、決して単なる文献の集積ではないのであるが、その教学的体系が晩年においてたえず体験的に生かされつつ弟子たちを教化したことは、この歎異抄によって示されているのである。その浄土真宗を教義的に固定させ、その生き生きとした体験と実践の意義を失わせたのは、後世の宗門教学の責任である。親鸞その人の信はあくまで体験的であり、実践的であった。浄土真宗が現代における宗教として意義をもつのはこの点にあるのである。

親鸞の宗教は一貫してかの時代に対する文化的・宗教的批判とその時代に生きる宗教者としての自己批判とをその基底としている。末法の意識と、罪悪深重・煩悩熾盛の内省とがそれである。この章に現われた唯円房の「不審」も、親鸞を師とした唯円房の不審として初めてよく理解される。それに対する親鸞の答も、或る意味で当然の答であったともいえよう。なぜなら、親鸞はすでに教行信証において

「悲しきかな愚禿鸞、愛欲の広海に沈没し、名利の大山に迷惑して、定聚の数に入ることを喜ばず、真証の証に近づくことを快しまず。恥づべし、傷むべし。」（信巻）

と悲痛な慚愧を叙しているのである。「定聚の数に入ることを喜ばず、真証の証に近づくことを快しまず」というのは「踊躍歓喜のこころおろそかにさふらふこと、またいそぎ浄土へまいりたきこころのさふらはぬは」という唯円房の不審とおなじものである。しかし、唯円房は教行信証のこの一条を念頭においてこの問を発したのではあるまい。第一、教行信証を読んでいたかどうか、疑問である。――教行信証はこの対話以前に完成されていた筈であるが、若い唯円房にその閲読を許されたか、また許されても唯円房がそのときそれを読むだけの学力をもっていたかも疑問である。――また読んでいたとしても、唯円房としてはその文献的な知識などにかかわりなく、自己の宗教的実践の悩みからそれを問うたのであろう。さればこそ親鸞も、「親鸞もこの不審ありつるに」というやさしい言葉をもってこれに答えたのであるとおもう。宗教というものはかような一対一の機微な動きによって伝えられるものなのである。

唯円房は、すぐれた叡智を恵まれた上に、久しく親鸞に師事してその信心のおもむきをつかんだ人であったとおもわれる。だからこの最初の一言で、もう師の心がわかり、同時に信のよろこびがこみ上げてくるのを覚えたのではなかろうか。しかし、このときの唯円房は、何といっても三十代の若者であった。親鸞はさらに唯円房の「不審」に対して委曲を尽して教えた。そのことばが、これからあとこの章の終りまで続くのである。

三

親鸞はまず唯円房の第一の疑問にこう答えた。「よくよく案じみれば、天におどり、地におどるほどによろこぶべきことをよろこばぬにて、いよいよ往生は一定とおもひたまふべきなり。」ここにも逆説的な、しかし親鸞における宗教的真実、浄土「真宗」が現われている。古今東西、これほどに宗教的真実を捉えた人が親鸞を措いて他にあるであろうか。「親鸞もこの不審ありつるに」と「よくよく案じみれば」とは、与えて奪うといったような教化的態度ではない。親鸞のいつわらない宗教態度そのものなのである。親鸞の宗教は、仮借なき自己批判であると同時に、思惟の宗教であった。その深刻な内省はいつも絶望的な罪悪煩悩の諦観に沈んでゆく。しかし、その思惟は必ず「他力の悲願」にめぐりあう。それは親鸞にとって彼方から来る限りなく明るい光であったようである。親鸞が阿弥陀仏を「無碍光仏」とよび、また「不可思議光如来」とよんだのは、それが明るい光をおもわしめたからであろう。けれども、それに到る道は静かな思惟であった。親鸞が著作のなかで「ひそかにおもんみれば」とか「それおもんみれば」とかいっているのは、その心的過程を表現しているとおもう(教行信証・総序、信巻序)。いまこの章に「よくよく案じみれば」というのもそれにほかならぬのである。

真実の信心は、信ずる者に歓喜、慶喜をもたらすものである、ということは親鸞も十分にこれを承知しているのである。

「この信心をうるを慶喜(きょうき)といふ。慶喜するひとは諸仏にひとしきひととなづく。慶はうべきことをえて後によろこぶこころなり。信心をえて後によろこぶなり。喜はこころの内につねによろこぶこころたえずして憶念つねなるなり。踊躍するなり。踊は天におどるといふ。躍は地におどるといふ。よろこぶ心のきはまりなきかたちをあらはすなり。」(唯信鈔文意)

と、このようにいう親鸞が、他方において「天におどり、地におどるほどによろこぶべきことをよろこばぬにて、いよいよ往生は一定とおもひたまふべきなり。」というのであるから、逆説といわざるを得ないわけである。しかし、これは親鸞における信が教義的に固定した信ではなくして、いつも生きて躍動する信であったことを意味するのである。信そのものに矛盾があるのではないのである。これを矛盾と見るのは、生きている信心の動きを知らぬからである。生きた人間の信心には、動きがある。或るときは天におどり地におどるような歓喜を感ずるであろう。――ことに、新たに信を得たときとか、異常な出来事に遇ったときなどに、歓喜・悲喜ともいうべきものを感ずるものである。しかし、一旦信心を決定することができた後においても、長い人生のものうい行路において、いつも同じ歓喜・悲喜をつづけられるものではない。つづけようとおもうことが無理であろう。すでに法然上人はこのことを明らかにしている。

「心のぞみぞみと身のけもいよだち、なみだもおつるをのみ信のおこると申すはひが事にてある也。それは歓喜・随喜・悲喜とぞ申すべき。信といふは、うたがひに対する心にて、うたがひをのぞくを信とは申すべき也。」(和語燈録一)

これは、信心と歓喜・悲喜とを分別したもので、いかにもはっきりしている。たしかに信心そのものと歓喜・悲喜の情緒とは必ずしも同じものではない。けれども、親鸞聖人の「天におどり、地におどるほどによろこぶべきことをよろこばぬにて、いよいよ往生は一定とおもひたまふべきなり。」ということばは、この心理学的分析を超えている。よろこぶことのできないわが身であることを自覚することがやがて他力の悲願によって往生の一定(いちじょう)であること、まちがいのないことを確信させる因縁であることを体験的に実証した者のことばである。しかもそれは単なる非合理的な思惟によるものではない。十分合理的に基礎づけられた思惟なのである。親鸞の信仰は常に内面的な論理によって支えられている。——「よろこぶべきこころをおさへて、よろこばせざるは煩悩の所為なり。しかるに仏かねてしろしめして、煩悩具足の凡夫とおほせられたることなれば、他力の悲願は、かくのごときのわれらがためなりけりとしられて、いよいよたのもしくおぼゆるなり。」

浄土真実の信心を得るということは、阿弥陀仏の浄土に生れること、いいかえると、あらゆる現世の苦悩を超えて、さとりの世界に生きることを約束されるということである。それは真実の求道者にとって人間として生きることの最後の望みが達せられるということである。まことに「天におどり、地におどるほどに」よろこぶべきことでなければならない。だが、現実には、そういう踊りあがるほどの喜びはおこらない。これは求道のこころ、菩提心が真実であればあるほど、せつない悩みとなる筈である。しかし、それは人間である限り、煩悩を断滅することができない限り、必然的に享けなければならぬ苦悩である。よろこぶべきこころをおさえて、よろこばせないのは煩悩のしわざである。しかるに仏はそのことをとうの昔から知り抜いて煩悩具足の凡夫とよびかけられているのであるから、他力の悲願は、このような私どものためであったのかと知られて、いよいよたのもしくおもわれるわけである、と教えられた。

真実信心の行者は、人間として生きる限り、最後の一瞬まで煩悩になやまされながら、しかも他力の悲願によって救われてゆくのである。不審も疑惑もないのが真実の信心なのではない。不審と疑惑とを超えて本願を信ずるところに真実の信があるのである。浄土真宗の人間像は、——

かりにそういう語を用いることが許されるなら、——生死の大海に漂泊している者が、弥陀の光明によってその危機を脱しようとしている。或いは如来の船から手をさしのべられ、救い上げられている。もう救われているのに、なおおののいている。だが、もう怖れることはない。弥陀の光明はそうした煩悩にさえぎられることなく、煩悩の雲霧を透してかがやいているのだから。……そういったような一つの群像として捉えることができるであろう。

「生死の苦海ほとりなし、ひさしくしづめるわれらをば、弥陀弘誓（ぐぜい）の船のみぞ、のせて必ずわたしける。」（高僧和讃）

「無明長夜（むみょうちょうや）の燈炬（とうこ）なり、智眼（ちげん）くらしとかなしむな、生死大海の船筏（せんばつ）なり、罪障おもしとなげかざれ。」（正像末和讃）

「摂取の心光は常に照護したまふ。すでに能く無明の闇を破すといへども、貪（とん）・愛（あい）・瞋（しん）・憎（ぞう）の雲霧（うんむ）、常に真実信心の天を蔽（おお）へり。たとへば日光の雲霧に覆はるれども、雲霧のもと明るく、闇なきがごとし。」（正信偈）

といったように、親鸞は象徴的な表現をしているのである。しかし、親鸞の信仰は単にかような群像のみで象徴されるものではなかった。みずからをかような生死の大海に漂泊せる一人として怖れ、悲しみ、歎いたのである。親鸞は、その宗教的実践の立場において全く孤独であった。法然門下の念仏者は多かったが、親鸞はその間において何等の地位も与えられなかった。親鸞はみずからを「専修念仏のともがら」に位置せしめつつ、しかも「親鸞は弟子一人ももたずさふらふ」と歎かなければならなかった人である（第六章）。けれども、そのことが親鸞の信をいよいよ深いものとしたのである。晩年の親鸞聖人に師事した歎異抄の唯円房は、この孤独者親鸞の心境を私どもに伝えてくれた。後序に引用された次の文がそれである。

「聖人のつねのおほせには、弥陀の五劫思惟の願をよくよく案ずれば、ひとへに親鸞一人がためなりけり。さればそくばくの業をもちける身にてありけるを、たすけんとおぼしめしたちける本願のかたじけなさよと、御述懐さふらひし……」云々。

けれども、これほどのことばも唯円房によって果して十分に領解されたのであろうか。これほどの独特なことばを引用しつつ、これを善導の「自身はこれ現に罪悪生死の凡夫、曠劫よりこのかたつねにしづみ、つねに流転して、出離の縁あることなき身としれ、という金言にすこしもたがはせおはしまさず」と他の証文に根拠を求め、さらに「さればかたじけなくも、わが御身にひきかけて、われらが身の罪悪のふかきことをもしらず、如来の御恩のたかきことをもしらずしてまよへるを、おもひしらせんがためにてさふらひけり。」と、聖人のことばを、教化を目的として施設されたものであるかのように解しているのである。これは、どういうものであろうか。私は、

「ひとへに親鸞一人がためなりけり。」ということばを、親鸞その人の率直な信仰の告白として受けとるのである。しかもこの実践的体験こそは、親鸞の宗教を特色づける最も重要な点である。私は親鸞のことばを伝えてくれた唯円房に深く感謝するものであるが、しかし、その唯円房の領解をも超えて、直ちに親鸞のこころに参ずることが、現代における「信心の行者」のつとめであるとおもうのである。

四

親鸞はさらに唯円房の第二の疑問に答えていうのである。「また浄土へいそぎまいりたきこころのなくて、いささか所労のこともあれば、死なんずるやらんとこころぼそくおぼゆることも、煩悩の所為なり。久遠劫よりいままで流転せる苦悩の旧里はすてがたく、いまだむまれざる安養の浄土はこひしからずさふらふこと、まことによくよく煩悩の興盛にさふらふにこそ。」

浄土へいそいでまいりたい心などもなく、すこし病気にでもなると、死ぬのではないかしらと心ぼそくおもわれるのだが、これも煩悩のせいである。久遠の過去から現在まで流転してきたこの苦しみの世界はなかなか捨てがたいものであるし、まだ生れたことのない安らかな浄土はこいしくない。ほんとうによくよく煩悩がさかんなことであるとおもうよ。大体そういう意味である。「所労」とは病気（やまい）のこと、「苦悩の旧里」とは私どもが久遠の過去から流転してきたこの現実の世界をいうのである。「劫」（kalpa）は、永い時間という意味の語である。苦悩にみちた世界ではあるが、しかも私どもにとって捨てきれない「旧里」、ふるさとである。「安養の浄土」とは、安らかな浄土、完全なさとりの世界、それ故に彼岸の世界である。

仏教はこの現実の人生を苦であると観じ、この人間苦をどうして解脱するか、どうしてこの人間苦から自由になれるかということをその実践的課題とするものである。そして聖道門では、この土においてその苦を解脱することを目的として修行するのであるが、浄土門は、この土における歴史的状況の下において仏陀（釈迦牟尼仏）の教えをそのままに行ずることによって真実の証（さとり）を得ることはできないということを前提として、現実の世界を超える彼岸の浄土、さとりの世界を求め、そこにおいて人間苦を解脱することができることを信ずるものである。厭離穢土・欣求浄土ということは、やはり浄土教の根本性格に属するのである。この厭離穢土・欣求浄土の観念は、特にわが邦において、源信和尚によって（往生要集）感覚的な生々しさをもって描き出され、平安朝の社会に超越的な文化目標を与えるとともに、底知れぬ暗さと不安の意識をもたらしたものであった。

わが親鸞は、やはりこの宗教思想史的な制約の下に、はじめ聖道門を学び、二十九歳のとき法然によって浄土門、しかも専修念仏の道に入ったのである。けれども、親鸞に見られる特徴は、現実の人間生活に対する強い関心と愛着とである。教行信証のなかに「大信心はすなはちこれ長生不死の神方、忻浄厭穢の妙術」ということばがあるが、私はこれは大へん特徴的なことばだとおもう。親鸞の宗教は永遠に生きたい人間の欲望にこたえるものである。勿論それは神仙の秘薬によってこの肉体的生命を引き延ばそうとするのではない。そうではなくて、この肉体的生命を超える永遠の生命を捉えることによって、人間が真に永遠に生きられることを教えるのである。しかし、それにしても親鸞は決して観念的に穢土を厭離したり、幻想的な浄土を欣求したりすることに満足しなかった。むしろあくまで人間的な欲望・煩悩とまともに対決しようとした人である。それがこの章に記された親鸞のことばによく現われている。

「いささか所労のこともあれば、死なんずるやらんとこころぼそくおぼゆる」のは何人も経験する凡情であるが、親鸞は、往生浄土を願う念仏者でありながら、大胆にこれを告白したのである。人間の世界が煩悩の世界であり、苦悩の世界であることを知りながらも、「久遠劫よりいままで流転せる苦悩の旧里はすてがたく」、浄土は安楽寂静のさとりの世界であると信じながらも、「いまだむまれざる安養の浄土はこひしからずさふらふ」というのが真実である。厭離穢土・欣求浄土などということも、そうたやすくいいきれるものではない。私どもは、それよりもまず、私どもの内に燃えさかる煩悩のほのおをよく見きわめなければならない。観念的に穢土を厭離しようとしても、それは自己欺瞞に陥るであろう。空想によって描かれた浄土を欣求してみても、その夢は現実世界の冷たさに欺かれるであろう。真実の信はそうした観念と空想とによってではなく、現実の人生をまともに見つめることによって得られるのである。

しかし、現実の人生をまともに見つめる限り、私どもの内に燃えさかる煩悩を見きわめる限り、私どもはついに現実の人生、生きている人間の存在そのものに絶望せざるを得ないのである。私どもは、私どもの現実的生存の続く限り、完全なさとり、無上涅槃は得られないということを認識せざるを得ないのである。しかも私どもはそれを求めている。私どもの迷いと浄土への思慕とは、人生のあらん限りその矛盾をつづける。私どもはそれ故にこそ死を超えて生きる「往生」を願うのである。ここから親鸞の感激にみちた結論が導き出される。——「なごりおしくおもへども、娑婆の縁つきて、ちからなくしてをはるときに、かの土へはまいるべきなり。いそぎまいりたきこころなきものを、ことにあはれみたまふなり。これにつけてこそ、いよいよ大悲大願はたのもしく、往生は決定と存じさふらへ。踊躍歓喜のこころもあり、いそぎ浄土へまいりたくさふらはんには、煩悩のなきやらんと、あやしくさふらひなましと、云々。」

煩悩の世界を娑婆(しゃば)(sahā)という。この現実の人間世界のことである。それは私どもにとって

「苦悩の旧里」であって、どうしても捨てきれない世界である。いかに信じ、いかにさとっても捨てきれないのがこの人生、煩悩の世界である。しかし、やがて何人にも「なごりおしくおもへども、娑婆の縁つきて、ちからなくしてをはるとき」が来る。それは死である。死は私どもにとって暗黒と絶望とを意味する。ところが阿弥陀仏の本願はついにその暗黒に光明をもたらし、絶望を満足に転じてくれるのである。それは一切の衆生に向けられている悲願であるが、親鸞はそれを「いそぎまいりたきこころなきものを、ことにあはれみたまふなり。」と受けとった。そして「これにつけてこそ、いよいよ大悲大願はたのもしく、往生は決定と存じさふらへ。」と仰信したのである。

ここで唯円房の二つの疑問が――それが実は一つの宗教的実践における疑惑であることは、前にいったが、――総括されて一度に解決されてしまった。「天におどり、地におどるほどによろこぶべきことをよろこばぬにて、いよいよ往生は一定(いちじょう)とおもひたまふべきなり。」といわれたときに、唯円房はいつもながら師の逆説的なことばをよく理解しかねたかも知れない。私もかつてこの「おもひたまふべきなり」という表現に何か背理的なものを押しつけられるような感じを受けないわけにはいかなかった。しかし、「いそぎまいりたきこころなきものを、ことにあはれみたまふ」と聞くときに、歓喜もなく、浄土への欣求にも乏しいことは何の障(さわ)りともならず、かえって「これにつけてこそ、いよいよ大悲大願はたのもしく、往生は決定と存じさふらへ。」という決定的な信の真実性が領得されるのである。ここで唯円房の疑惑が解け、その心にほのかな歓喜の湧いてくるのをおぼえたことであろうとおもう。

五

浄土教といえば、死後における極楽往生を願う宗旨であると、一般におもわれている。浄土真宗においても、少なくとも宗門内のありきたりの信者の間では、そうおもわれているのである。そういう意味で「未来」とか「後世」とかを問題にすることが浄土門であるというのが普通の理解であろう。けれども親鸞は、浄土教のほんとうの意味は決してそのようなものではないということを明らかにしたのである。そういう通途の理解のしかたは真実のものではない。浄土教の真実の意味はどこにあるか。親鸞の課題としたのはまさにそのことであったのである。教行信証は、あまたの文献を引用しながら、真実の教・真実の行・真実の信・真実の証がいかなるものであるかを論考したものである。その本来の書名が『顕浄土真実教行証文類』であることがそのことを物語っている。

その教行信証において、死後の極楽世界などはさらに問題とされていないのである。問題とされているのは、真実の教・行・信・証である。真実の教は何であるか、それは大無量寿経に示されている。真実の行・信は何であるか、それは如来の本願力による念仏の大行であり、如来によって廻向された他力の大信である。この大行・大信によって得られる真実の証とは何であるか。「謹んで真実証をあらはさば、すなはちこれ利他円満の妙位、無上涅槃の極果なり。」（証巻）さとりの完成である、というのである。すなわち親鸞の問題としたのは死後でも、未来でもなく、ただ人間として真実の道を求め、真実の証果を願うことであったのである。死よりも生、未来よりも現実が問題であったとさえいい得るであろう。それが「浄土真宗」であり、いな浄土門を超え、仏教をも超える「真宗」であったのである。「真宗」とは親鸞において真実の仏教であり、いわゆる「正法」をも超える真実の仏教であった。今日なら真実の宗教であるといってもよいであろう。それが具体的には大無量寿経を典拠とする「浄土」真宗であったわけである。一つの宗門（教団）としての浄土真宗は後世に形成されたもので、親鸞の知らないものであり、親鸞がそれを意図していたともおもわれない。親鸞の志したところは、或る意味でそれよりも小さく、或る意味でそれよりも大きなものであったとおもう。

「往生」という語も、通俗の観念では専ら死後における極楽往生の意味に用いられ、しかもその意味の往生ということが浄土門における窮極の目的であるかのごとく解されているが、――甚だしきに至っては、死ぬことを往生だとおもっている人がある、というよりもそういう人の方が多い。――親鸞の宗教、浄土真宗においてはそうではないのである。往生とは、第一章において述べたように、さとりの世界、真実一如の法の世界において生きることである。それは感覚的な快楽を享けることの極まりないという意味で極楽浄土に生れることではないのである。いわんや往生ということは浄土真宗の一半の目的でしかない。

「謹んで浄土真宗を按ずるに、二種の廻向あり、一には往相、二には還相なり。往相の廻向について、真実の教・行・信・証あり。」

これは教行信証・教巻の冒頭にあることばである。往相とはすなわち真実の教・行・信によって真実の証に到ることであり、それが「往生」なのである。往生とは死ぬことではない。絶対真実の世界に往いて生きることである。それは、感覚的な快楽を享けることではないと同時に、精神的な愉悦、恍惚たる法悦の境に止まることでさえもないのである。往相の廻向は直ちに還相の廻向を伴うのである。

「二には還相廻向といふは、すなはちこれ利他教化地の益なり。」

これは証巻第二段の書き出しのことばであって、これからあとはずっと還相廻向について書かれている。還相とは、彼岸の世界から再び現実の人生に還り来って利他教化のはたらきを現わすことである。往くも還るもみな阿弥陀仏の願力による廻向（おくりもの）であるから、往相・還相の廻向というのである。他力の信を得る者は願力によって往生し、また願力によって還って利他教化のはたらきを現わすのである。正信偈に「能く一念喜愛の心を発すれば、煩悩を断ぜずして涅槃を得」とあるのは、まさにそのことをいったものにちがいない。

だから、歎異抄においても、死ということには余り触れていない。歎異抄において「死」という語の出てくるのは、この第九章だけである。しかし、歎異抄にこの一章のあることは、重要な意味をもっているとおもう。現実の人生について深くその現実のすがたを見つめた親鸞には、この土において涅槃を証するなどということは到底許せないことであった。「煩悩を断ぜずして涅槃を得。」とはいったが、「煩悩即涅槃」とはいわなかった。浄土はあくまで彼岸の浄土であって、「娑婆即寂光の浄土」ではない。そういう主観的な観念による解脱の主張を「末代の道俗、近世の宗師、自性唯心に沈んで浄土の真証を貶す。定・散の自心に迷うて、金剛の真信にくらし。」ときめつけている（教行信証・信巻序）。「他力」すなわち「本願力の廻向」を力説したのは、私どもが苦悩から解脱するのは、主観的観念によるのではなく、客観的な歴史に内在する仏心、大慈悲の精神によってのみ可能である、という現実的諦観によるものだと、私はおもう。

親鸞はすばらしく明るい、近代的ともいうべき叡智をもっていた。だから、死後の世界の感覚的な存在などは問題でなかったのである。他方その叡智をもって現実を――社会的現実を、そして自己内心の現実を――見つめたときに、聖道門の人たちが悟りすましたようなことをいって浄土教を批判しているのは、主観的陶酔にすぎないか、わるくすると自・他の欺瞞、ごまかしであるとしかおもわれなかったのであろう。

親鸞はその一生の間念仏を行じつつ、他力の信をとぎすましたのであるが、どうしても此の土において完全な涅槃のさとりを得るとはおもえなかった。自己に信ぜられないことを人に教えることはもちろんできなかったのである。この身体的な存在のあらん限り、煩悩はつづく。しかし本願を信ずる心、浄土の菩提心もまた決していつわりではない。この心はどこから来るか。それは如来の廻向、他力でしかあり得ない。これが「弥陀の誓願不思議」という信仰の体験的根拠であったのではないであろうか。しかし、本願を信じ、念仏を申して五十年あまりになっても、なお或る疑惑が心をかすめて往来することをどうすることもできなかった。それは人間親鸞にとって蔽いかくすことのできぬ迷いであった。「親鸞もこの不審ありつるに」というのは、その率直な告白であったのである。

本願がある。その真実は疑うべきでない。しかし、宿業の煩悩はやまない。精神的苦悩はむしろ信仰によって深まるのである。自己の煩悩を自覚しない者には知られない苦悩である。「煩悩具足の凡夫とおほせられたる」とは経典の引用ではなく、まさに親鸞の内面的自覚であり、親鸞によって聞かれた如来の声であったとおもう。しかし、それに応じて「他力の悲願はかくのごときのわれらがためなりけり。」と安堵（あんど）するのである。幾度かこういう不安と安堵、苦悩と救済の意識が繰り返されたことであろう。しかも、この身体的な生命のつづく限り、この心の動揺もまたつづくと見きわめられたときに、「なごりおしくおもへども娑婆の縁つきて、ちからなくしてをはるときに、かの土へはまいるべきなり。」という彼岸におけるさとりを願うほかなかったのである。

この第九章に記された親鸞聖人と唯円房との問答は歎異抄全十八章における頂上をなすものであり、親鸞によって開顕された真実信の極意を示すものであるとおもう。それは浄土真宗、すなわち浄土門における真実の極宗を明らかにするばかりでなく、全仏教における真実の極宗を明らかにする。その意味で「真宗」そのものである。さらに、凡（およ）そ全人類における宗教的意識の最高位を示すものとして、宗教的真実そのものであるともいえるであろう。

第十章　念仏には、無義をもて義とす

一、念仏には、無義（むぎ）をもて義（ぎ）とす。不可称（ふかしょう）・不可説（ふかせつ）・不可思議（ふかしぎ）のゆへにと、おほせさふらひき。

一

これは、歎異抄第一部・語録の最後の章である。そしてこの第十章が全十章の結論を示すものであることは、上にしばしば述べてきた通りである。

ところで、いまこの第十章の本文を前にして、どうこれを説明してよいか、否どうこれを領解（りょうげ）すべきかを知らない。私にはこれを説明することもできず、一応の了解（りょうかい）すらできないのである。

「無義をもて義とす」といい、「不可称・不可説・不可思議のゆへに」というごとき、私の領解を絶しているのである。

おもうにこれは、親鸞における信の極致であり、それはやがてこの土における聖人の最後の己証（さとり）であった。それは、私の己証を超えている故に、十分これを了解することができない。了解することができないから、ほんとうにこれを説明することもできないのは当然である。「いまだ地位にいらざれば、念力ひとしくおよばれず。」（高僧和讃）という句がおもいあわされるのである。

けれども、そういっただけでは、読者に対してあまりにも不親切であろう。読者の中には、五十年余りもこの抄に親しんできた私より若い人が多いであろう。もちろん領解の深浅は必ずしも年齢によらない。年齢的に若くても私以上の領解をもっている人があるにちがいない。同時に私より老年でも私に及ばない人もあるとおもう。だが、宗教——に限らないが、とくに宗教——というものは、やはり相当の時間をかけて学ばなければならない。親鸞聖人にしても、「無義をもて義とす」ということばは、教行信証にはまだ見えていない。これと関係のある、おそらくおなじ意味の「自然法爾」ということばも同書にはまだ見えない。これは聖人晩年の己証である。それで、私には到底十分にわからないが、聖人晩年の己証として、できるだけこれを考えて見ようとするのである。

二

まず、この己証について親鸞みずから書き示したいくつかの文献を手がかりとしよう。

「義なきを義とす」ということばは、末燈鈔（二）に収められた建長七年十月三日づけ、愚禿親鸞八十三歳書レ之という署名のある書簡に見えている（真蹟による）。——

「かさまの念仏者の、うたがひとわれたる事。それ浄土真宗のこころは、往生の根機に他力あり、自力あり。このことすでに天竺の論家、浄土の祖師のおほせられたることなり。まづ自力と申ことは、行者のおのおのの縁にしたがひて、余の仏号を称念し、余の善根を修行して、わがみをたのみ、わがはからひのこころをもて、身口意のみだれごころをつくろひ、めでたうしなして、浄土へ往生せんとおもふを自力と申なり。また他力と申ことは、弥陀如来の御ちかひの中に選択摂取したまへる第十八の念仏往生の本願を信楽するを他力と申なり。如来の御ちかひなれば、他力には義なきを義とすと聖人のおほせごとにてありき。義といふは、はからうことばなり。行者のはからひは自力なれば義といふなり。他力は本願を信楽して往生必定なるゆへにさらに義なしとなり。」

これは常陸国笠間(かさま)の念仏者が、念仏について自力あり・他力ありということに不審をいだき、聖人に質問したのに答えたものである。自力とは「わがはからひのこころ」をもって念仏し往生せんとおもうことであり、他力とはわがはからいをすてて本願を信楽することである。この他力の念仏は「如来の御ちかひ」であるから、「他力には義なきを義とす」と聖人は仰せられたというのである。この聖人は法然上人を指すものとおもわれる。そうすると、これは若き日の親鸞が法然上人から聞いたことばであるとしなければならない（法然上人関係の文献には見あたらないが）。「義なきを義とす」とは「はからひなきはからひ」ということになる。それは主観的理性を超えた理性、非思量底(ひしりょうてい)の思量である。けっきょく他力であり、本願の信楽である。「わがはからひのこころ」のおこるのを否定し尽す意味で、「義なきを義とす」といわれたものとおもわれる。従来の教学では、前の「はからひ」は、凡夫の「はからひ」であり、後の「はからひ」は仏の「はからひ」であると説明する。一応の説明としてわかるが、それでは再び「わがはからひのこころ」による論理的な分別になるのではなかろうか。

ところで親鸞はこれを「自然法爾(じねんほうに)」ともいった。同じ末燈鈔（五）自然法爾事(じねんほうにのこと)に次のようにいっている。

「自然といふは、自はをのづからといふ。行者のはからひにあらず。然といふはしからしむといふことばなり。しからしむといふは、行者のはからひにあらず、如来のちかひにてあるがゆへに法爾といふ。法爾といふは、この如来の御ちかひなるがゆへにしからしむるを法爾といふなり。法爾はこの御ちかひなりけるゆへに、をよす(おほよす)行者のはからひのなきをもて、この法の徳のゆへにしからしむといふなり。すべてひとのはじめてはからはざるなり。このゆへに義なきを義とすとしるべしとなり。」

歎異抄のなかにも、「自然のことはりにあひかなはば」ということばがある（第六章）。そのほか晩年の親鸞はしばしば「自然」とか「自然法爾」とかいうことをいっているが、それはけっきょく「わがはからひ」をすて、「ひとへに他力にして自力をはなれたる」ことをいうのである（第八章）。それは「如来の御ちかひ」がおのずから然らしめる自然であり、法爾であった。いいかえるとわれらのはからひを超えるはからひということになる。「自然法爾」といい、「義なきを義とす」といったときに、親鸞は如来の本願を通して無上涅槃のさとりに迫ろうとしているようにおもわれる。

「ちかひのやうは、無上仏（むじょうぶつ）にならしめんとちかひたまへるなり。無上仏とまふすは、かたちもなくまします。かたちもましまさぬゆへに自然とはまふすなり。かたちましますとしめすときには、無上涅槃とはまふさず。かたちもましまさぬやうをしらせんとて、はじめて弥陀仏とま

ふすぞとききならひてさふらふ。弥陀仏は自然のやうをしらせんれうなり。」（同上）

とあるのがそれである。唯信鈔文意に二種の法身（法性法身・方便法身）を説き、「法性法身とまふすは、いろもなし、かたちもましまさず。しかればこころもおよばず、ことばもたえたり。この一如よりかたちをあらはして方便法身とまします。」とあるのと通じている。方便法身の誓願を信楽することによって、一如の法性法身に近づくのである。だから、

「信心よろこぶそのひとを、如来とひとしとときたまふ、大信心は仏性なり、仏性すなはち如来なり。」（諸経和讃）

ともいうのである。しかし、親鸞は単なる形而上学的観念に堕することを欲しなかった。「弥陀仏は自然のやうをしらせんれうなり。この道理をこころえつるのちには、この自然のことはつねにさたすべきにはあらざるなり。つねに自然をさたせば、義なきを義とすといふことは、なを義のあるになるべし。これは仏智の不思議にてあるなるべし。」（自然法爾事）と戒めている。あくまで現実の人生における体験に即して、いわば実存的に考えようとしたのである。

三

「念仏には、無義をもて義とす。不可称・不可説・不可思議のゆへに。」

これは、この抄第一部・語録の最後の章であるばかりでなく、親鸞聖人がその九十年にわたる宗教的思惟と実践とを総括する最後のことばではなかったであろうか。どうも私にはそうおもわれてならない。

親鸞は、師法然の教えを伝えた専修念仏者であった、よし法然上人のごとく「源空は大唐の善導和尚のをしへにしたがひ、本朝の恵心の先徳のすすめにまかせて、称名念仏のつとめ、長日六万遍なり、死期やうやくちかづくにより、又一万遍をくはへて長日七万遍の行者なり。」（和語燈録一）というごとき行状はなかったにせよ、

「弥陀の名号となへつつ、信心まことにうるひとは、憶念の心つねにして、仏恩報ずるおもひあり。」（浄土和讃）

と煩悩具足の自己を反省しつつ、日常の現実生活において弥陀の本願を仰ぎ、そのきわまりなき慈悲を憶念しては「南無阿弥陀仏」と弥陀の名号をとなえた人である。信心と念仏とは親鸞において一如のものであった。行即信、念仏即信心であった。ところで、その信心は他力の信心であるから、念仏もまた他力の念仏、本願の念仏である。信心と念仏とすべて念仏往生の願より出ている。「弥陀の誓願不思議にたすけられまいらせて、往生をばとぐるなりと信じて念仏まうさんとおもひたつこころのおこるとき、すなはち摂取不捨の利益にあづけしめたまふなり。」（第一章）

信・行の一念にすべてが集中されている。

念仏は往生浄土のためである。浄土とは、感覚的な享楽の世界ではない。精神的なさとりの世界である。浄土に往生するとは「浄土のさとり」をひらいて仏となり、仏として生きることである。本願を信楽することは、すなわち浄土の菩提心であり、願作仏心である。しかも親鸞はそれを一つの望み、あこがれとして、その望みに生きようとしたのではなかった。「念仏は、まことに浄土にむまるるたねにてやはんべるらん、また地獄におつべき業にてやはんべるらん、総じてもて存知せざるなり。たとひ法然聖人にすかされまひらせて、地獄におちたりとも、さらに後悔すべからずさふらふ。」と往生浄土の望みをさえもなげうつ。まことに絶対的な信の一念であり、行の一念である。この一念から見ると、西方極楽世界の荘厳を心に描くがごときは、はるかに弛緩した欣求浄土の芸術的想像にすぎないであろう。親鸞はそれを否定はしなかった。それは浄土和讃において表現されている。しかし端的な信の一念は、そうした芸術的想像をも絶するのである。

親鸞は隆寛律師の『一念多念分別事』という書を重んじ、弟子たちにこれを読むことをすすめ、そして自ら『一念多念文意』を書いてそれを註釈した。その始めに「一念をひがごととおもふまじき事」としている。教行信証・信巻にも「それ真実の信楽を按ずるに、信楽に一念あり。

一念といふは、これ信楽開発の時刻の極促を顕はし、広大難思の慶心を彰はす。」とある。親鸞の最も重んじたのは実に信の一念であった。文意に「一念といふは、信心をうるときのきわまりをあらわすことばなり。」とあるが、それは初めて信心を獲得するときの一念だけをいうのではあるまい。念仏するとき、刻々に行の一念があり、そして信の一念があるべきである。それはおのずから多念ともなるであろう。隆寛は「多念すなはち一念なり、一念すなはち多念なり。」というすばらしい表現をしている。親鸞は隆寛とともに一念・多念のあらそいをあるべからざることとして斥けているのである。

真実の信心は、一念にしてよくわれらの往生を決定する。往生とは「浄土のさとり」をひらくことである。「浄土のさとり」をひらくとは、無上涅槃を証することである、それは一つのイデアであり、無限のかなたにある望みであるが、――それ故にそれは死を超えるものと考えられる。――しかし、単なるイデア、単なる理想ではない。いまここで、実証されるものがなければならない。それは他力の信そのものにおける証（さとり）であり、宗教的体験である。親鸞は教行信証・信巻のはじめに大信心を「極速円融の白通・真如一実の信海なり。」としている。これは一念にしてすみやかに如来のさとり、無上涅槃に融合することを表現したものでなければならない。それは如来より廻向された「利他深広の信楽」によって可能にされる・現実の証であるのである。
親鸞はこの現生における真実信の証について多くを語っていない。それは語ることのできないものであるからである。しかし、親鸞は、とくにその晩年において、真実信の功徳をたたえ、信心によって直ちに正定聚となり、等正覚の位にのぼるということを力説した。たとえば末燈鈔(三)に

「信心をえたるひとは、かならず正定聚のくらゐに住するがゆへに、等正覚の位と申なり。大無量寿経には摂取不捨の利益にさだまるものを正定聚となづけ、無量寿如来会には等正覚とときたまへり、その名こそかはりたれども、正定聚・等正覚はひとつこころ、ひとつくらゐなり。等正覚とまふすくらゐは補処の弥勒とおなじくらゐなり。……浄土の真実信心の人は、この身こそあさましき不浄造悪の身なれども、心はすでに如来とひとしければ、如来とひとしとまふすこともあるべしとしらせたまへ。」

現生における真実信の証は、浄土における証、すなわち「利他円満の妙位・無上涅槃の極果」(教行信証・証巻)とは区別されなければならない。しかし、それと全く異るものではないであろう。浄土における証は、無限のかなたにおける理念であり、法である。現生における信は、その現実における表現である。というよりも、現生における信は、彼岸の浄土における証に向い、そ

れを追うものであると同時に、そのありさまを現実の世界において体験的に実証するものである。「如来とひとし」というごときことばは、現実と理念とを分ちながら、しかもその等質なることをいうものにほかならないであろう。信の一念をおろそかにおもってはならない。私はここで道元禅師の正法眼蔵弁道話に「それ修・証はひとつにあらずとおもへる、すなはち外道の見なり。仏法には修・証これ一等なり。いまも証上の修なるがゆゑに、初心の弁道すなはち本証の全体なり。」とあることを思いあわせるのである。（修を行＝念仏、証を信＝等正覚とおきかえて見よ。）

歎異抄の作者は、現生における「さとり」というがごときは、浄土教の性格を壊すものではないかと心配し、これを一つの異義として斥けている。

「煩悩具足の身をもて、すでにさとりをひらくといふこと、この条、もてのほかのことにさふらふ。……和讃にいはく、金剛堅固の信心の、さだまるときをまちえてぞ、弥陀の心光摂護して、ながく生死をへだてけるとはさふらへば、信心のさだまるときに、ひとたび摂取してすてたまはざれば、六道に輪廻すべからず。しかればながく生死をばへだてさふらふぞかし。かくのごとくしるを、さとるとはいひまぎらかすべきや。あはれにさふらふをや。浄土真宗には、今生に本願を信じて、かの土にしてさとりをばひらくと、ならひさふらふぞとこそ、故聖人の

おほせにはさふらひしか。」（第十五章）

しかし、これは唯円房の教学的概念の狭さを語るものであるか又は概念的分析（分別）の問題にすぎないであろう。真実の証としての「さとり」はかの土、彼岸のものであることはもちろんであるが、実は信そのものが一つの証であり、「さとり」であるのである。親鸞聖人はこれを「義なきを義とすと信知せり。」（正像末和讃）とか「いかでか真宗をさとらまし。」（高僧和讃）、「信心の智慧にいりてこそ、仏恩報ずる身とはなれ。」「信心の智慧なかりせば、いかでか涅槃をさとらまし。」（同上）というように表現されている。信そのものが「信知」であり、「智慧」であり、「さとり」の一段階であることを知らなければならない。浄土のさとりと信心による現生のさとりとは異なる。しかし、異なっていながら、つながったもの、等質のものである。そうであればこそ、信心から一歩をすすめて浄土のさとりに入ることができるのである。

四

最後に、も一度念を押しておかなければならない。「義なきを義とす」といい「自然法爾」ということは、「いろもなし、かたちもましまさぬ」法身（存在）であり、一如の法界（世界）であるが、これを実証することなくして語るなら、それは単なる理談、抽象的な形而上学的概念だけの論に了るであろう。親鸞聖人はそれを「義なきを義とすといふことは、なを義のあるになるべし。これは仏智の不思議にてあるなるべし。」と戒められたのである。

この章の最後に「不可称・不可説・不可思議のゆへに」とあるのも、そのことを告げているとおもわれる。一如の法は「こころもおよばず、ことばもたえたり。」私どもは直接にそれを説明することもできず、思惟することもできない。凡夫としてはそれを時間的・空間的に象徴化した仏、いわゆる方便法身の阿弥陀仏として、表象するほかない。しかも、阿弥陀仏の本願は、世界の意思とか、歴史的必然とかいうごときものではない。それは人間の歴史に内在しつつ、しかも歴史を超える本願である。歴史的状況はそれを信知する手がかりとなるであろう。しかしそれは歴史的状況を超える悲願である。一切の有情が救われてゆく世界。それは彼岸の浄土よりほかにはないのである。

救われるということは私ども一人一人が「浄土のさとり」を開くということである。しかし、真実の証は単なるイデアの世界に止まるものではない。それは現実の世界に働きかけるものでなければならない。浄土に往生した者は還ってこの現実の世界に現われ、仏の本願を実現するために無窮の利他教化をつづけるのである。それもまた仏の本願によることである。それが還相廻向といわれるものである。私どものほんとうの望み、ほんとうの志願は、自己一人が救われるということではない。すべての同朋とともに救われるということである。それが往相・還相の廻向によって現実となる。それは一に阿弥陀仏の誓願によるのであるが、その通路はただ念仏の行・信あるのみである。「念仏まうすのみぞ、すゑとをりたる大慈悲心にてさふらふべき。」(第四章)他力の念仏こそは最も徹底した慈悲心の現われである。

念仏は往相廻向の「大行」である。しかし、念仏によって浄土に往生するということは、必然的に還相廻向の利他教化をもたらすことである。それはすでに私どものはからい、思慮分別を超えたものである。「義なきを義とす。」はからいなきはからい、「如来の御ちかひ」である。そしてそれは「自然法爾」である。自然とは自然科学の対象となるような対象的・客観的な自然をいうのではない。仏の本願と、そのよび声にこたえる凡夫の信との主体的・実践的な関係の自然である。「自然のことはりにあひかなはば、仏恩をもしり、師の恩をもしるべきなり。」(第六章)という人倫的・倫理的な自然である。信の一念は自然に現実生活の倫理をも完成する。それは不可称・不可説・不可思議の力によるのである。はからいなきはからいは、現生においてすでに、宿業に即して、しかも宿業を超える功徳として現われる。それはすでに不可思議の還相廻向であるともいえよう。

「五濁悪世の有情の、選択本願信ずれば、不可称・不可説・不可思議の、功徳は行者の身にみ

てり。」（正像末和讃）

ともいわれている。本章の「不可称・不可説・不可思議のゆへに」とあるのに対応する。これは親鸞聖人が晩年にみずからの生涯をかえりみて、真実信の体験を語ろうとしたものであるとおもう。だがそれは「不可称・不可説・不可思議」、すなわち何と名づけようもない、何と説明のしようもない、何と思議することもできない信の体験であった。親鸞その人もその体験をどう表現するか、そのすべを知らなかった。ただ否定的な文句をくりかえすほかなかったのである。しかし、その否定は、何物も存在しない無や、単なる空（但空）ではなかった。その背後にあるものは、ことばによって表現することのできない、思惟し判断することもできない、体験的実証であった。それを宗教的象徴として表現するものは方便法身、すなわち報身仏としての南無阿弥陀仏のほかない。無限の生命、無量の光を体現する人間的仏陀を信ずるのである。その信の体験こそは、現世において、あの積極的な生の源泉となったものなのである。

増補

歎異抄から

歎異抄の親鸞

歎異抄から二、三の個条をひろって、そのなかから私どもの人生に対する教訓を学びとりたいとおもいます。

ご承知のように、歎異抄は親鸞の語録又は言行録とでもいうべきものでありまして、その主な部分は、親鸞がその弟子たちに対して語ったことばを記したものであります。もっとも、この書物は単に親鸞の語録として編集されたものではなく、親鸞の滅後その弟子たちの間において親鸞の教えた教義がいろいろとゆがめられ、或いは全く誤って伝えられているのを批判し、親鸞の正しい精神を明らかにする意図のもとに著作されたものであります。その著者が誰であるかははっきりわかりませんが、この書物の中に二度まで名前の出てくる唯円房という人であろうということに、今日では大たい学者の意見が一致しています。この人は直接親鸞聖人の教えをうけた、いわゆる面授の弟子であります。この唯円という弟子が、もう大ぶ年をとってからのことのようですが、同じ念仏者の間に親鸞の意に背く異義の行なわれていることを歎いてこの書を著わしたというのであります。その前半は著者がかつて親鸞から直接に聞いたことばを記録したものであります。そして後半は、それを根拠として異義を批判しているのであります。『歎異抄』という書名もその意味を表現したものであります。

私どもにとって何より大切なのは、この歎異抄によって伝えられている親鸞その人のことばであります。親鸞みずから筆をとって書いた書物も少なからずあるのでありますが、親鸞の生きた精神、ことに日常において親鸞がどのようなことを弟子たちに教え、またどのような生活感情をもって生きていたか、というようなことは、その著作からだけではまだ十分にわかりません。そこへ行くと、まのあたり教えをうけた面授の弟子が伝えている歎異抄のことばには、直接私どもの心に訴える或るものがあるのであります。そこに歎異抄のもつ宗教的な魅力があると申してもよろしいでしょう。

実を申しますと、この歎異抄が今日のように広く流布し、ひとり在来の浄土真宗の信者ばかりでなく、一般の知識層や青年たちに読まれるということは、明治初年までは全くなかったことであります。この書物は宗門内においてさえむしろ秘密にされておりました。それは、この書に記された親鸞のするどいことば、ことに逆説的なもののいい方が、とんでもない誤解をひきおこす虞があったからでありましょう。しかし、よく読んで十分にその精神を領解してみますと、その危険とおもわれることばこそは、かえって私どもの眠れるたましいをよびおこしてくれます。現実の人生におけるあさましい罪悪と無常と深い矛盾とを知らしめることによって、人類永遠の願いを意味する阿弥陀仏の本願への信仰を促し、浄土、すなわちさとりの世界への望みを懐かしめるものにほかならないのであります。明治中期以後、歎異抄の価値がようやく一般に認められるようになったことは、けっきょくその中に記された親鸞のことば、さらにそれを通して親鸞その人の宗教的な精神そのものの力であるとおもうのであります。

時間が限られておりますので、前おきはこのぐらいにして、本文の一節を読み上げてみましょう。第二章のはじめのところであります。

「一、おのおの十余ケ国のさかひをこえて、身命をかへりみずしてたづねきたらしめたまふ御こころざし、ひとへに往生極楽のみちをとひきかんがためなり。しかるに、念仏よりほかに往生のみちをも存知し、また法文等をもしりたるらんと、こころにくくおぼしめしておはしましてはんべらんは、おほきなるあやまりなり。」

この第二章は、これは親鸞のずっと晩年のことと推測されるのでありますが、東国、いまの関東地方から幾人かの弟子たちがはるばる京に上ってきて、親鸞に教えを乞うたときの模様をまざまざと描いています。

親鸞は越後への流罪を赦免された後、妻子を伴って東国、今日の関東地方へやってきました。そしてそこで四十二歳から六十二歳頃まで約二十年の間、いわゆる非僧非俗、僧にあらず、さればといってただの俗人でもない、やはり仏教者としての生活をしていたのであります。非僧非俗という親鸞のみずからいったことばには内面的に深い意味もありますが、外形の上からいうと、その当時の国法のもとで流罪のときすでに僧たる資格を奪われ、僧ではなかったのです。しかし、全くの俗人の生活でもなかった。二十九歳の春まで叡山で修行をし、さらに五年あまり吉水の法然上人について学んだ仏教者であります。越後では流人としてすでにみずから耕さなければならなかった筈でありますが、東国に来たのは、開拓地を耕して妻子を養いながら、さらにその宗教的思惟を深め、そのあたりの庶民を教化するためであったのでありましょう。つまり額に汗して生活しながら、いわゆる自信教人信、みずから念仏を行じ、また人に教えてこれを行ぜしめる仏教者であったのです。その生活がまさに二十年もつづいたわけであります。

それなら、なぜ二十年も住み馴れ、多くの弟子や信者をもっていた東国をあとにして京に帰ったのか。これは親鸞の伝記の上における一つの疑問でありまして、学者の間にいろいろ議論されているのでありますが、二十年の間鍛(きた)えた宗教的思惟と体験とをひっさげて、中央の仏教界、ひろくは思想界と対決したいという表現の意欲が高まってきたことが、少なくともその一つの動機であったろうと私は推測するのであります。

それはともかく、親鸞が京に帰った後も東国から弟子たちがはるばる「十余ケ国のさかひをこえて、身命をかへりみずして」親鸞の許(もと)をたずねてきた。そして仏法について、特に親鸞の伝えた念仏の教義について問いただしたということが、この歎異抄第二章によってはっきりとわかるのであります。その文章の間から「身命をかへりみずして」正しい法を聴きただそうとしている東国の弟子たちの熱情も尊く読みとられますが、それに答える親鸞の自信にみちた態度にも衿(えり)を正さしめるものがあるのであります。

非僧非俗の仏者

親鸞の東国における二十年の生活は、開拓地における農民の生活であり、その間に宗教的思索と体験とを深め、乞われるままに教化を施したであろうということを前回に申しました。仏教者でありながら農民であり、農民でありながら教化を行なう仏教者であった。それが非僧非俗の生活であったのであります。

しかし、その二十年の教化によって多くの弟子ができ、信者ができて、後には耕すことよりも、教化に費やす時間の方が多くなったかも知れません。はじめ東国にきた頃はその居住もまだおちつかないで武蔵、上野あたりを転々としたらしいのであります。後おもに常陸の国に住み、筑波山のふもと、利根川のほとりをあちらこちらと教化してあるいたようであります。その当時は鎌倉初期でありまして、政治的支配の中心が東国に移ったのでありますが、東国の文化はなお低く、経済的にも、自然の気候や災害とたたかいながら、農耕によって生活する農民の生活は、貧しいものでありました。のみならず、今までの荘園の組織のほかに武家の支配が加わることによって農民たちがその作物を搾取される量も多くなりその生活はまことに不安なものであったとおもわれます。

親鸞の教化はもちろん農民だけを相手にしたのではなく、その弟子のなかには武士もありましたし、商人などもあったでしょう。しかし、いずれにしても、当時はひとり東国だけでなく、日本全体が一つの政治的動乱のさなかにあったのでありまして、それがまた社会的に不安動揺をまきおこしていたのであります。社会的不安はやがて人間の心を不安なものにします。鎌倉初期は法然、親鸞のほかに道元、日蓮その他多くのすぐれた仏者が輩出して、日本仏教がほんとうの意味で日本人の仏教として興隆した時代であることは、知られている通りであります。しかも、東国はその政治的社会的変動の震源地でありました。親鸞が東国を選んで教化を行なったことには深い意味があったとおもいます。

　東国における人心の不安と、しかもその底にひそむ東国的な素朴剛直な心情は、親鸞その人の精神にも影響しているとおもいますが、同時に親鸞の教化は、東国において、強く庶民の心に訴えるものがありました。親鸞帰洛の後も、東国の弟子たちが「十余ケ国のさかひをこえて」親鸞の教えを乞うために上洛したということは、このことを雄弁に物語っています。

　しかし、この歎異抄第二章における師弟の面接には、そこに何かただならぬけはいが感ぜられます。弟子たちが親鸞にどういうことを質問したのかは記されていませんが、容易ならぬ疑問を懐（いだ）いて上洛した弟子たちの、鋭く突込んだ質問であったようであります。それに対する親鸞の態度も、断乎（だんこ）たるものでありました。

　「一、おのおの十余ケ国のさかひをこえて、身命をかへりみずしてたづねきたらしめたまふ御こころざし、ひとへに往生極楽のみちをとひきかんがためなり。しかるに、念仏よりほかに往生のみちをも存知し、また法文等をも知りたるらんと、こころにくくおぼしめしておはしましてはんべらんは、おほきなるあやまりなり。もししからば南都北嶺にも、ゆゆしき学生たち、おほく座せられてさふらふなれば、かのひとびとにもあひたてまつりて、往生の要よくよくきかるべきなり。親鸞にをきては、ただ念仏して弥陀にたすけられまひらすべしと、よきひとのおほせをかふりて信ずるほかに別の子細なきなり。」

いかにも思いきった言い方であります。弟子たちは、あれこれの教学的思想に迷っていたのでありましょう。日蓮上人の「念仏無間、禅天魔」という叫びもきこえておりました。また親鸞の実子善鸞という法師が東国に下って、「わしは父から夜ひそかにこの法門を伝えられてきた。」といいふらし、古い弟子たちが親鸞から教えられて信じていることは誤っていると主張していました。それは単なる教学的な思想の問題であるだけではなく、宗教的信の根本に触れる問題であり、それによって教団の分裂、崩壊をさえひきおこしかけているのでした。ですから弟子たちの態度も真剣であったとおもいますが、親鸞の答もまた鋭いものでありました。

「十余ヶ国のさかひをこえて、身命をかへりみずして」たずねてこられたこころざしは何か。それは「ひとへに往生極楽の道をとひきかんがためなり。」そのほかではないだろう。しかし、親鸞が東国を去った後念仏以外に往生の道があるとか、また念仏以外の法文を知っていて、それを東国の弟子たちには教えないでいる、などとおもっているのなら、それはとんでもないまちがいだ。そんなことなら南都、北嶺、奈良や叡山にもえらい学僧たちがいくらでもおられるのだから、その方へ行って聞くがよい。と、他力の信心がしっかりしていないことをきつく叱りつけているのであります。

「親鸞にをきては、ただ念仏して弥陀にたすけられまひらすべしと、よきひとのおほせをかぶりて信ずるほかに別の子細なきなり。」

よき人は、善知識、ここでは法然上人をさしています。親鸞の信ずるところは、昔も今も変らない。ただ専ら念仏して弥陀の救いにあずかるのだと法然上人に教えられて、それを信じているばかりだ。そのほかに何の子細もない。そういうのであります。ことばは簡単でありますけれども、そこには一貫した信の動かぬ姿がはっきりとうち出されています。

親鸞は二十九歳の春、法然上人の専修念仏のことを「雑行を捨てて本願に帰す。」と教行信証に書いていますが、その後一生を通じてその念仏の信に生きました。その信には微動だもなかったのであります。その後の宗教的実践によっていよいよその信の体験を深め、また教学的思索を積んだのでありますが、ついに師法然に対する謙虚な立場をかえなかったのであります。

宗教的信について

宗教というものは、人生の根本義について教えるものであり、信ずるものであります。人は世界においていかに生くべきか、という窮極的な問題について私どもの態度を決定するものであります。科学は経験的世界を理論的に説明するものでありますが、人は未だ経験しない世界についてもなお思惟を及ぼさなければならない必然に迫られています。私どもはいま現に生き、そして未だ経験しない未来にむかって行為し、行動しなければならないのであります。科学的に説明することのできない場において、行動を迫られているのであります。そういう実践的な行動の場において、私どもの根本態度を決定するもの、それが宗教的信であります。

仏教は、それを神の啓示とはしないのであります。やはり人間の教えであります。人間の仏、釈迦牟尼仏の教えを信ずるのであります。仏とは人間として最も高いさとりに到達した人をいいます。その教えは、歴史的にいろいろの形で学ばれ、実践されてきました。宗教的実践の場において、人はやはり人を信ずるほかありません。先達(せんだつ)の教えを信ずるのであります。禅門などでは師資相承(ししそうじょう)ということを重んじますが、浄土門とても同じことであります。法然は、はっきり偏依(へんね)善導、ひとえに善導によると申しました。わが親鸞は、あくまで法然を「よきひと」、善知識と申したのであります。

それなら、親鸞はなぜ法然の教えを信じたかと申しますと、それは親鸞その人の深刻な内部的経験によるのであります。歎異抄第二章、前回のつづきにこういっています。

「念仏は、まことに浄土にむまるるたねにてやはんべるらん、また地獄におつべき業にてやはんべるらん、総じてもて存知せざるなり。たとひ法然上人にすかされまひらせて、念仏して地獄におちたりとも、さらに後悔すべからずさふらふ。そのゆへは、自余の行をはげみて仏になるべかりける身が、念仏まうして地獄にもおちてさふらはばこそ、すかされたてまつりてといふ後悔もさふらはめ。いづれの行もおよびがたき身なれば、とても地獄は一定すみかぞかし。」

親鸞は、叡山における修行と、その間における内面的な苦闘のあげく、聖道門の修行によってさとりを開き、仏になるというようなことは、到底できないという絶望に陥ったのでありました。理論的には可能であっても、現実において望みがない、といってもよいでありましょう。ここで親鸞は、単なる哲学的思惟ではなく、まさに生存そのものにおける危機を体験しているともいます。その危機を救ったものは念仏でありました。絶体絶命の危機に臨んで、念仏するほかに道はない、としたのであります。それが親鸞の信であります。論理としてはまことに単純でありますが、その基本には親鸞の叡山における聖道門的修行がありました。そしてさらに流罪からいのであります。

東国二十年の生活によって鍛えられた、動かしがたい実践的体験があったことを忘れてはならないのであります。

ところで論理はここで一転するのであります。そのつぎにこう記されているのです。

「弥陀の本願まことにおはしまさば、釈尊の説教、虚言なるべからず。仏説まことにおはしまさば、善導の御釈、虚言したまふべからず。善導の御釈まことならば、法然のおほせそらごとならんや。法然のおほせまことならば、親鸞がまうすむね、またもてむなしかるべからずさふらふ歟。」

というのであります。これは普通の形式論理でいうなら、まったくひどい循環論法だともいえましょう。法然のおおせを信ずるほかに道がないからそれを信ずるのだ、といっておきながら、本願がまことなら釈尊の教え、善導の教え、法然の教え、とつぎつぎに真実でなければならない、というのです。前段で法然の教えを肯定しておきながら、その教えの中心内容である本願から出発して、その教えの真実性を論証しようとしている。これは論理の循環にすぎないと、いわれるでありましょう。しかし、それは論理の形式がそうであるというだけのことです。私どもはその実体を見きわめなければなりません。

「よきひとのおほせをかふりて信ずるほかに別の子細なきなり」というとき、それは、これで助かるかどうかわからないが、といったような弛緩（しかん）した仮定の上に立っているのではないのです。それは、「念仏して地獄におちたりとも、さらに後悔すべからずさふらふ。」という絶対の信なのであります。ことばの点では仮定的でも、体験的には絶体絶命の信であります。念仏によって助かるか助からぬかは問題でない。助かるといわれれば助かる、助からぬといわれれば助からぬのである。まさに至上命令であります。この絶体絶命の信において弥陀の本願こそは絶対の真実である。「弥陀の本願まことにおはしまさば」というのは、実は仮定命題ではないのでありまして、少なくとも親鸞としては本願こそはいささかも疑いを容れない宗教的真実そのものなのであります。信心のよろめいている弟子たちに対してしばらく仮定的な判断の形でそのゆるぎなき信を示したまでのことであります。宗教的信の消息は、このような一見非論理的とおもわれるところにあるのであります。それは他力の信でありますが、本願力がそのまま仏祖の精神を通して親鸞その人の力となっています。自力にあらざる自力となるのであります。

「詮ずるところ、愚身の信心においては、かくのごとし。このうへは、念仏をとりて信じたてまつらんとも、またすてんとも、面々の御はからひなりと、云々。」

親鸞は、弟子たちの思想的動揺をみて、断乎として自らの所信をぶちまけています。しかも弟子たちにあれか、これかの決断を迫っているのであります。まことにおかすことのできない信であります。七百年後の今日、私どもはやはりこの親鸞のことばの前に立たされています。その日の弟子たちは今のわれらであるともいえるでありましょう。

他力の信の積極性

親鸞の他力の信というものは、何か性格の弱い、消極的な教えであるかのごとくおもっている人が多いようであります。ところが実際はその正反対でありまして、如来の本願に自己の一切を托した親鸞こそは、およそ人間として、宗教者として最も強い、最も積極的な人間であったのであります。それは親鸞の生れつき意思的な性格からもきているとおもいますが、他力の信そのものの強さ、積極性であります。それは歎異抄のなかにも歴然とあらわれています。その第七章をご覧になって下さい。

「一、念仏者は無碍の一道なり。そのいはれいかんとならば、信心の行者には天神・地祇も敬伏し、魔界・外道も障碍することなし。罪悪も業報を感ずることあたはず、諸善もおよぶことなきゆへなりと、云々。」

この簡潔なことばのなかに、親鸞の宗教的信の力づよさが遺憾なく表現されているとおもいます。親鸞の体験した本願力がそのまま親鸞その人の躍動する生命力となっているのであります。

他力がそのまま自力になっているともいえましょう。それは個人的な自力を越える大きなさとりの世界に向って、坦々たる大道を歩む者の力づよさであります。「念仏者は無碍の一道なり。」念仏者は何ものにもさまたげられないで、ひとすじの道を行く。そういうことばを聞くときに、私どももまたその親鸞の跡につづく力づよさを感ずることができます。何ともいえぬ力づよさであります。

親鸞の宗教、浄土真宗は何と申しましても浄土門であり、念仏の法門であります。そこから、それはこの世に絶望した者が、わずかに死後極楽浄土に往生することを願う厭世(えんせい)的な教えである、というように理解されていますが、この常識的な理解は根本的に誤っている、と私はおもうのであります。そのように理解されるに至ったことにも相当の理由はありますが、それは「他力本願」ということを、ただわけもなく他人をあてにする便乗主義であるかの如く解しているのとおなじく、浄土真宗ないし浄土門、いなおよそ宗教というものについて無理解であること、人間精神の深い実態を知らず、その高い理想に盲目であることを示すものにほかならないのであります。

だいたい、浄土門というものをただいわゆる極楽浄土の幻影にあこがれるものと解することがまちがいでありますが、それはしばらく措(お)くといたしましょう。親鸞に関する限り、そういうものでは断じてないのであります。親鸞の求めたものは無上涅槃、絶対のさとりでありました。親鸞の主著は教・行・信・証という構造をもっていますが、これは念仏の行と信とはけっきょく証、すなわち「さとり」を目的とするものであるということを明らかにしたものであります。その点で実は聖道門と浄土門と変るところはないのであります。いずれもこの世界と人生とについてその真実のすがたと真実の意味とをさとることを目的としているのであります。いやしくも仏道である限り、そうでなければなりません。そうでなかったら仏道ではないのです。ですから、聖道門と浄土門、自力と他力というような分別にこだわってこの仏教の根本精神を忘れるようなことがあれば、それはもはや仏者ではないのであります。

しかも、大事なことは、その「さとり」というものが決して単なる主観的なものに止まらないということです。「さとり」は人の心に平和をもたらします。無上のさとり、涅槃（Nirvāṇa）の境地を寂静と申しますが、この寂静とはおちついた、力のこもった静けさ、心の平和をいうのであります。ところで、それは、個人の内心的なさとりに止まっているのでは、十分にその実現を見ることはできないのであります。社会全体が、いいかえるとすべての人がさとりに生きるところまで行かなければ、ほんとうの平和は実現されないでありましょう。それが大乗仏教における社会理想にほかならないのであります。

親鸞はそのようなさとりの世界、浄土を求めました。親鸞は真の仏土、すなわち浄土について、それは「無量光明土」、限りなき光にかがやく国土であるといっています。そしてそれに至る道は、ただ各人がそのような理想の世界を建立した仏の本願を信じ、その名をよび、その本願を憶念し、心に銘じて、この現実の世界に生きることが、やがてすべての者があかるい「さとり」の世界に生きることになるのだと教えたのであります。

親鸞は浄土の幻影にあこがれる人ではありませんでした。親鸞は夢みる人ではなかったのであります。平安朝の貴族たちが、迫り来る政治的、社会的な不安におののきながら、わずかに西方極楽の世界のまぼろしを描いてはかない望みをかけたのとはちがいます。親鸞はあくまで現実的な人であり、強い意思的な性格の人です。風波の荒い北陸に五年の間流人の生活をし、さらに妻子をたずさえて関東の平野に二十年の間非僧非俗の生活をした人です。みずからも耕す半農の生活をしながら、しかも内に高度の教養を貯えて、宗教的思索と教化とを事とした人でありました。

二十九歳の春、山を下りて法然の門に入り、専修念仏の教に救われた親鸞は、その信をもって一生を貫きました。あらゆる外部的な苦難に堪え、また内部的な苦悶を経て、現実の堅さ、冷たさを味わいながら、ただ一すじに如来の本願を信じ、念仏の一行に生きたのでした。その教学には聖道門的なものを摂取して、しかもそれを浄土門的に純化しています。

「念仏者は無碍の一道なり。」という、この「無碍の一道」はもと華厳経から出ているのでありまして、この現実の生においてさとりの自由を味わうこと、「生死すなわち涅槃なりと知る」さとりの生活をいうのでありますが、親鸞はまさに念仏者としてこの無碍の一道を歩む体験をしたのであります。

迷信のない宗教

前回「念仏者は無碍の一道なり」という親鸞のことばについてお話しいたしました。親鸞は浄土の美しき荘厳にあこがれるよりも、むしろ念仏者として、堅い、けわしい現実を生きぬくところに、大きな自由を見出したのであります。無上のさとりに至るまで、何ものにも妨げられない坦々たる大道を歩んでゆく、それが真の念仏者の姿である。それを、浄土門としてはまことに大胆なことなのですが、「念仏者は無碍の一道なり。」という、聖道門的な辞句をもって表現したのであります。

この強い、意志的なことばは、しかし、単なる思いつきや、修辞的な表現ではなかったのでありまして、実に親鸞その人の宗教的実践によって裏づけられているのであります。それはそれに続く辞句に示されています。

「一、念仏者は無碍の一道なり。そのいはれいかんとならば、信心の行者には天神・地祇も敬伏し、魔界・外道も障碍することなし。罪悪も業報を感ずることあたはず、諸善もおよぶことなきゆへなりと、云々。」

念仏者は無碍の一道であるといえるのはなぜか、という問に答えて、二つの理由をあげているのであります。その一は、「天神・地祇も敬伏し、魔界・外道も障碍することなし」ということであり、その二は「罪悪も業報を感ずることあたはず、諸善もおよぶことなきゆへに」ということであります。これはまことにおどろくべき発言でありまして、信心の行者は一切の迷信的な恐怖から自由であり、また因果応報の倫理的・法律的な責任からさえも自由であるというのでありますす。「無碍の一道」ということは、けっきょく生死即ち涅槃と知ることであります。これはむしろ聖道門的な大乗の立場なのでありますが、それは自力の修行ではかえって実現できない。観念的にそういえても、現実的にそれを実証するには至らないのであります。しかるに親鸞は念仏者として、信心の行者たる体験によってずばりとこれを言いきっているのであります。

まず一切の迷信的な恐怖からの自由ということでありますが、宗教というものはとかく迷信に陥りやすいものであります。未開社会の宗教などは全くの呪術（まじない）であります。呪術によって禍を除き、福を招こうとするものであります。古代文化社会になりますと、宗教はより合理的な思惟、ことに倫理的・法律的な思惟に結びつきますが、しかもなお迷信的な要素を脱することができない。キリスト教なども久しく奇蹟を信じ、秘蹟（サクラメント）を行なってきました。仏教も、いわゆる原始仏教は古代宗教としてまったく唯一の合理的な、迷信のない宗教であったにかかわらず、後代になるとかえって迷信的な要素や呪術的な要素が附着してきたことを否定することはできません。

これは人間の弱さからきています。私どもの科学の進歩も、個々の人間の運命をはっきり予見するというところまでは行きません。それですから私どもは、いつも運命に対する不安と恐怖とをもっているのでありまして、少しでもそれから逃れられる方法があると聞けば、それに心を動かされる。それが今日でも新興宗教の魅力となっている所以であります。しかし、迷信は結局において私どもの不安と恐怖とをとり去ることはできないのです。仏教の本旨は、あくまで迷信を排除し、合理的な思惟と叡知的なさとりによって人間的な苦悩から自由になろうとするものであります。

親鸞は、まさにこの仏教の根本精神によって、弥陀の本願を信ずるほか、他の一切の非合理的な迷信や呪術を排斥したのであります。親鸞の生きていた平安朝末期、鎌倉初期は大きな政治的な変革の時代でありまして、戦乱につぐ戦乱、荒廃、天災、疫病、飢餓、そうした不安と恐怖とを背景として、あらゆる迷信が横行していたのであります。奇怪な流言や不気味な予言がまことしやかにいい伝えられ、そしてその不安と恐怖とを払うために祈禱、卜占、呪術、密儀が行なわれていたのであります。しかもそれにはシナから伝わった陰陽道や、日本古来の土俗的迷信のほか、仏教とともにインドから伝わった神話や呪術まで加わっているのでありまして、仏教者にもその責任があったのであります。

親鸞は、この仏教者の堕落と精神的混迷に対して、きびしい批判を下しました。『教行信証』化身土の巻の一ばん終りのところで、異教、邪義の批判に多くの紙数を費しています。「仏に帰依せん者は、つひにまたその余のもろもろの天神に帰依せざれ。」(涅槃経)とか「みずから仏に帰命し、法に帰命し、比丘僧に帰命せよ。余道につかふることを得ざれ。天を拝することを得ざれ。鬼神をまつることを得ざれ。吉良日をみることを得ざれ。」(般舟三昧経)といったような経典のことばを引用して純粋な仏道は天を拝し、鬼神をまつることを許すものではない。日がいいとかわるいとかを見るということも許されない。あくまで純粋な仏道、つまり真実の信と行とで行くべきであるとしたのであります。

科学の進んだ今日でも迷信から完全に自由であるということは中々困難なことであります。中にはあまり害のない迷信もあるでしょうが、しかし、迷信は、そうでなくても不安な人生をいよいよ不安なものにし、人の心に暗い影を投げかけるものであります。今から七百年前に、徹底的に迷信を排斥した親鸞の宗教は、当時の混迷した精神界において全く驚歎すべきものであったといわなければなりません。それは親鸞の合理的な性格にもよることはもちろんでありますが、なおひとすじに仏を信ずる信の純粋性がなければこの「無碍の一道」を体験することができなかったとおもいます。純粋な他力の信によって、はじめて「天神・地祇も敬伏し、魔界・外道も障碍することなし。」という力強い迷信の否定ができたものとおもいます。

倫理を超える救い

親鸞の本願他力の信は、決して厭世的、消極的なものではありません。彼岸の世界において浄土が私どものために完成されていることを信ずることによって、現実の大地に足を踏みしめ、堂堂と大地の上を歩むものであります。歎異抄第七章に記された「念仏者は無碍の一道なり。」という親鸞のことばは、他力の信に生きる者の力強さを表現しています。何物をもおそれず、何物にも妨げられないで、信心の行者はただひとすじに坦々たる大道を歩んでゆく。前途は光明にかがやいています。無上のさとりに至る望みが信心の行者を力づけるのであります。

「念仏者は無碍の一道なり」このような、むしろ聖道門的とおもわれる大胆なことがどうしているのか。親鸞はそれに答えて、

「そのいはれいかんとならば、信心の行者には天神・地祇も敬伏し、魔界・外道も障碍することなし。罪悪も業報を感ずることあたはず、諸善もおよぶことなきゆへに無碍の一道なり。」

というのであります。一切の迷信的な恐怖から自由である。もし天に、又は地に、神があるとしても、それらは仏の本願、すなわち現成(げんじょう)された人間の理想にひれ伏すでありましょう。もしまた目に見えない悪魔がどこかにひそんでいるとしても、仏の本願、現成された人間の理想を信ずる者を障碍することはできません。その点について昨日お話しいたしました。本日はそのつぎにある「罪悪も業報を感ずることあたはず、諸善もおよぶことなきゆへに無碍の一道なり」という一段について考えてみたいとおもうのであります。

ひと口に申しますと、これは本願を信ずる念仏者は現実の社会における倫理、道徳、法律の拘束をも超えて、それから自由であるということであります。いかなる善も念仏の功徳にまさるものはない。本願を信ずることによって、あらゆる罪悪の業報、責任からも自由である、ということであります。この点は非常に危険な考え方のようでありますが、同時に仏教にとって、ことに親鸞の真宗にとって最も大事な、本質的な点であります。

私はこの点に仏教とキリスト教との根本的な差異があるようにおもいます。ここでどちらがよいとかわるいとか申すのではありません。私としては私なりにキリスト教との対決を経ているわけなので、率直に申すのでありますが、仏教は倫理的でありながら、しかもついに倫理を超える。ところがキリスト教は、最後まで倫理的である。神と人との関係も、倫理的であり、法律的でさえあります。ところが仏教は窮極的には超倫理的である。その点に仏教の特色がある、と私はおもうのであります。

これは哲学、宗教の根本問題でありますので、短時間で意を尽すことはできませんが、簡単に申します。まず仏教で業（ごう）ということを申すでしょう。業とは日本ではこれまで何か宿命的な暗さをおもわせるようになっていますが、業（Karman）の本来の意味は行為、行動ということであります。同時に行為に対する報い、「業報」をも業と申します。業報とは今日のことばでいうなら行為から生ずる「責任」ということであります。人間は孤独で生活しているものではありません。「人間」ということばがすでに人と人との間柄を示唆（しさ）しています。人は人倫、社会の中に生き、行動するのであります。そこに倫理の世界というものがあります。倫理とは、道徳、法律の原理をいいます。倫理の世界においては、行為はその善悪、是非を批判され、行為者はその責任を問われ、その業報をうけなければならないのであります。善因善果、悪因悪果ということは、人として免れることのできない法則でありますが、同時に人間のみが知る高貴な倫理的価値理念であります。

仏教は、その業の因果を内面的に受けとるのであります。自己の罪業を観念するのであります。この内面的に自己をみつめること、わが身の罪業の深さを知ることは、浄土門における第一義であります。わが親鸞こそはこの罪業の意識に徹底した聖人であったことは、いまあらためて申す必要もないほど、よく知られているところであります。ところでその徹底した罪業の意識こそは、やがて人類、一切の衆生、よき者も、わるき者をもあわれみ救いたもう阿弥陀仏の本願にめざめる契機なのであります。実は「人類」とか「一切衆生」というのではまだ抽象的であります。親鸞はその転機をつぎのように表現しているのであります。

「弥陀の五劫思惟の願をよくよく案ずれば、ひとへに親鸞一人がためなりけり。さればそくばくの業をもちける身にありけるを、たすけんとおぼしめしたちける本願のかたじけなさよ。」

これは歎異抄第十八章に引用された親鸞のことばでありますが、五劫の久しきにわたって思い悩んだ仏、その思い悩む仏の慈悲は誰のためであったか。「ひとへに親鸞一人がためなりけり。」ほかならぬこの罪悪深重、抜け出すことのできない泥沼にはまり込んだような、身動きのならぬこのわたくし一人のためであった、と親鸞はいつも述懐していたということであります。

しかし、その罪業の深さにもかかわらず、本願はその罪業と業報から解放してくれるのであります。その責任を解除してくれるのであります。それは単に罪の赦しというようなものではありません。本願による救いはむしろ業報の根を断ち切るのであります。その終局的な救いは彼岸の世界においてでありましょう。浄土にはもはや善悪の業報はありません。そこに至るまで、或いは地獄に、或いは畜生道におちるかも知れません。人はいつもその危機に立たされています。しかし、一人として永遠に地獄の火に焼かれる者はありません。地獄にさえも救いの手はのびるのであります。

私どもが人間に生まれているということはすでに大きなよろこびでなければなりません。しかし、その上に仏法を聴き、ことに仏の本願に触れて、他力の信に生きることができるということは、まことにありがたい極みであります。念仏者は無碍の一道を歩むことができるからであります。

(NHK放送・『悲願』所載　昭和三七年)

歎異抄のこころ

思いなやむ仏の本願と親鸞

歎異抄という書物は、その分量からいうとごくささやかな書物でありますが、その中に記されている親鸞の大胆なことば、そこに表現されている宗教的信の強さ・深さには全く驚歎すべきものがあるのであります。

私が始めてこの書物を読んだのは、十五、六歳の頃であったと思います。その当時の中学校四、五年の生徒であった私は、この書物を読んで深い感銘を覚えたのでありました。それは今から五十年も前のことでありますが、そのとき以来私はこの書物のことを忘れることができないようになりました。その後いろいろの宗教や思想に触れましたが、この五十年の人生行路において、――現在では六十年を遥かに超えた、――私はいつも歎異抄に教えられて来ました。この歎異抄によって私の生涯を決定されているようにさえおもわれます。今日では、この歎異抄に対する世間の認識も深まり、宗教的な古典としてその価値は一般に認められているのでありますが、私にとってはそれは単なる古典ではなく、生きた経典であります。私は心をこめてそれを読むたびに、何かしら新らしい意味を見出すのであります。そうした立場から、いまその中から二、三の条を選んで、私の領解をお話しするのであります。

歎異抄の一ばん終りの部分でありますが、次のような一節があります。

「聖人のつねのおほせには、弥陀の五劫思惟の願をよくよく案ずれば、ひとへに親鸞一人がためなりけり。さればそくばくの業をもちける身にてありけるを、たすけんとおぼしめしたちける本願のかたじけなさよと、御述懐さふらひしことを、」云々。

これは、歎異抄の著者と推定される唯円房という人が、晩年の親鸞に師事して、親しく教えをうけている間に、折にふれて親鸞から聞いたことばを想い出して書いたものでありましょう。「つねのおほせには」というのでありますから、親鸞は時々同じことを繰り返していっていたものらしいのであります。しかも「御述懐さふらひし」というのでありますから、感慨深げにそれを語ったのでしょう。この条を読むと、老いた親鸞の面影がしのばれるのであります。

親鸞は四十二歳頃から六十二歳の頃までの二十年を、関東で庶民を相手に教化したのでありますが、その後、京に帰って、その九十年の生涯をおわるまで、京のあちらこちらに移り住んでいたということであります。関東から上って来て教えを受ける弟子たちはありましたが、世間の眼につくような伝道もせず、孤独の生活をしていたようであります。親鸞の著作は多く晩年のものでありますから、その日日は主に思索と著作とに費やされたものとおもいます。つまり、市井にかくれた一人の孤独な念仏者、それが晩年の親鸞であったのであります。

「弥陀の五劫思惟の願をよくよく案ずれば、ひとへに親鸞一人がためなりけり。」ということばは、そうした孤独の念仏者親鸞の述懐であります。それは淋しい、しかし、宗教的信に生きる者の悦びと、そして力強さとを言い現わしているとおもいます。宗教的人間は、けっきょくこのような一人の世界をもつ人間であります。釈迦牟尼仏は、クシナガラにおいて入滅のとき、その傍らに泣き悲しむ比丘たちをかえりみてこう教えました。「今より後は自らを灯火とせよ、また法を灯火とせよ。」というのであります。これが宗教的人間のすがたであります。

世間に生きる普通の人間は、何か外界にあるものを頼みにしています。或いは夫を・妻を、或いは親を・子を、或いは自己の健康を、或いは他人の隣人愛をあてにして生きているのであります。しかし、それらは果してほんとうに頼みになるものでしょうか。それら一切のものは、もろく崩れてゆきます。今互に愛しあい、信じあっている夫婦でさえも、いつその一人が死んでしまうかも知れません。一生の間に使いきれないとおもう財産をもっている人でも、経済界の変動によっては、その日の糧に窮することになるのであります。そして、やがて、一人で死んでゆくのです。世界はいま原水爆戦争の不安におびえています。この世界的な不安は、政治的な不安であるばかりでなく、私ども一人一人の不安なのであります。宗教は、というよりも端的に仏教は、この不安な自己にたちかえり、その逃れることのできない不安を自覚することから始まるのであります。仏教はほかならぬ自己一人の自覚の問題であります。現世における幸運のために祈る者は、未だ仏教者ではありません。世界の平和、人類の幸福のために祈る者でさえも、ただそれだけでは未だ仏教の門に入る者ではないのであります。

親鸞は弥陀の本願というものを信じました。弥陀の本願とは何でしょうか。そのことばの意味から申しますと「弥陀」とは「阿弥陀仏」であります。阿弥陀、インドのことばで"Amitā"とは、無量の、無限のという意味であります。ここでは生命の無量、精神的なさとりの無限を意味するのであります。仏、ほとけとは"Buddha"さとれる者、「覚者」という意味であります。仏陀は、もと二千五百年前インドに現われた聖者ゴータマ・シャカ・ムニを指していうのであります。このゴータマ・シャカ・ムニこそはこの歴史的世界における無上の覚者、仏陀であったのであります。ところで、この仏陀によってさとられた法は、その八十年の生涯とともに、終りを告げるようなものではなかったのであります。肉体の仏陀は滅びても、その法は滅しない。その法は無量の生命をもっている。無限の光である。仏陀の精神、法としての仏陀は、肉体の生命を超えて、まさに、永遠であります。永遠の仏陀、それは、釈迦牟尼仏によって示された。しかも釈迦牟尼仏の肉体的限界を超える永遠の精神、不滅の法であります。無量の生命、無限の光として、自ら名のるもの、それが阿弥陀仏であります。

釈迦牟尼仏によって現わされた、永遠の精神、不滅の法としての阿弥陀仏は願をもっています。その願、願いとは、一切の衆生、すなわち人類をその不安と恐怖の世界から解放して、完全な「さとり」の世界、すなわち、「浄土」において生きることができるようにしてやらなければならない、という意思であります。この現実の世界は無明の世界、さとりのない世界である。それ故に争いがあり、悩みがあり、不安と恐怖とがあるのであります。仏陀の精神は、その苦悩の根源が、飽くことのない我執・我欲、盲目的な欲望の跳梁にあることを明らかにする。そのさとりによって、争いのない世界を実現することでありました。しかも、単に戦争がないというだけでなく、真の「和」、やわらぎの世界、あらゆる者の幸福の世界を実現しようとするのであります。
けれども、人類の無明と煩悩とはあまりにも深いのです。それはたやすく克服されるようなものではありません。人間は人間みずからの力によっては克服することのできない宿業をもっています。「弥陀の五劫思惟の願」とは、この人間衆生の宿業をみつめて、久しく思いなやんでいる仏の心をいうのであります。阿弥陀仏は、思惟する仏、思いなやむ仏であります。今もなお私どものために思惟し、思いなやんでいます。五劫の思惟はいま現に続いているのであります。

この五劫思惟の願は、ほかならぬ私ども、一切衆生の業苦を救わんがためでありました。そのためにこの現実世界を超えた、彼岸の浄土を施設しているのであります。けれども、それが単に抽象的な人類の救いであったり、死後の極楽世界であったりするならば、未だ生きた一人の人間の現実の救いとはならないでありましょう。それは哲学であり、芸術ではあっても、真の宗教としての仏教ではありません。歎異抄が多くの人の救いとなるのは、それがまさに宗教的真実を語っているからに外ならないのであります。

「弥陀の五劫思惟の願をよくよく案ずれば、ひとへに親鸞一人がためなりけり。」仏の思いなやみたもうのは、実に、この親鸞一人がためであった、と親鸞は受けとったのであります。一切の衆生、人類のために救いが約束されているのでありますが、しかし、何よりもこの宿業に苦しむ親鸞一人にとって、それは現実の救いでありました。そこから「さればそくばくの業をもちける身にてありけるを、たすけんとおぼしめしたちける本願のかたじけなさよ。」という感激が生じた。思いなやむ仏の本願は、宿業に苦しむ者にとってのみ現実の救いとなるのであります。

倫理の世界から宗教の世界へ

歎異抄という書物は、前回にも申しましたように、その分量からいうとごくささやかな書物でありますが、その中には親鸞の晩年における精神的境地が実によく表現されています。弟子たちに対して、どういう機会に、どんな指導をしたか、その日常の態度をまのあたり見るように描いているのであります。これは、親鸞がみずから筆をとった『教行信証(きょうぎょうしんしょう)』や、その他の教学的な書物においてはかえって見られないところであります。その生き生きとした表現は、歎異抄を編んだ作者唯円房(ゆいえんぼう)の親鸞に対する深い理解と、その信を正しく伝えようとする熱情、そしてまた唯円房のすぐれた修辞力(しゅうじりょく)にもよるのだろうとおもいます。

歎異抄は、十八章から成っていますが、その全体が前後二つに分れているのであります。すなわち第一章から第十章までが一つ、第十一章から第十八章までが一つで、前編・後編、又は第一編・第二編と申してもよろしいとおもいます。しかも、その前後両編は、かなり性質のちがったものであります。前の十章は、親鸞の語ったことばをそのまま記録したもので、すなわち語録でありますが、後の八章は、親鸞のことば、ことに前の十章に記録されたことばをめやすとして、著者みずからの見解を述べたものであります。ところで、その後の八章の中にも、しばしば親鸞のことばが引用されています。それは、著者が親しく師事している間に直接親鸞の口からきいたことばでありまして、歎異抄以外には伝わっていないものであります。親鸞の人とその信とを知る上において、これもみのがすことのできない資料であります。「弥陀の五劫思惟の願をよくよく案ずれば、ひとへに親鸞一人がためなりけり」という法語はその重要な一例であります。

歎異抄はそれに続いてさらに一つの法語を引用しています。

「まことに如来の御恩といふことをばさたなくして、われもひとも、よしあしといふことをのみまうしあへり。聖人のおほせには、善悪のふたつ、総じてもて存知せざるなり。そのゆへは、如来の御こころによしとおぼしめすほどに、しりとをしたらばこそ、よきをしりたるにてもあらめ。如来のあしとおぼしめすほどにしりとをしたらばこそ、あしきをしりたるにてもあらめど、煩悩具足の凡夫、火宅無常の世界は、よろづのこと、みなもてそらごとたはごと、まことあることなきに、ただ念仏のみぞまことにておはします、とこそおほせはさふらひしか。」

親鸞は、弥陀の本願を信じました。それは一切の衆生、つまり人類に対する救いの意思でありますが、親鸞はこれを単に一般的な救済の意思として考えたのではありません。「弥陀の五劫思惟の願をよくよく案ずれば、ひとへに親鸞一人がためなりけり。」本願は、ほかならぬこの親鸞一人のための願であったと受けとったのであります。そこから「さればそくばくの業をもちける身にてありけるを、たすけんとおぼしめしたちける本願のかたじけなさよ。」という御述懐が生じました。それは自己内心の仮借なき反省に立っています。自らの力ではどうしてもさとりに到ることができない。深い業・煩悩につきまとわれた身である、というやるせない自己反省が、やがて本願によって救われるというよろこび、本願にめぐりあうことのありがたさ、とうとさを身に沁みて感ぜしめるのでありました。それは、いいかえると「如来の御恩」ということになるでありましょう。如来とは "Tathāgata" 法の体現者ということでありまして、すなわち仏陀のことであります。ここでは阿弥陀仏のことです。如来による救済を信ずるときに、人は如来の本願力に感謝するほかないでありましょう。そして本願のままに、本願に随順して生きる。それが如来の本願を信ずる者の生き方であるとおもいます。

ところで、唯円房は、この如来の御恩を信ずる立場から、親鸞の滅後における念仏者たちのありさまを見わたして、それが果して親鸞聖人の意にかなうものであるかどうかを批判しているのであります。如来の本願によって廻向される、恵まれるものであるという、親鸞の最も力をこめて教えたことを忘れて、「われもひとも、よしあしといふことをのみまうしあへり。」何事につけても「よし・あし」という倫理的な批判ばかりしている。しかも他人に対してその批判を向ける。それは、せっかくの他力の信からはなれて、再び自己の「はからひ」をたのむものではないか。聖人はそのような態度はとられなかった。「聖人のおほせには、善悪のふたつ、総じてもて存知せざるなり。」宗教的信は、倫理的な善・悪を超越するものであります。というのは、倫理を否定するのではありません。それどころか倫理的な実践の悩み、罪業の意識こそ、私どもを宗教的な道におもむかしめるのであります。「煩悩具足の凡夫」という自覚なしには宗教的な信は成り立たないでありましょう。けれども、その「煩悩具足の凡夫」が救われる道は、倫理・道徳そのものの中にはない。それを越える、如来の本願によるほかはないのであります。

親鸞が「善悪のふたつ、総じてもて存知せざるなり。」といったときに、それは倫理の世界から宗教の世界へ、自力のはからいから他力の救いへという、新らしい道を見出した者の大胆な、おもいきった宣言であったとおもいます。しかもそれは合理的に基礎づけられています。「そのゆへは、如来の御こころによしとおぼしめすほどに、しりとをしたらばこそ、よきをしりたるにてもあらめ。如来のあしとおぼしめすほどに、しりとをしたらばこそあしきをしりたるにてもあらめど」云々。哲学的にいうと、これは客観主義の倫理であります。

近代の倫理学はしばしば主観的な善悪の判断、或いは「良心」というようなものを窮極的なものといたします。これは個人の人格的自由を尊重する人格主義の思想から来ています。中世的な外部的権威を重んずる思想に対して、自主的な倫理を確立したことは、この人格主義の大きな意義であります。しかし、それはも一度反省し直されなければなりません。倫理というものは、個人の人格における良心だけの問題ではありません。人倫の世界における客観的な事理、すなわち「法」であります。如来とはその客観的な法の人格化、いわゆる法身仏（ほっしんぶつ）であります。如来の本願を信ずるとは、客観的な世界における法の支配を信ずることであり、如来の本願、すなわち人類救済の意思が実現されるということを信ずるものであります。

けれども、私どもの当面する現実の世界はどうでありましょうか。それは「煩悩具足の凡夫、火宅無常の世界」であります。親鸞は平安朝末期の争乱時代から鎌倉初期の政情不安な時代にかけて生きた人であります。はげしい世の移り変りの中に、人々は利欲と権勢のためにたたかい、色欲のためのあさましい葛藤（かっとう）をくりかえしながら、或いは勝ち、或いは亡びてゆく。親鸞はそれを「火宅無常の世界」といったのであります。宗教者としてみずから「煩悩具足の凡夫」と断定した親鸞は、世の中を見るにも安易な楽観主義、甘い理想主義ではありませんでした。それは一応悲観的であり、絶望的であるとさえいい得るでありましょう。

そういう見方をした親鸞は、みずから関東におもむいて、庶民を相手に語ったのです。それらの人々は、戦乱にいためつけられ、暴風や冷害とたたかいながら、そして領家や名主・地頭などの横暴な搾取に苦しめられながらも、逞しく生きてゆこうとしていました。かれらには学問や教養は欠けていました。しかもその悩みは決してただ物質的な、食うことだけの悩みではなかったのであります。だからこそかれらは、親鸞という念仏者から不思議な感銘をうけ、そのことばを信じたのでありました。

「よろづのこと、みなもてそらごと、たはごと、まことあることなきに、ただ念仏のみぞまことにておはします。」これは、親鸞がかれら関東の弟子たちに教えたことばであります。世の一切をあてにしない。ただ如来の本願を信ずる念仏によって現実の生活を逞しく生きぬこうではないかというのです。これはニヒリズムに似てニヒリズムではありません。根本的に積極主義であり、窮極的な楽観主義でさえあるのであります。

他力の信と生活の実践

歎異抄に記録された親鸞のことば、親鸞の態度には、全く私どもの胸を打つものがあります。或るときは、東国からはるばる京に上ってきた弟子たちに対して「親鸞にをきては、ただ念仏して弥陀にたすけられまひらすべしと、よきひとのおほせをかぶりて信ずるほかに別の子細なきなり。」他力の信には学問的詮索は無用であると突きはなした。また或るときは、念仏を申しておりますが、おどり上るような歓びは一向におこりません、と訴える唯円房に対して「親鸞もこの不審ありつるに、唯円房おなじこころにてありけり。」実はこの親鸞もおなじ不審を懐いていたのだが、お前もそうであったかと、一切の虚飾をすてて、自己の真実をありのままにぶちまけているのであります。

そういう場面を一々お話しする時間はありませんが、一つ歎異抄第六章に見えている「親鸞は弟子一人ももたずさふらふ。」という法語についてお話してみようとおもいます。

親鸞は、越後の流罪から赦免された後、越後でできた妻子を伴って、東国にやってきました。そうしてそこに約二十年住んでいたのであります。筑波山のふもと、利根川・霞ケ浦のほとりが主な教化の地であったようであります。その間にかなり多くの弟子や信者ができたようであります。そしてそれらの弟子たちがまたそれぞれ弟子・信者たちをもつようになりまして、東国のそこ・ここに念仏者の集団ができたわけであります。親鸞は六十歳を越えてからこの東国を去って京に帰りましたが、帰洛の後も或いは書簡によって、或いは直接たずねて来る弟子たちに対して教化をつづけたのであります。歎異抄の作者唯円房は、やはり東国の人のようでありますが、親鸞の晩年に、相当長い期間親鸞の教えを受けた人で、親鸞の滅後関東において親鸞の教えを正しく伝えようと努力した人であります。

歎異抄は、まさにその目的で作られた書物なのであります。歎異抄という書名について作者は、多くの弟子たちの間に故聖人の仰せとは違った異義を説いている者が少なくない、それはいかにも歎かわしいことであるから、作者が直接聴いたところによって故聖人の真意を明らかにするために書いたものであるという意味のことを記しております。

それはそれとして、その第六章に次のような親鸞のことばを伝えております。

「専修念仏のともがらの、わが弟子・ひとの弟子といふ相論のさふらふらんこと、もてのほかの子細なり。親鸞は弟子一人ももたずさふらふ。そのゆへは、わがはからひにて、ひとに念仏をまうさせさふらはばこそ、弟子にてもさふらはめ。ひとへに弥陀の御もよほしにあづかりて念仏まうしさふらふひとを、わが弟子とまうすこと、きはめたる荒凉のことなり。つくべき縁あればともなひ、はなるべき縁あればはなるることのあるをも、師をそむきて、ひとにつれて念仏すれば、往生すべからざるものなりなんどいふこと、不可説なり。如来よりたまはりたる信心を、わがものがほにとりかへさんとまうすにや。かへすがへすもあるべからざることなり。自然のことわりにあひかなはば、仏恩をもしり、また師の恩をも知るべきなりと、云々。」

この一章は、親鸞の説いた他力の信というものが実践的にどういう生活態度をもたらすものか、他力の信と現実における生活の実践との関係を明らかにしているのであります。

この点について、世間にはかなり誤解があるようであります。他力を強調する親鸞の教えは、どんな悪人でも救われる、どんな罪悪も本願による救いのさまたげとはならない。とすることによって、倫理・道徳を否定するか、少なくともその実践の意思を弛緩させるものである、というように考えられ易いのであります。これは宗教、ことに仏教の超倫理性、倫理を超える消息を、反倫理的なもの、又は非倫理的なものと誤解するものであるとおもいますが、しかし、教団の内部においてさえも、そうした誤った見解がないわけではありません。本願を信ずるなら、どんな悪いことをしても差支ないというような、いわゆる造悪無碍の考え方は、親鸞在世の当時にもあったらしく、親鸞は書簡の中でしばしばそれをきびしく戒めているのであります。

前に申しましたように、親鸞の弟子たちがさらにそれぞれ弟子信者たちを集め、そこここに念仏者の集団が形成されたのでありますが、その間に「わが弟子、ひとの弟子といふ相論」つまり弟子の奪いあいを生じたわけでありましょう。親鸞の直弟子も四・五十人には上っていましたが、さらにその弟子となると、その数ははっきりわかりませんが、相当多数であったとおもいます。それに伴って念仏する信者となると、おそらく数万にも達したでありましょう。その間に弟子・信者の奪いあいを生じたこともよく想像できます。

宗教というものも、社会的な現象としては、やはり経済的な面をもつのであり、利欲や名誉欲（名聞利養）がからみあう人間普通の醜悪さを伴うものであります。あれはわしの弟子なのに、お前がとってしまったではないか、というような争いがそこここにおこった。それをきらった親鸞は「もてのほかの子細なり」とその不都合を責めているのであります。小説や戯曲に現われた親鸞などによって、親鸞をただやさしい、すべてを許すような人格であったとおもっている人も少なくないとおもいますが、それはとんでもない誤りであります。親鸞はもともと理知的な、強い意思的な性格の人であり、出家の戒律はすてたが、日常道徳的な厳しさをもっていました。人間というものの宿業に対する深い理解をもちながら、しかもなおそれは罪業の是認ではなく、あくまで罪業の否定であり、他力の救いということも、その罪業からの解放ということにほかならなかったのであります。

もちろん、親鸞は、弟子たちの醜い相論を聞いたときに、「もてのほかの子細なり」と単にそれを否定するだけではなかったのであります。他力の信、すなわち他力によって信を恵まれ、他力によって念仏するのであるという、親鸞にとって最も根本的な原理にさかのぼって、あらためて自己批判を行なわなければならなかったのであります。そしてその結論が「親鸞は弟子一人ももたずさふらふ」ということでありました。かえりみれば、自分もまた弟子たちから送られる布施、「こころざしのもの」によって生きている身であった。弟子たちの争いにも同情されるものがないではない。けれども、法然上人から伝えられた専修念仏は他力の念仏である。わが「はからひ」でする自力の念仏ではない。念仏者はみな「ひとへに弥陀の御もよほしにあづかりて念仏まうしさふらふひと」である。念仏する各自が如来にもよおされて念仏している。それを「わが弟子」ということがすでに「きはめたる荒涼のことなり。」あさましい限りである。

念仏者は、一人一人、如来に直結する念仏者、如来の弟子ではないか。「つくべき縁あればともなひ、はなるべき縁あればはなるることのある」のは、みな因縁である。念仏者とてもこの世の因縁の外ではあり得ない。それなのに、「師をそむきて、ひとにつれて念仏すれば往生すべからざるものなり」などというのは「如来よりたまはりたる信心を、わがものがほにとりかへさんと」するものではないか。それは他力の念仏者としてあるべからざることである。「親鸞は弟子一人ももたずさふらふ。」あくまで他力を信ずる親鸞には、弟子などというものは一人もないのだ。これは親鸞みずからの懺悔であります。

けれども、この自己批判は、決して消極的な批判に終るものではありませんでした。「自然のことはりにあひかなはば、仏恩をもしり、また師の恩をもしるべきなりと、云々。」親鸞は晩年にしばしば「自然（じねん）」とか「自然法爾（じねんほうに）」ということを申しました。それは主観的なはからいを超える客観的世界の道理を意味するのであります。すなわち、自然の道理という意味であります。自然と申しましても、近代の自然主義的「自然（しぜん）」ではありません。単なる機械的必然性を超える生命的、精神的な自然であります。如来の本願によって生かされる「自然（じねん）」であります。本願によって救われる者は、如来の恩徳に感謝せずにはおられないでありましょう。その感謝の心から、現実の人生において、法のために、そして人のために全力を尽さなければなりません。それは生命的・精神的な自然であり、それは同時に念仏者の自由であります。

「如来大悲（にょらいだいひ）の恩徳（おんどく）は、身を粉にしても報ずべし。師主知識（ししゅちしき）の恩徳も、骨をくだきても謝すべし。」

これは、親鸞の強烈な実践的意図を示す和讃であります。

（NHK放送・『大法輪』所載　昭和三二年）

歎異抄の世界

一

ここで「歎異抄の世界」というのは、『歎異抄』に表現された宗教の世界、あるいは宗教的人間の世界ということである。

その「宗教」とは、いうまでもなく、親鸞聖人の浄土真宗、浄土真実の教であり、行・信であり、証である。『歎異抄』、とりわけその第一章から第十章までは、晩年における聖人の法語と教化の態度とを生き生きと表現している。その宗教的精神は、七百年後の今日われわれの心に迫るものがある。その意味で「歎異抄の世界」はいま現代において拡まりつつあるといえるが、ここではしばらく表現されたままの宗教的世界を考えるに止める。

人間は常に世界のなかにある。この場合、「世界」とは、親鸞聖人を師と仰ぐ念仏者の世界である。『歎異抄』には、聖人を中心として、しかし、その教えをうける門弟や信者たちの姿も描かれている。そして、それは親鸞その人の内面と無関係ではない。

「おのおの十余ケ国のさかひをこえて、身命(しんみょう)をかへりみずして、たづねきたらしめたまふ御こころざし、ひとへに往生極楽のみちをとひきかんがためなり。……」

という第二章は、遥かに東国から京洛に上ってきた門弟たちの問いに対して聖人の答えられたことばである。どのような問いがあったかは記されていないが、聖人の鋭い、力のこもったことばによって、門弟たちの真剣な態度と深刻な疑問とが想見される。それは烈しい宗教的対話の世界である。聖人在世のときすでに、親鸞の教えによって念仏する一つの宗教的集団が成り立っていた。名前の知れている門弟、ことに真仏房とか性信房というような僧形(そうぎょう)の弟子たちも少なくなかった。さらにその人々に従って念仏する信者たちは夥(おびただ)しい数に上っていた。この頃或る学者はおよそ十万人に及んだものと推計している。それが今日の真宗教団の基礎となったのである。

親鸞聖人とそれらの弟子・信者たちとの間には直接・間接に真剣な精神的コミュニケーションが行なわれたことは『歎異抄』第二章によって明らかである。それは精神的感応道交(かんのうどうこう)によって結ばれた宗教的集団、というよりも宗教的共同体にまで発展していたとおもわれる。だが、あたかもその故に、親鸞が東国を去って帰洛した後二十年以上にもなると、そのなかに思想的分裂が生じ、共同体的結合そのものを危機に追いやるような事態も生じた。第二章の何となく緊迫した空気もそこからきているとおもわれる。

「詮ずるところ、愚身の信心にをきては、かくのごとし。このうへは、念仏をとりて信じたてまつらんとも、またすてんとも、面々の御はからひなり。」

という、きついことばで終っていることは、そのことを暗示している。

このように、聖人の在世においてすでに教団の内部における思想分裂が生じていた。滅後さらにその裂け目が拡大したことは容易に想像することができよう。しかも、それはまさに教団そのものの危機を意味するものであった。それに対して、祖師の正しい教義を守ろうとする者たちの苦闘が続いた。その苦闘の姿を表現するものが実にこの『歎異抄』である。第十章と第十一章との間にある中序が明らかにそのことを物語っているのである。

「そもそもかの御在生(ございしょう)のむかし、おなじこころざしにして、あゆみを遼遠(りょうえん)の洛陽(らくよう)にはげまし、信をひとつにして、心を当来の報土にかけしともがらは、同時に御意趣をうけたまはりしかども、そのひとびとにともなひて念仏まうさるる老若(ろうにゃく)、そのかずをしらずおはしますなかに、聖人のおほせにあらざる異義どもを、近来はおほくおほせられあふてさふらふよし、つたへうけたまはる。いはれなき条々の子細のこと。」

このように、聖人の滅後おそらくは二十年以上にもなると、東国の念仏者は「そのかずを知らず」多くなったが、それに伴って、「聖人のおほせにあらざる異義ども」をいう人が多くなったのに対して、正統の教義を明らかにしようというのが、まさにこの『歎異抄』一部を著した抄者の意図であったのである。

このような教団の内部における思想分裂は、教団に入ってくる人々の伝統的な考え方と、また外部における一般社会のものの考え方の動きにも由来するものであった。

当時における日本の社会は、政治的・経済的に、そして精神的に、大きな変動の過程にあったのであり、東国における真宗教団の形成そのものがその変動の過程における一つの社会的・精神的な現象であったのである。専修念仏者は朝廷から弾圧され、東国の念仏者たちはさらに鎌倉幕府からも弾圧されなければならなかった。

しかし、そうした政治的弾圧に抗して、しかも内部的思想分裂を乗り越えて、この一つの純粋な宗教運動が展開されたということは、わが邦の歴史的世界における出来事として注目すべき現象であったといわなければならない。

二

『歎異抄』に現われている親鸞は、すでに八十歳を超えている。おそらく建長六、七年頃以後、聖人の身近かにあって教えを受けた抄者（唯円房か）の記したメモが、第一章から第十章までの本文であるとおもうが、そのとき親鸞は、東国に遺してきた門弟たちの思想的動揺・分裂、実子慈信房善鸞の義絶というような、宗教者にとって致命的とおもわれる苦悩を経験しながら、なお門弟の教化に渾身の力を傾けている。その逞ましさ、その強固な信念、その精神的エネルギー、ただ驚歎のほかない。いまその晩年の精神的・思想的態度が『歎異抄』においてどのように表現されているかを考えてみよう。

まず第一に、親鸞は二十九歳の春、法然上人の門に入って専修念仏の行者となったことは、知られている通りであるが、その念仏の行者という態度は、一貫して変らない。そこにはいささかのゆるぎもない。『歎異抄』、なかんづく第一章から第十章までの殆ど各章に念仏、念仏者、念仏の行者という語が出てくる。なかんづく第二章に、

「親鸞にをきては、ただ念仏して弥陀にたすけられまひらすべしと、よき人のおほせをかふりて信ずるほかに、別の子細なきなり。」

とあるのは、師法然上人に対する信頼が根本になっていることを証して余りがある。

親鸞その人にも、その二十年に及ぶ東国の教化の間に、専修念仏、「ただ、念仏して」ということについていくらかの動揺を経験したことが全くなかったとはいえない。恵信尼の書状によると、親鸞四十二歳の頃のことであるが、「むさしの国やらん、上野の国やらん、佐貫と申ところにて」衆生利益のために三部経を千部読誦しようとしたことがあった。しかもその後十七年もたって、寛喜三年、親鸞五十九歳のときのことであるが、病臥の際、『大経』の文字が眼にちらついて仕方がなかった。そこで「人の執心、自力の心」の強さを反省させられた、という事実がある。

おそらく越後から東国に来て、農民たちの苦しい生活をまのあたりに見たとき、その人々の心の支えにもと、三部経の読誦をおもいたったのであろう。しかし、往生の業は、念仏の信心で足りる。本願を信ずる一念によって往生は決定する。そのことを自らも信じ、人にも教えて信じさせるのが自己の務めである、とおもい返してそれを中止したのであった。

次に、『歎異抄』に現われた親鸞の教説において著しいことは、「弥陀の誓願」（第一章）又は「弥陀の本願」（第二章）ということが窮極の根拠となっていることである。念仏は本願の念仏である。本願を信じ、念仏を申すことによって救われる。それが他力の信である。人は「弥陀の御もよほしにあづかりて念仏まふす」のであり、信心もまた「如来よりたまはりたる信心」でなければならない(第六章)。

これは、『教行信証』の後序に「雑行を棄てて、本願に帰す。」とあることによっても明らかであるように、やはり法然上人から伝えられた思想にほかならないが、『歎異抄』においてその理義がいよいよ明徴になっているとおもう。法然は「念仏為本」であり、親鸞は「信心為本」である、というように一般に解されているかのごとくであるが、『歎異抄』においては念仏為本とか信心為本とかは問題でない。いい得るならば「本願為本」である。信も行もすべてが如来の本願に由来する。それが「他力」である。これは、何よりも第一章の冒頭に示されているところである。

「弥陀の誓願不思議にたすけられまひらせて往生をばとぐるなりと信じて、念仏まうさんとおもひたつこころのおこるとき、すなはち摂取不捨の利益にあづけしめたまふなり。……」

これと対照すべきは、第十一章である。

「一文不通のともがらの念仏まうすにあふて、なんぢは誓願不思議を信じて念仏まうすか、名号不思議を信ずるかと、いひおどろかして、……」

この第十一章は、もちろん、抄者唯円房の見解を記したものであるが、東国の念仏者のあいだに「誓願不思議」か「名号不思議」かという教理的な論争のあったことがわかる。「誓願不思議」はすなわち本願そのものを根拠とするものであり、「名号不思議」は念仏による救済を重要視するものである。これに対して唯円房は明らかに誓願不思議の立場を宗として、「名号不思議」をそれに会通している。

「誓願の不思議によりてたもちやすく、となへやすき名号を案じいだしたまひて、……（中略）これは誓願の不思議をむねと信じたてまつれば、名号の不思議も具足して、誓願・名号の不思議ひとつにして、さらにことなることなきなり。」

明治以来の真宗教学において、キリスト教、ことにプロテスタンチズムの影響もあって、信仰、しかも「私の信仰」というような主観的な経験に重きをおく傾向があったのであるが、この『歎異抄』第十一章の意味を再吟味する必要があるであろう。本願と念仏とは相即するものであるが、誓願不思議を宗として名号不思議をそれに会通する唯円房の見解は、祖聖の意趣にかなうものと信ずるのである。（『末燈鈔』九参照）

第三に、晩年における親鸞の教説として、第十章の

「念仏には無義をもて義とす。不可称、不可説、不可思議のゆへにとおほせさふらひき。」

ということばに注意しなければならない。これこそは、聖人の晩年における「自然法爾」の境地

を表現するものであろう。「無義をもて義とす」ということは、これも法然上人から伝えられたもののようであるが、まさに親鸞その人の皮肉骨髄となっている。すべてを弥陀の本願にまかせきった心境であり、主観的な「はからひ」を超えて本願に身をまかせた、自然にしてしかも自由極まりなき境地である。それこそ他力の信楽であり、それ故にそれはやがて真実の証に直結するのである。

そこから親鸞の大胆率直な法語、周囲への効果を考慮しない表現が出てきたのだとおもう。たとえば第一章の末尾にある

「しかれば本願を信ぜんには、他の善も要にあらず、念仏にまさるべき善なきゆへに。悪をもおそるべからず、弥陀の本願をさまたぐるほどの悪なきがゆへに。」

というような、おもいきったことばがある。また第三章の、有名な、

「善人なをもて往生をとぐ、いはんや悪人をや。……」

という逆説的な表現がある。この超倫理的な立場は昔から多くの誤解を生んだ。しかし、それは親鸞の真意を解しないところからおこる。親鸞はあくまで倫理的であり、それ故にこそ「罪悪深重、煩悩熾盛」に苦しんだのである。「宿業」の観念もまた倫理的な自己責任の意識にほかならない。しかし、人間は単なる倫理では救われない存在である。人間の真実に生きる道は、倫理的

な善・悪の「はからひ」を超える本願に随順する念仏によって開かれる。しかもそれこそは真実の倫理を現成する道でもあるのである。

三

『歎異抄』の世界は、親鸞聖人の徹底した本願他力の信によって指導された念仏者の集団であり、宗教的共同体であった。聖人の生きた人格において、東国の庶民たちは、その苦しい生活のなかに精神的支えを見出し、生きることのほんとうの意味を感得することができたであろう。

とはいえ、現実の教団としては、その内部において、また外部の世界に対して、多くの矛盾をもっていた。教団の内部においても聖人の教えは必ずしも十分に了解されず、了解されても必ずしも如実に実行されなかった。本願他力の信に徹するということは、むずかしいことである。「難中の難」という経のことばがおもいあわされる。しかし、困難は単に精神的了解だけの問題ではない。教団もまた人間の集団である限り、たとえ宗教的な同行、同朋であっても、その中に物質的な矛盾をはらむこともまた免れがたいことである。

教団には何々房とよばれる、黒衣僧形の弟子たち（後に「坊主分」とよばれる人々）と、単なる信者たち（後に「門徒」とよばれる人々）とがあった。前者は多かれ少なかれ学問や教養を身につけ、念仏の道をひろめることに専心するようになった人々である。その中には武士であった人もあったようである。後者は農民、漁民、猟師、小商人などの庶民やその妻子で、直接又は間接に親鸞の教えに従って念仏する人々であった。

坊主たちは、専門に念仏の道を伝えることによって、経済的には門徒の「志のもの」に依存して生きなければならないことになる。これは社会的必然である。ところで、そうなると、一人でも多くの信者を自分のところに引き入れようとするのが人情である。それは、精神的な「自信教人信」の熱意のほかに、物質的な利害を伴うことによって、ややもすれば弟子の奪いあいということにもなる。これは親鸞帰洛後の東国における現実であった。『歎異抄』第六章に、

「専修念仏のともがらの、わが弟子、ひとの弟子といふ相論のさふらふらんこと、もてのほかの子細なり。親鸞は弟子一人ももたずさふらふ。(中略)つくべき縁あればともなひ、はなるべき縁あればはなるることのあるをも、師をそむきて、ひとにつれて念仏すれば往生すべからざるものなりなんどいふこと、不可説なり。如来よりたまはりたる信心を、わがものがほにとりかへさんとまうすにや。かへすがへすもあるべからざることなり。」

とある聖人のことばは、この現実の矛盾に対するきびしい倫理的批判であると同時に、それを契機として、いよいよ「如来よりたまはりたる信心」という宗教的自覚を深めていることを示すも

のである。

この第六章の法語をうけて、抄者唯円房は第十八章を書いている。

「仏法のかたに施入物の多少にしたがひて、大小仏になるべしといふこと、この条、不可説なり、不可説なり。……」

数多い門弟のなかには、このようなバカなことをいって施入物を貪る者もいたのであろう。この第十八章に続く「後序」において、抄者は、

「聖人のつねのおほせには、弥陀の五劫思惟の願をよくよく案ずれば、ひとへに親鸞一人がためなりけり。……」

と、かつて聖人から聞いていたことばを回想している。教団内部の矛盾が、その都度親鸞の他力の信を深める機縁となった。そこに祖聖親鸞の限りなく深い精神を読みとらなければならない。

坊主と門徒との間には、聖道門における出家と在家、キリスト教でいうなら聖職者と信徒というような、はっきりした区別はなかったとおもう。しかし、門弟の間に教養のやや高い者と低い者とがあったことは否定できない。そしてそのことが、学問のある・なし、道徳的品性の高下として、親鸞が東国を去った後、東国の念仏者の間に精神的矛盾をもたらした。親鸞の実子である慈信房善鸞が東国に下って教線に加わったことが、この精神的矛盾を一層甚だしいものとした。

それが教線の分裂をもたらす契機となったものらしい。

第二章に現われている「おのおの十余ケ国のさかひをこえて」京洛に上って来た人々は、親鸞聖人が何か念仏以外に往生のために必要な「法文等」を知っていて、しかも東国の念仏者たちにはそれを知らさないでいるのではないか、ほんとうに念仏だけでよいのであろうか、という疑いをもっていた。そこで直接親鸞聖人にあって、それを問いただそうとしたのであろう。それは、『教行信証』のような著書を読むことのできない東国の念仏者たちにとって、或る意味で無理のないことであったともいえる。しかも、その頃善鸞が父から夜中に特別の教えを受けたと言いふらし、他方日蓮の「念仏無間」という声も上っていたのであるから、素朴な信者たちの精神的動揺はむしろ当然であったかも知れない。しかし、これに対する親鸞の答は厳然たるものであった。

「親鸞にをきては、ただ念仏して弥陀にたすけられまひらすべしと、よき人のおほせをかふりて信ずるほかに、別の子細なきなり。」

この法語に対応するのは、抄者の書いた第十二章である。

「経釈をよみ学せざるともがら、往生不定のよしのこと、この条すこぶる不足言の義といひつべし。他力真実のむねをあかせるもろもろの聖教は、本願を信じ念仏をまうさば仏になる。そのほかなにの学問かは往生の要なるべきや。まことにこのことはりにまよへらんひとは、いかにも学問して、本願のむねをしるべきなり。（中略）あやまて学問して名聞利養のおもひに住するひと、順次の往生いかがあらんずらんといふ証文もさふらふぞかし。」

実をいうと、第三章の「善人なをもて往生をとぐ、いはんや悪人をや。」という聖人のことばも、東国から上洛した素朴な念仏者たちを前にして語られたものではないかと、私はおもう。一般教養の乏しい東国の信者たちのほうが教養のある念仏者よりもすなおに本願他力を受け入れることができた。親鸞はその意味で東国の信者たちを愛し、またその素純な態度から示唆を与えられたのである。「外に賢善精進の相を現ずることを得ざれ、内に虚仮を懐けばなり。」ということばも、そこに由来するのである。

四

『歎異抄』の世界は、親鸞聖人の教えに従う念仏者の集団であり、宗教的共同体であった。それは、地域的に主として東国を基盤としたが、けっきょく鎌倉初期における日本のなかに成立した専修念仏者、なかんづく親鸞聖人を中心とする東国の念仏者の世界であり、そういうものとして、当時の一般社会のなかにあった。それは、土地の領有を根拠とする公家と武士との、複雑した政治的・経済的な、そして文化的な支配階層との間に大きな矛盾を生じていたのである。

法然によって創められた専修念仏の宗教は、京洛において五十年も前すでに政治的弾圧に見舞われた。承元元年（一二〇七年）の法難がそれである。親鸞はそのとき三十五歳で、越後に流されたことは、知られている通りである。親鸞は、『教行信証』の後序において、そのときのことを「主上・臣下、法に背き義に違し」と、はげしいことばで非難しているが、『歎異抄』の末尾にもそのときのことを記している。

ところで、当時のわが国は、平安朝における朝廷＝公家の政治的・経済的支配が武士の抬頭によって崩壊しながらも、なお形の上で存続し、他方源頼朝によって開かれた鎌倉幕府が現実の力によって新しい政治的・経済的支配を確立しようとしていた時代である。承久の乱のとき、親鸞は常陸の国にいて、四十九歳であったが、その後北条氏によって鎌倉幕府の政治的支配は急速に強められた。その鎌倉幕府は東国における念仏者たちに対してどういう態度をとったか。初めは親鸞の教団などそれほど問題とならなかったが、東国には親鸞の門弟以外にも多くの念仏者たちがあって、放逸な行為をする者もあったようである。そこから、嘉禎元年（一二三五年）、幕府もまた一斉に念仏の停止を令するに至ったのである。

なぜ専修念仏は、朝廷からも、幕府からも禁止され、停止されなければならなかったか。それは、それが新しい宗教であり、しかも従来の政治的支配と結びついた天台、真言などの旧宗教と対立したからでもあろうが、それだけではあるまい。専修念仏者の思想、行動、および特にその組織が、支配的な政治組織・経済組織と矛盾するところがあったからであろう。

専修念仏は、旧仏教とちがって、庶民の精神的自覚を促す教えである。天台の学問や修行は、山の上の、専ら僧侶たちの仕事であった。真言の宗教的儀礼は、やはり専ら僧侶によって行なわれ、公家(くげ)たちは僧侶に現世利益の祈禱を依頼し、そのために寺を建てたり、仏像を造ったりした。庶民はただ遠くからそれを眺めているだけであったのである。

ところが、念仏はだれにでもでき、だれでもそれによって救われる。……

その専修念仏が東国に伝わり、ことに親鸞聖人の徹底した本願他力の救いが信ぜられ、その弟子たちによって信者が組織されたときに、それは幕府の新しい支配者たちにとっても一つの精神的なショックであった。それは、政治的・経済的な秩序に対する脅威であると感ぜられた。領家と地頭とによって二重に収奪されていた農民、漁民たちが本願の自覚をもつことによって支配者に対する批判の眼を開くのみならず、その支配に対する抵抗ともなったであろう。それが、支配層から「悪」の烙印を押される理由となったのである。

東国の念仏者たちにどういう所業があったかは明らかでないが、(1)諸神、諸仏菩薩を軽しめるということ、(2)本願をたのんで、ことさらに悪、少なくとも支配者の伝統的観念から見て悪とされる行ないをする者があったことは、聖人の書簡などによっても推知される。

諸神、諸仏菩薩を軽しめることがあってはならないということを、聖人は書簡によって戒めている（御消息集四）。もちろん、それはどこまでも本願他力の信に徹した立場からの寛容である。

『歎異抄』第七章は、

「念仏者は無碍の一道なり。そのいはれいかんとならば、信心の行者には天神・地祇も敬伏し、魔界・外道も障碍することなし。罪悪も業報を感ずることあたはず、諸善もおよぶことなきゆへに、無碍の一道なり。」

と、念仏にはあらゆる信仰を超え、善悪の業報をさえも超える絶対の意義があることを認めているのである。

この超倫理の真義を了解することは、むずかしい。本願他力のほんとうの意味を了解せず、念仏によって救われるのだから、いかなる悪をつくっても差支えないのだ、という、いわゆる造悪無碍の邪見は真実の信心ではない。だが聖人の在世においてすでにそういう邪見に陥る者があった。聖人はしばしばこれを戒められている。（『末燈鈔』一六、一九、二〇）そのなかに次のような一節がある。

「煩悩具足の身なればとて、心にまかせて、身にもなすまじきことをもゆるし、くちにもいふまじきことをもゆるし、こころにも思ふまじきことをもゆるして、いかにも心のままにあるべしとまふしあうてさふらふらんこそかへすがへす不便におぼえさふらへ。ゑひもさめぬさきになを酒をすすめ、毒もきえやらぬにいよいよ毒をすすめんがごとし。薬あり、毒をこのめとさふらふらんことは、あるべくもさふらはずとおぼえさふらふ。」

しかるに聖人の滅後「本願ぼこり」と批判され、造悪無碍の邪執にとらわれる者が多く生じたらしく、『歎異抄』第十三章には、これに対する抄者の見解を次のように述べている。

「弥陀の本願不思議におはしませばとて悪をおそれざるは、また本願ぼこりとて往生かなふべからずといふこと。この条、本願をうたがふ、善悪の宿業をこころえざるなり。(中略)御消息に、くすりあればとて毒をこのむべからずとあそばされてさふらふは、かの邪執をやめんがためなり。またく悪は往生のさはりたるべしとにはあらず。……」

この一章は、造悪無碍の念仏者を批判する外部勢力に対して念仏者の立場を擁護すると同時に、そうした批判を避けようとして「賢善精進の相をほかにしめす」念仏者を批判しようとしているので、その内容を分析した上でなければ一概に祖聖の意趣に合するものかどうかを判断することはできない。それは他の機会にゆずる。ただ、率直にいうなら、ここで抄者が「本願ぼこり」という批判に対して念仏者を弁護する点には理由があるにしても、最後に「いかなる悪を本願ぼこりといふ。いかなる悪かほこらぬにてさふらふべきぞや。」というに至っては、調子に乗って悪そのものの弁護になってしまっている。祖聖の意趣に添わない、というのが私の見解である。

大体、真に本願を信ずる者には、本願を「ほこる」ということはあり得ない筈である。「本願ぼこり」というのは「賢善精進の相をほかにしめす」一部念仏者のいい出した批判であろう。だから、「本願ぼこり」という批判も、「本願をうたがふ」という反批判も、実は的をはずれているのである。

抄者は、外部からの批判に対するよりも、むしろそれを気にして「賢善精進の相をほかにしめす」念仏者を批判したかったとおもわれる。だが、造悪無碍の邪見を弁護するに至って、いわば過剰防衛となっている。『末燈鈔』一六の書簡などに照合すると、この章は祖聖の真意に契わないものがあるとおもわれる。

（大谷大学『真宗教学』所載　昭和四一年）

小野清一郎（おの せいいちろう）
明治二四年、盛岡市に生れる。
大正六年、東京帝国大学法科大学卒業。
大正一二年より昭和二一年まで、東京大学法学部教授（刑法、刑事訴訟法、法理学）、
昭和四七年、文化勲章受章。
法務省特別顧問、東大名誉教授、日本学士院会員、日本刑法学会顧問、法学博士、仏教文化研究会々長。
昭和六十一年、逝去。
著作
『犯罪構成要件の理論』『刑法における名誉の保護』『刑の執行猶予と判決の宣告猶予』『刑罰の本質について』『刑法と法哲学』
『仏教と現代思想』『宗教肯定の論理』『仏教の法律思想』『不滅の親鸞』

歎異抄講話　増補新版

昭和48年11月10日第1刷©
平成6年2月21日第13刷

著者　小野清一郎
発行者　石原明太郎
印刷所　三協美術印刷株式会社
国光印刷株式会社

東京都渋谷区恵比寿1—29—25
発行所　有限会社　大法輪閣
電話（03）3442—2819
振替東京3—19番

<検印廃止>

歎異抄講話 増補新版（オンデマンド版）　Digital Publishing

2004年3月21日　発行

著　者　小野　清一郎
発行者　石原　大道
発行所　有限会社 大法輪閣
〒150-0011 東京都渋谷区東2-5-36 大泉ビル
TEL 03-5466-1401　FAX 03-5466-1408
振替 00130-8-19番
URL http://www.daihorin-kaku.com

印刷・製本　株式会社 デジタルパブリッシングサービス
URL http://www.d-pub.co.jp/

AB629

ISBN4-8046-1625-X C0015　Printed in Japan